U0926363

丛书主编 /贺雪峰

湖北省学术著作出版专项资金资助项目

·中国现代农业治理研究丛书·

社会组织参与
农村基层治理研究

桂华 等 著

社会协同主要指社会组织参与社会治理，在农村基层，志愿服务、公益慈善、行业协会、社区服务等社会组织已经成为基层治理的新生力量，社会组织对农村公共事务的协同治理是非常值得研究的对象。

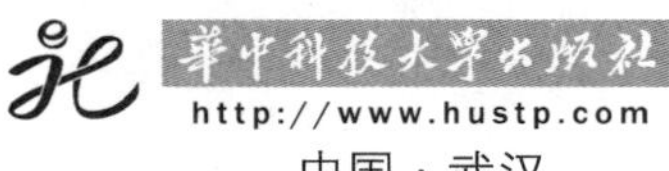

华中科技大学出版社
http://www.hustp.com
中国·武汉

图书在版编目(CIP)数据

社会组织参与农村基层治理研究/桂华等著. —武汉:华中科技大学出版社，2019.1(2019.9 重印)

(中国现代农业治理研究丛书)

ISBN 978-7-5680-4955-9

Ⅰ.①社…　Ⅱ.①桂…　Ⅲ.①农村-基层组织-社会管理-研究-中国　Ⅳ.①D638

中国版本图书馆 CIP 数据核字(2019)第 123482 号

社会组织参与农村基层治理研究　　桂　华　等著

Shehui Zuzhi Canyu Nongcun Jiceng Zhili Yanjiu

策划编辑：易彩萍
责任编辑：易彩萍
责任校对：张会军
版式设计：刘　卉
责任监印：朱　玢
出版发行：华中科技大学出版社(中国·武汉)　　电话：(027)81321913
武汉市东湖新技术开发区华工科技园　　邮编：430223
录　　排：华中科技大学惠友文印中心
印　　刷：武汉市金港彩印有限公司
开　　本：710mm×1000mm　1/16
印　　张：17.75
字　　数：264 千字
版　　次：2019 年 9 月第 1 版第 2 次印刷
定　　价：128.00 元

序言：农民需要什么样的社会组织？

从2003年左右开始，我们在湖北省的四个村开展农村老年人协会建设实验，三个村在荆门市，一个村在洪湖市。作为乡村建设实验的一部分，建设农村老年人协会的总体思路是：以协会的形式将农村老年人组织起来，解决农村老年人精神文化生活匮乏的问题，缓解或扭转老年人在村庄和家庭中的边缘地位状况，让老年人找到生活的意义，重塑他们在公共生活中的主体地位。这项乡村建设实验工作坚持了十多年，目前四个村的协会均已有序运转，协会生活成为四个村老年人日常生活的一部分，老年人协会建设是成功的。

湖北省四村的老年人协会建设，表明了我们在乡村建设、基层治理和农村社会组织建设方面的思路。作为一种社会组织，老年人协会具有如下几个特点。

一是在村庄熟人社会基础上组织起来的。老年人协会以行政村为单位成立，主要是考虑一个行政村的农民相互熟悉，如果以自然村和村民小组为单位建设，则范围太小，超出行政村就不再是熟人社会，跨村之间的公共活动不容易组织。四个行政村都建设了一个老年人活动场地，几间房子作为活动室，活动室内摆放有棋牌桌、影碟机、电视机等。

二是由农民自己组织。从协会成立以来，我们每年会捐赠一笔资金，用作协会的活动经费。资金额度不高，最早是以一个老年人每天一毛钱标准计算的。当时我们提出的口号是“用一毛钱换老人一天的幸福”。我们每年向每个协会捐赠几千元到一万元不等，一直坚持到现在。每年重阳节，协会召开大会，或是组织一些文艺表演活动，或是向老人发放一双袜子或一条毛巾，为表慰问，我们通常会在重阳节那天将当年捐赠的资金送过去。老年人协会选举出理事长、会计、出纳等，负责协会的日常管理和财务管理。在当初帮助四个村成立起协会之后，除了每年捐钱之外，我们从不介入协会的事情，协会是四个村老年人自己的组织，由他们自己处理协会的事情。

三是协会的日常活动不多。四个村协会建设的水平有差异，有的协会建成了老年人腰鼓队，在春节、重阳节会集体表演活动，有时候腰鼓队还会被办酒席的当地人邀请去表演，可给协会挣一点活动经费，而有的协会则集体活动很少。大部分时间，协会在上午九十点钟开门，下午四五点钟关门，老年人到协会转一转、坐一坐，或是打牌，或是聊天，消磨时光。平时去老年人协会，通常会看到农民三三两两坐在那里，除节日外，锣鼓喧天、鞭炮齐鸣的场景很少见。

协会的集体活动不多，甚至组织形式也不正规，经费很少，但这并不代表协会建设得不好。在运行十多年后，老年人协会变成当地老年人生活和村庄生活的一部分。荆门市和洪湖市地处江汉平原，这个地区的老年人通常在儿女成家之后，会主动选择分家单过。老年人认为单过自由，不用看儿子、儿媳的脸色过日子。过去一二十年，当地的青壮年农民普遍外出打工，留在村庄中的老年人则从事农业生产。随着农业机械化的推广，种田变得越来越轻松。这些留在农村的老年人，耕种自己和儿子家的十来亩承包地，一年有一两万元的收入，手头有现钱，种田也不是特别累。江汉平原地区的老年人种地到 70 岁是普遍情况。老年人依靠自己的劳动获得收入，不用向儿子伸手要钱，分家后生活空间分开了，家庭矛盾减少了，故这些老年人的生活很有尊严。

在这种代际分家、代际分工和半耕半工的生活方式下，老年人有了自己的经济来源、自己的闲暇和安排自己生活的机会。当前我国农村正在步入老龄化社会，在我们建设老年人协会的四个村，超过 60 岁的人占村庄人口的比例已经高于 15%，并且这些老年人身体依然健康，他们能够继续劳动，对生活有自己的思考。农村老龄化不仅是一个人口结构老化问题，还会因为人口结构老化给个体、家庭和社会带来整体性的影响。譬如，人口老龄化会改变家庭资源配置、影响代际关系、改变家庭结构和改变农民的生活预期。过去一个老年人在完成给多个子女成家的任务之后,就分家析产,不再承担子女的家庭责任,进入养老状态。而在今天,很多农村人不到50岁就抱上了孙子。50岁的人在年龄上不算老人,在心理上也不算老人,他们如何安排自己在大家庭中的角色,处理好与子女的关系,这是过去不会出现的问题。当下农村社会变化是结构性的,农民家庭结构也在发生彻底变化。老年人协会提供了一种将农民组织起来,应对家庭和农村社会结构性变化的手段。

在建立协会的四个村庄,60岁是仪式性的年龄,农民年满60周岁就自动加入协会,也可以自由地进出协会。这四个村的老年人一般在早晚从事一些田间劳作活动,在上午九十点钟之后,下午三四点钟之前,气温较高,老年人吃过饭就到协会里休息。到协会走一走、转一转,成了四个村老年人的生活习惯。60岁在自然年龄上也许不老,在有些农村地区,60岁的人还会外出打工,辛苦劳动。但是在这四个村庄,因为加入了协会,过了60岁就变成了社会意义上的"老人",就可以不再承担主要家庭责任,可自我养老和积极地探寻晚年生活的意义。曾经有一个现象让我们深为触动,一些农村地区与子女生活在一起的老年人选择不串门的原因是,这些老年人担心将别人的房子弄脏了,惹得对方的儿子、媳妇生气。因此,我们就设想,与其让寄居在儿女门下的老年人不串门、不交往,或是只能在村头小卖部、大树下等开放场合交往,何不为老人建立一个属于他们自己的公共生活空间?老年人协会是属于老年人自己的公共空间,一个给予老年人自主选择、赋予老年人行为正当性的地方。在协会中,老年人是自由的、有尊严的,他们用自己的方式打发时光,度过晚年。

社会变迁的总体趋势是老年人在家庭和社会中的角色双重边缘化,"老而无用"的话语在有些地区已经出现。在新的家庭结构和社会生活中,老年人找不到自己的位置,逐渐变成了家庭的"负担"和社会的"累赘"。农村最无奈的情形是儿女因为老年人的"拖累"而无法外出打工,这样的家庭会沦为村庄里的贫困户。碰到这种情况,老年人自己都会觉得活着是"罪过"。今天农村的养老问题,除了物质供养负担之外,还存在老年人的价值丧失和意义缺失的问题。

农民不是哲学家，农村老年人的意义不能产生于个体思考，孤独和独处只能让老年人进一步丧失意义感。农村老年人身处边缘环境，他们的意义只能以组织化的形式产生。老年人协会让老年人聚集起来。聚集在一起成立组织，是老年人建立意义体系的第一步。老年人协会一般会在老年人过生日时，由会长带人上门去祝寿，并以协会名义赠送一点小礼物。有的村老年人协会还发展出一种做法：当老年人过世时，协会安排人去送花圈，派代表集体去吊唁。在家庭和村庄之外，老年人重新找到了协会这一组织上的归属。通过这些仪式性活动，老年人协会试图让老年人体会到活着的价值。

另外，老年人协会还在治理村庄公共事务和调解家庭矛盾方面发挥作用。不过总的来说，这方面的作用不大，或者说，我们不期望老年人协会在这些方面发挥更多的作用。老年人协会是弱势的老年群众的组织，是能量有限的协会组织，不必承担过多的公共治理责任。

基于老年人协会建设经验，我们得到了对农村社会组织的一般认识：通过一定的社会组织形式将农民组织起来，以应对分散农民所遭遇的生产上和生活上的困境。农村社会组织重在组织农民，“组织”是动词，不是名词。

培育和发展社会组织是完善农村基层治理体系的重要方面。党的十九大报告提出：“推动社会治理重心向基层下移，发挥社会组织作用，实现政府治理和社会调节、居民自治良性互动。”各地政府在实践中，应将发展社会组织当作基层治理创新工作来做。

当前社会各界对农村社会组织存在以下三种想象。

第一种是将社会组织理解为提供特定服务的第三方主体。这些年来，在城乡基层治理中兴起了“花钱购买服务”的改革思路，发展和培育提供专业化服务的第三方组织，比如社工组织，将政府的某些工作任务变成向第三方组织购买服务来完成。湖北省曾经在农村税费改革期间，推行农村基层“以钱养事”改革，将农村基层的水利站、农技站等“七站八所”改成“民办非企业组织”,打破基层站所的“铁饭碗”,设想用市场手段来提高农村公共服务供给效率。当时改革的做法是,取消“七站八所”的事业单位性质,乡镇站所工作人员转为“社会人”,然后再竞聘上岗,与政府签订服务供给合同,按照服务质量来获取有偿服务费。这项改革已经过去十多年,事后来看,湖北省“以钱养事”改革是失败的,一方面基层公共服务成本没有下降,另一方面公共服务质量没有提升。

“以钱养事”失败的原因在于,农田水利、农业技术推广等公共服务无法计量及考核,并且缺乏多方供给主体,市场关系无法建立。“花钱购买服务”的前提是,服务是标准化的,服务质量是可衡量的,并且存在多个供给主体可供选择,以竞争来促质量。在基层治理中推行“花钱购买服务”政策,需注意适用的领域。比如,农村土地确权工作,依赖专业的航拍、测绘技术,可从市场中寻找第三方服务主体来完成。但是,很多农村基层治理工作不能简单地看作是“服务”,譬如农村纠纷调解工作。很多农村纠纷涉及利益不大,而引发当事人之间的对立情绪很大,对于这类纠纷,调解工作的关键是疏通人心。农村基层纠纷调解本质是群众工作,需要熟悉群众心理、了解矛盾双方社会背景的基层干部来处理。群众工作不是简单化的服务,更不可能量化,群众工作不可能交给第三方主体完成。

在农村引入第三方服务组织,需注意两方面的事项。一是农村基层治理的关键是做好群众工作,在群众工作领域,引入第三方服务组织,会将群众工作庸俗化为公共服务供给,会疏远干群关系,改变基层治理逻辑。关心群众生活,更要注重群众工作方法,基层治理不能丢掉群众路线。二是第三方组织以营利为目的,为了扩大业务范围,第三方组织会制造出很多原本不需要的需求,加重基层治理负担。

第二种是经济合作组织。农业治理是基层治理的重要内容。基于“人均一亩三分地,户均不过十亩”的现实条件,我国形成了以家庭经营为基础的小农户生产形态。“小”且“散”的农业经营方式,存在小农户与大市场对接以及小农户与大生产对接等方面的问题。农业收益低,农民收入不高,农产品价格波动大。针对这些问题,有人主张借鉴日本及韩国的模式，成立农协这样的合作组织，让农民组织起来与市场对接，提高农民在市场上的谈判力，增加农业的利润。在国家政策扶持下，目前农村各种农业合作组织如雨后春笋般地成立起来。从实际情况来看，成功的农业合作组织并不多，大部分是戴着合作社的帽子向国家争取政策优惠。

农业可简单地区分为大田作物种植和经济作物种植。在大田作物种植方面，粮食的价格稳定，合作所产生的收益很少，因此针对大田作物种植的合作组织较少。农村里更多的是经济作物合作社，如蔬菜专业合作社、猕猴桃专业合作社。成立这类合作社的目的是将农户组织起来开拓市场、创建品牌。从产业链上看，开拓市场、创建品牌属于销售环节，与种植环节不同。在开拓市场、创建品牌这个环节上，一家一户组织起来的合作社组织相对于公司组织，并无优势。农民善于精耕细作，他们的优势是在种植环节上，市场开拓和品牌创建需要资本投入，实力雄厚的企业组织更有优势。因此，成功的蔬菜、水果生产销售模式是“公司＋农户”，即公司开拓市场，将缺乏比较优势的种植环节交给农户，成立基地指导农户生产，保障产品质量。在利润较高的经济作物方面，“合作社＋农户”模式竞争不过“公司＋农户”模式。对于经济作物种植，农民成立的合作社组织在技术推广等方面有意义，在销售环节上，公司组织的优势更明显。在高度竞争和全国统一的市场体系中，从生产到销售等各个环节已经高度分化、分工，农民的优势是在种植的环节，农户通过公司、经销商等市场主体来与市场对接，合作社的作用有限。

第三种是非政府组织(NGO)。NGO形形色色，无法给出统一的定义。这类组织一般宣传具有“公益性”。在公众的想象中，农村处于弱势，农民属于弱势群体，因此要发展公益性组织来帮助农民、帮助农村。这类想法存在的最大问题是忽视了基层组织的存在。目前，国家每年各级财政的“三农”总支出已经超过两万亿元，国家在农村建立了健全的基层组织，投入大量资源，并启动乡村振兴战略。在城乡二元结构下，农村的状况和农民的处境存在复杂的特色，并且当前农村的情况是在逐步改革，农民也越来越多地分享经济社会发展成果。改变乡村面貌，要依靠经济社会发展和国家政策的倾斜,各类“公益性”组织所能起到的实际作用有限。

培养和发展社会组织,将农民组织起来,主要是解决农民分散状态下的困境。这种分散所带来的困境,包括生产上的和生活上的,也包括治理上的。

我们建设老年人协会是要解决在社会快速变迁的过程中,农村面临的边缘化和农民面临的边缘化问题。农村被边缘化,农村老年人群体是边缘中的边缘,他们在家庭中处于边缘,在村庄社会中也处于边缘。老年人协会是老年人自己的组织,目标是解决老年人的闲暇问题和生活意义问题。身处社会洪流中的个体虽无力,但组织起来就会有力量,组织起来的老年人才能产生主体感。老年人协会让老年人生活得有尊严感,本质属于乡村文化建设。文化要有载体,老年人协会是生产价值和意义的文化载体。

目前农民在生产上的分散困境,表现为农村土地细碎插花、家庭经营规模小、一家一户之外的公共生产环节问题突出,小农户无法解决农田水利、病虫害防治等问题。我国农村存在大量的劳动力,当前存在的主要矛盾是细碎分散的土地不好耕种,而不是所谓的无人种地。人多地少造成一家一户种植规模太小,农业收益不高,机械化作业不便,与社会化服务主体打交道成本高。在生产上解决农民分散的困境,关键是解决土地细碎化问题,改善农业基础设施,提高集体统筹经营能力。针对这方面的问题,建立在集体土地所有制上的集体经济组织大有可为。

农民分散所产生的治理困境在于,国家与一家一户的农民打交道难,因此,要通过自治组织将农民组织起来,要搞好农村基层组织建设,激活村庄公共性,激活基层民主。其中尤其要注意的一点是,要坚持群众路线,做好群众工作,防止干群关系脱节。

发展农村社会组织的目的是组织农民。组织起来的农民有主体行动能力,才能承接国家政策和国家资源。基层组织要服务农民、教育农民和动员农民,而这些都建立在组织农民的基础之上。

发展农村社会组织,要注意以下四个方面的问题。

一是要立足既有的农村治理体系，发挥农村基层党组织、村民自治组织和集体经济组织的作用。这些组织是乡村治理的关键，其他各类社会组织只能起到辅助作用。

二是用好熟人社会资源。农村是熟人社会，熟人社会中的交往和组织是低成本的。培养和发展农村社会组织，关键是要激活村庄，塑造村庄公共性，建立群众性组织。

三是重视文化建设。目前乡村最大的匮乏是文化上的匮乏。当前农民主要收入来源是在城市和农业之外，乡村社会建设不要总是定位于让农民发财致富，农业在 GDP 中占比低，是保底的产业。乡村社会的经济生产能力弱化，价值生产能力强，农村社会组织要重点定位在文化生产方面，乡村建设重在文化建设。

四是用好国家政策和国家资源。乡村面貌的改善从根本上离不开国家主导的资源输入，因此，发展社会组织需要借助国家力量。要借助国家资源输入激活基层民主，资源下去了，农民组织要发展起来，只有这样才能够提高资源输入效率，才能解决基层治理“最后一公里”问题。“最后一公里”问题的本质是农民缺乏组织造成的，是农民分散的困境。

本书编入的文章是笔者所在团队在过去一段时间的研究成果。我们对农村社会组织的关注，集中在老年人协会、村庄理事会和农田水利等方面，书中编入的文章也主要聚焦于这三个方面的话题。本书的出版，得力于华中科技大学出版社的支持，离不开出版社易彩萍老师的投入付出，在此表示感谢！

桂华
2018/9/26

目　　录

上篇　理论分析

乡村建设中提高农民组织化程度的思考

贺雪峰[①]

摘要　未来二三十年将是中国快速城市化的时期。农村人口进城，农村空心化和变得萧条具有必然性。在这种背景下，保持农村基本的生产生活秩序成为乡村建设的重点与关键。乡村建设必须依靠农民自己的力量来保持农村基本生产生活秩序，必须提高农民组织化程度。要提高农民组织化程度，就需要改进国家资源下乡的办法，充分利用社会主义制度的优势，挖掘农村传统组织资源，发挥既有组织资源的作用。

关键词　基层组织；乡村建设；资源下乡；内置金融；老年人协会

中国正处于史无前例的快速城市化进程之中，城市化就是农村人口进入城市并最终在城市就业与生活的过程。随着越来越多农村的人、财、物从农村流入城市，农村出现了空心化的现象，变得萧条起来。过去一直保持相对稳定的农村生产生活秩序可能因为人、财、物的快速流失而难以保持。中国这样的发展中大国，在城市化的过程中保持农村基本生产生活秩序具有显而易见的重大意义，具体有三：一是农业生产问题；二是即使中国城市化率达到70%，也仍然还有4.5亿人口生活在农村；三是进城农民工大部分都难以短期内在城市安居，而要依托于农村和农业。因此，在快速城市化的过程中能否及如何保持农村基本的生产生活秩序就变得十分重要。保持农村基本生产生活秩序的根本是提高农民组织化程度，其中的重要办法是进行乡村建设。不过，正是在乡村建设上，当前引起社会关注并耗费大量国家资源和社会资源的各种乡村建设主张与实践，在目标与做法上存在着巨大差异。笔者以为，当前乡村建设或“三农”

---

① 贺雪峰(1968—　)，男，博士，华中科技大学中国乡村治理研究中心主任，教授，博士生导师，教育部长江学者特聘教授。

政策的重点在于通过推动国家资源下乡，调动既有农村社会资本，以及充分利用中国农村的社会主义制度优势来激发农村活力，提高农民组织化程度。

一、不同目标的乡村建设

当前"三农"领域中一个相当活跃的领域是各种乡村建设。总体来讲，当前乡村建设有两种相当不同的目标。一种目标是将农村建设成为世外桃源。从这个意义上理解习近平总书记所讲的"中国要强，农业必须强；中国要美，农村必须美；中国要富，农民必须富"的"强富美"目标，就是要将农村建设成为既有城市繁荣、富裕、便利，又有农村清静、安宁、青山绿水的世外桃源。另一种乡村建设目标在理解习近平总书记所讲的"强富美"目标时，是从底线角度来考虑的，这种底线角度的考虑就是，没有农民的小康就不可能有全国人民的小康，没有农村的"强富美"就不可能有中国的"强富美"，农村是中国现代化的短板，这是与城市化必然意味着农村人、财、物流入城市，农村空心化和变得萧条相联系的，正因如此，国家和社会力量就应当通过各种乡村建设的努力来补齐农村这块短板。这样一种乡村建设承认农村的萧条，目标是保持城市化背景下农村基本的生产生活秩序，这样一种乡村建设是一种保底式的乡村建设。

当前引起社会广泛关注的乡村建设，大多是从第一种目标即积极进取目标来理解习近平总书记"强富美"目标的，从保底角度进行乡村建设的努力似乎不受重视。笔者以为，作为全世界最大的发展中国家，当前中国的城市化切不可急于求成，乡村建设的重点一定应当是保底的，是以提高农民组织化程度为目标，也应当以保持农村基本生产生活秩序为主要目标，因为农村是中国现代化的稳定器与蓄水池。至于少数农村地区借城市人消费乡愁来获利，并因此通过第一、第二、第三产业融合而变得兴旺发达，这样的农村一定是具有良好区位的特定少数农村，是难以复制的。

当前乡村建设的主力是地方政府打造的各种新农村建设示范点，以及由住房和城乡建设部牵头推动的各种美丽乡村建设示范点。比如，几乎所有地方政府都在推动新农村示范点建设，这些示范点往往将大量财政资金集中打包，从基础设施到基本服务，从产业发展到农民住宅等进行规划设计和投资重建。这些动辄花费数千万财政资金打造的新农村建设示范点，说是示范，实际上因为地方政府财政资源有限，不可能到处投入建设新农村，因此只能成为个例，而难以推广。相反，因为地方政府将财政资金集中于极少数示范点，挤占了本应用于一般村庄的并不丰厚的建设资金。住房和城乡建设部则通过种类繁多的建设项目向特定村庄进行投资建设，比如古村落保护、美丽乡村建设等。

地方政府和国家部委推动的乡村建设，因为有大量财政资金投入而引起社会各界关注，其中尤其以建筑及城乡规划界的进入为典型。乡村建设要进行规划，进行建筑设计，当前中国庞大的以城乡规划和建筑设计为主要业务的建筑及城乡规划界正好借国家与地方政府推动的乡村建设进入农村领域，从而形成了建筑及城乡规划界对乡村建设的介入。

与政府推动乡村建设有所差异的还有三种乡村建设的努力：一是基于农村生产协作而进行的乡村建设，二是基于对城市脱离自然不满而进行的乡村建设，三是基于乡村文化凋敝而进行的乡村建设。基于农村生产协作而进行的乡村建设，重点是推动农村各种合作社的发展，以温铁军所率领的乡村建设团队为代表[①]；基于对城市脱离自然不满而进行的乡村建设，以欧宁所进行的碧山试验为代表[②]；基于对乡村文化凋敝而进行的乡村建设，以各种文化性质的乡村建设为代表。其中第二、第三种乡村建设思潮和行动往往由文化界人士推动，集中表现了城市中产阶级对城市异化生活现状的不满意。

乡村建设中有一股比例特殊的力量也引发了社会关注，这股力量就是李昌平所主持的中国乡村建设院（以下简称乡建院）推动的乡村建设。

① 温铁军．为什么我们还需要乡村建设[J]．中国老区建设，2010(3)：17-18．

② 李乐．基于乡村性的乡村可持续发展探究——以碧山乡建计划为例[J]．中外建筑，2016(9)：107-110．

乡建院目前已在全国十余省市开展了众多乡村建设的案例，并引发广泛效仿，其中经典案例是河南省信阳市郝堂村的建设[①]。最初，李昌平仅是到郝堂村搞农村内置金融试点，受到了当地政府重视。接着他与一直从事乡村建设的孙君合作，通过对郝堂村村容村貌的大幅度改造，加之地方政府投资建设基础设施，郝堂村变得有品位，成了一个适宜城市人到农村休闲度假的去处。大量城市人到郝堂村休闲度假，引发郝堂村第三产业的发展，郝堂村建设用地由每亩几万元猛升至几十万元，村委会通过土地收储和出让获得了数千万资金，其中部分资金用于打造郝堂村的基础设施，从而保持了郝堂村的建设品质。正是因为郝堂村建设成了城市人的休闲度假去处，该村之前外出务工经商的村民也回到村庄从事以农家乐为主的第三产业，该村也因此成了引起全国关注的新农村建设典型。

乡建院郝堂村试点的成功引发了连锁反应。之前全国各级地方政府通过堆积财政资金打造的新农村建设示范点往往存在两个问题。一是对示范点的建设缺少规划和艺术设计，这些新农村建设点缺少品位，只是一堆钢筋水泥的堆砌。郝堂村注重地方建筑特色，注重建设艺术与品位，从而更人性化、更具观赏性和休闲游览性。二是缺少农民的主体性，所有建设往往都体现上级意志，农民几乎没有参与。郝堂村则通过调动两个积极性将农民的主体性激活了，第一个是通过村庄内置金融调动了村庄老年人参与的积极性，第二个是充分调动了村组织尤其是村“两委”参与的积极性。郝堂村模式的成功，使得全国很多地方政府希望学习郝堂村经验，在建设新农村示范点时大量财政资金下去了，村庄也可以活起来，从而变得可持续且光彩照人。也是因此，有很多地方政府通过花钱买服务的形式来购买乡建院的服务，由乡建院来规划设计和建设地方新农村建设示范点。到 2016 年，乡建院一年卖出服务的收入可以达到数千万元，同时在全国十多个省市开展乡村建设实验。

总结来看，乡建院的工作有这样一系列步骤：第一步，乡建院通过村

---

① 郭艳. 对加强美丽乡村建设的几点思考——以信阳市平桥区郝堂村为例[J]. 河南农业，2016(16):58-59.

庄内置金融激活村庄内生组织能力；第二步，动员地方政府投入财政资金建设基础设施；第三步，通过有品位、高品质的村庄人居环境和房屋建筑等改造，使村庄对城市人具有吸引力，从而可以借城市人来村庄休闲度假而赚钱；第四步，正是因为村庄具有吸引力，村庄农家乐等可以赚钱，从而导致村庄土地升值，村集体通过土地收储与出让来获得建设用地溢价收益；第五步，一个成功的具有内生活力又可以持续维持的新农村建设示范点成功打造出来；第六步，乡建院将郝堂村这样成功打造出来的示范点作为模型推介；第七步，地方政府通过花钱买服务，借乡建院团队打造地方财政投入建设的新农村示范点；第八步，通过乡建院团队的打造，地方政府之前财政投入不成功的堆砌变得具有品质且可以吸引游客，具有活力，可以持续发展，地方政府赢了；第九步，乡建院卖出服务，收到地方政府购买服务的资金，获得收入，从而可以持续发展，乡建院也赢了；第十步，在经过乡建院改造的新农村建设示范点，因为品质可以吸引城市人来休闲度假并从中赚钱，示范点的村民因此不用外出打工，从而可以回到村庄寻找挣钱机会，示范村的农民也赢了。乡建院将过去地方政府花费大量财政资金堆砌建成的失败的新农村建设示范点变成了“三赢”的示范点，故其工作成就十分令人赞叹。

不过，乡建院的工作重点是地方政府打造的极少数难以复制的新农村建设示范点，其成功之处是将地方政府通过大量财政资金打造的新农村建设示范点与当前城市居民期望有机会到农村休闲花钱的愿望结合起来，并通过本质上是为城市人所欣赏的“让农村更像农村”的品位与品质吸引城市人消费，从而让新农村建设示范点可以持续。问题恰在于两点：第一，地方政府打造的示范点不可推广；第二，村庄要想通过吸引城市人来休闲、消费，就一定只可能是少数有限的村庄吸引多数城市人，而绝对不可能让多数村庄通过建设吸引城市人消费从而保持村庄繁荣。往往是具有独特区位条件和环境优势的村庄才有通过消费城市人乡愁来赚钱的可能。反过来就是，具有区位优势和环境优势的村庄既然可能通过村庄建设赚钱，那么在市场经济条件下，这些村庄就容易从市场上获得建设资金,自我打造成为具有获利能力的村庄,从而根本就不需要地方政府的财政投入,也不需要政府购买乡建院的服务,或由村庄来购买乡建院的服务。进一步说,具有区位优势和环境优势的村庄本身就已较其他村庄有了更多从市场上获利的机会,现在地方政府的大笔财政投入,包括购买乡建院服务的投入,这些村庄就挤占了其他村庄的资源,这样一种挤占是不公平的。

二、乡村建设的重点应在提高农民组织能力上

在笔者看来,当前国家资源下乡,重点不是打造几个难以推广的示范点,而是要为所有正处在史无前例大变动的村庄提供基本的生产生活秩序,应当将资源下乡与建设具有保底能力的农村基本生产生活秩序结合起来。简单地说,就是要提升农民内在的组织能力。

李昌平的乡建院建设方案中恰好有一个十分值得关注的提高农民组织能力的方案,就是农村内置金融的设置①。虽然地方政府通过财政资金打造示范点是没有意义的,乡建院内置金融制度的设计却可能对所有村庄提高组织能力具有重要作用,是一个具有很强的一般推广意义的制度。按乡建院的说法,所谓内置金融,一般由村庄超过 60 岁的老年人按份出钱,形成一个本金,比如全村有 100 位 60 岁以上的老年人,所有老年人都愿意参加内置金融,按每人 2000 元筹资,可以筹集 20 万元本金,再由本村在外的成功人士捐助一部分本金,这笔本金将来可退还,但不收息,比如金额为 30 万元,再由地方政府支持贴息本金 30 万元,这样就可以有 80 万元的本金。这 80 万元本金由老年人组成的理事会经营,原则上只对本村人贷出,并以本村人的农地承包经营权作抵押,贷款者必须找到 5 位参加内置金融的老年人作保证人。年息一般为 10%,则 80 万元本金一年可以收获 8 万元利息,这 8 万元中的 2 万元为理事会运作成本,余下 6 万元就可以分红,100 个老年人每年可以分红 600 元。有了 600 元的

① 李昌平.李昌平:创建内置金融村社及联合社新体系[J].经济导刊,2015(8):46-47.

利息收入，就可以极大地调动老年人关心村庄、关心理事会的积极性，同时也可以较大程度地提高老年人的社会地位和改善老年人的经济条件。如果将以老年人为主的内置金融与文化建设性质的老年人协会建设结合起来，就可以产生更加强有力的组织力量。

经过多年实践，乡建院组织的内置金融都是成功的，至今甚至没有出现过一笔坏账，其中原因除了技术性地防范金融风险的办法以外，最为重要的是，内置金融是在村庄熟人社会进行的，由老年人作保，且以农户土地承包经营权作为抵押。任何地方总会有人要借贷，当前农村农民甚至具有相当强烈的金融借贷需求。村庄内置金融通过满足农村内在的金融需求来获得利息，村庄熟人社会和承包经营权抵押保证了不出现坏账，从而保证本金与利息的安全与稳定获取。正是稳定获取的利息以及为获取这一利息而进行的金融活动，极大地提高了以老年人为主的农村社会自组织能力，激活了农村社会的内在活力。在如此内置金融的作用下，村庄老年人就具有了很强的组织起来的能力，具有一致行动的能力，具有了某种意义上的主体性，甚至具有了一定的财政能力。

这个意义上，李昌平主持的乡建院为当前全国所有村庄都提供了通过内置金融来提升农民组织能力的一个办法。上述内置金融本金来自三个方面：一是100位老年人的份钱，二是村庄成功人士的捐资，三是地方政府贴息的本金。当前国家每年向农村进行大量转移支付，其中很多钱都被无效使用了，比如前述新农村建设示范点的巨额无效投入，再如以一卡通方式发到农户的农业综合补贴。这些资源转移到农村往往不仅没有发挥公共资源的效能，提高农村内生秩序生产能力，而且可能破坏农村维持内生秩序的能力，即国家投入投资越多，农村“刁民”越多，“懒汉”越多，“等靠要”思想越是严重。如果将国家投入农村的资源的一部分投入村庄内置金融作为本金，这个本金生息的过程以及利息分配可以极大地提升农村社会的内生活力，提高农民内在组织能力，并因此使农民具有自主回应共同生产生活需求的能力。

当前大量的国家支农资源要么通过一卡通直接到户，要么通过项目资金来为农民建造基础设施，恰恰缺少让农民参与其中的具有集体行动性质的资源投入，结果就是，无论国家投入多少资源到农村，都没有提高农民的组织能力，即农民自己组织起来解决自己问题的能力。甚至在由国家为农民建造基础设施的过程中，与单家独户农户接触时，一些“钉子户”借机向工程建设单位索要高价，这样的索要一部分可能成功。一例成功就会带动一众“钉子户”起来。结果是，国家越多资源下乡为农民建设服务，就可能有越多“钉子户”出现，好事不好办，好事办不好。其中原因是办好事的办法有问题，而不是因为农村有“钉子户”。应对农村“钉子户”的办法就是将公共资源交给村社集体，由村社集体共同决策，正是因为通过共同决策可以准确表达出农民的需求偏好，形成村社共同意态，并抑制“钉子户”的不合理要价，将自上而下的资源转移与农民自下而上的参与结合起来，转移进入农村的资源就可以变成农民的共同意志，提高农村社会的组织能力。这方面，四川省成都市村民议事会的经验值得学习①，广东省清远市农村资金整合的经验也很值得学习②。只有当国家向农村转移的资源可以提高农村社会自身的组织能力时，资源转移才是有效的。这方面已有若干成功的地方实践，也有极大的改进空间。

集体土地所有制也是当前中国农村最基本的一项制度，乡建院内置金融的一个具体设计是允许以集体土地承包经营权进行抵押的。之所以可以抵押，是因为内置金融只在村社范围内进行借贷，借贷者若不能按时还款，便将其承包的集体土地经营权收归集体，转包出去就可以获利。正是因为集体土地所有权使内置金融可以对土地进行抵押。既然是集体土地，集体就应当有一定的土地权利，包括从土地中获取收益的权利，以及为适应农村生产力变化而调整土地的权利。当前农村生产力的快速变化主要表现在两个方面：一是承包者与经营者的分离，二是机械化的快速推进。中国土地集体所有制就可能借土地调整的权利为经营户提供耕作便

---

① 杜鹏．村民自治的转型动力与治理机制——以成都“村民议事会”为例［J］．中州学刊，2016(2).

② 杜鹏．土地调整与村庄政治的演化逻辑［J］．华南农业大学学报（社会科学版），2017(1).

利，并为小块细碎土地上的农户提供一定程度的社会化服务，以防止小块土地上权利过于密集所形成的“反公地悲剧”。我国台湾地区实行土地私有制，尚可在生产力发生巨大变化时进行“土地重划”以解决土地细碎化的问题。大陆实行土地集体所有制，这样一种公有的土地制度就可以有很大的制度调整空间，以适应当前农村社会正在发生的快速变化以及用于提升农村社会的组织化程度。这方面可做的文章也是很多很多[①]。

提高农民组织能力的途径很多，笔者自2003年开始在湖北省的四个村进行老年人协会建设，按每个老年人每天一毛钱的预算提供建设经费，让老年人组织起来，老有所乐。当前农村老龄化很严重，老年人虽然也要从事力所能及的农业生产，农忙时间却不长，农闲时间很多。让老年人农闲时间串串门、打打麻将、跳跳舞，尤其是通过老年人协会将老年人组织起来相互交流，通过人际互动来打发时间，交流信息、相互打趣、相互劝导，就可以提高老年人闲暇生活的质量，增加老年人生活的趣味，甚至可能通过老年人的相互交流，化解家庭内部矛盾形成的积怨，防止老年人产生心理疾病。建设老年人协会刚开始只是希望将老年人组织起来以达到老有所乐的目的，结果，组织起来的老年人协会就具有了参与关心老年人状况的能力，比如组织重阳节庆典、维护老年人权利、评选模范儿媳、为老年人祝寿庆生、看望生病老年人、吊唁去世老年人等，甚至介入家庭纠纷调解中，从而做到老有所为。老年人协会对老年人的闲暇生活和老年人的自我关心都只付出了极少的资源，却大幅度提高了老年人的生活质量，因此，通过诸如老年人协会等社会组织建设，让老年人更有意义和更有质量地度过他们的闲暇时间，就可以较大幅度地提升农村的组织能力。

三、提高组织能力要善于利用“人”的资源

当前农村还有两个十分重要的人群，一是“中坚农民”，二是“负担不

① 相关讨论可以参看张路雄著的《耕者有其田——中国耕地制度的现实与逻辑》，中国政法大学出版社2012年版；刘强著的《农地制度论》，中国农业出版社2016年版；王海娟著的《地尽其利：农地细碎化与集体所有制》，社会科学文献出版社2018年版。

重的人”。在此先讨论“负担不重的人”。在城市化背景下，农村的中青年人大量进城，余下的多为留守老年人。留守老年人中有一部分低龄老年人，身体很好、能力很强、有公益心，有些之前还当过村干部，而且子女早已成家，孙辈也已上学，家庭人情往来由子女负担，而对父母也已经完成养老送终的任务。这样的农村低龄老年人就是家庭负担不重的人，他们没有任何从事生产获得收入以养家的压力，相反，可能子女在外经商或从政，这样的农村“负担不重的人”就可能成为村庄被动员起来管理各种琐碎事务的积极分子。比如，笔者所主持的湖北省四个老年人协会的会长和副会长大都是这样“负担不重的人”，湖北省秭归县在搞幸福村落建设时，在村民组一级设立“二长八员”，这些不拿报酬、义务性质的“二长八员”大都是“负担不重的人”。这些“负担不重的人”有的是有时间，有的是有能力，有的是热心肠，若给他们一个“二长八员”的名分，或老年人协会会长或副会长的名分，他们就有极高的热情来做这些义务性的工作，热衷于此，并从中获得意义。他们正是在这些义务性、公益性的服务工作中获得了自己的存在感。当前农村社会存在众多“负担不重的人”，给这些“负担不重的人”发挥作用的空间，调动他们的积极性，就可以在相当程度上提高农民的组织化水平，壮大农村社会资本，让农民更有能力应对变革时期维系生产生活秩序的难题。

农村的“中坚农民”就是农村年富力强的中青年农民，他们因为种种原因不能或不愿进城务工经商。如果仅靠种自家承包地生活，这些留村中青年农民无法获得更多收入，就会成为村庄中的贫困人群。他们因此通过流入其他进城农户的承包地以形成适度规模经营，或通过开小作坊、提供农机服务、当经纪人、开小商店等方式来获得收入，当这些中青年农民从农业和农村中获得的收入不低于外出务工收入，而他们又可以保持家庭的团聚，经济收入在村庄，社会关系在村庄时，这样年富力强的中青年农民就可以成为维持村庄秩序及生产的中坚力量，也就成为我们所说的“中坚农民”[1]。随着越来越多农村人口进入城市，就有越来越多的农地留下来了，并让渡出越来越多的农村获利机会，这样一些让渡出来的农村获利机会就会滋养出一个越来越大的中坚农民群体。当前中国农村之所以可以保持秩序，很大程度上就与这样一个大约占农户总数10%的中坚农民群体的存在有关，这样一个群体正是村干部的主要来源，是村庄治理的骨干力量。

在当前乡村治理中，如何充分调动和发挥中坚农民的力量以及如何保持和培育中坚农民，是一个很大的政策问题。资本下乡就会消灭中坚农民在农村的获利机会，因此就会消灭中坚农民。资本下乡以后，资本大户与留守农村的“老弱病残”农民是不可能形成一种稳定结构和进行有序治理的，而当前农村自发形成的“中坚农民＋老人农业”的结构是相当稳定坚固的结构。

在城市化背景下，大量农村人口进入城市，在城市获取各种机会，有人运气不够好，个人也不够努力，他们就很难在城市体面安居。还有一部分进城的成功人士，他们在城市获得了稳定的就业机会和较高的收入，有了体面的城市生活。这些进城成功人士是从村庄出去的，他们的亲朋邻里仍然留村，他们自己对家乡充满着眷念与乡愁，甚至也希望自己百年以后能荣归故里、落叶归根，他们与村庄之间存在着剪不断、理还乱的关系。这样一部分从村庄进城的成功人士就是村庄建设的关联人和关心者，就可以通过成立村庄乡贤理事会将这些人纳入进来，让这些成功人士为家乡出主意、想办法，进行力所能及的建设，这种新乡贤的力量一旦被调动起来，就可能是很大的一股提高农村组织化程度的力量。

四、若干政策问题的讨论

在城市化的背景下，产业向城市集聚，农村衰败是必然的，当前乡村建设和提高农民组织化程度的主要目的是保底，而不是让农民从农业和

① 贺雪峰．论中坚农民[J]．南京农业大学学报(社会科学版)，2015(4)：1-6.

农村中发财致富，以及要建设强富美的新农村。

从这个角度来讨论当前“三农”政策，就有很多需要讨论的方面。第一，地方政府通过行政手段推动农村土地流转以形成适度规模经营以及规模经营，超越了当前农村的实际情况。土地流转和规模经营应当是一个市场化的过程，是一个自然而然的过程，地方政府刻意推动农村土地流转，甚至在政策文件中要求地方政府“像抓招商引资一样推动农村土地流转”是完全错误的。第二，要充分利用农村土地集体所有制的优势来应对农业生产力变化中出现的生产关系的矛盾。当前土地确权在某些方面存在误区。土地集体所有制只是中国社会主义制度体系里面的重要优势之一，还有很多社会主义制度优势要挖掘利用起来。第三，资源下乡一定要与村社共同体组织能力的提升结合起来，一定要农民的切实参与。第四，要充分利用诸如内置金融等金融手段和老年人协会等文化建设手段来提升农村社会资本。第五，要充分动员村庄中的“中坚农民”与“负担不重的人”担当乡村治理的主角，要给他们舞台、角色和空间，让他们发挥积极主动的作用。第六，要充分利用各种乡贤力量。

五、小结

在城市化背景下，农村人、财、物流入城市，农村出现空心化现象并变得萧条，维系农村基本生产生活秩序的根本办法是通过乡村建设来提升农民的组织化程度。农村基本生产生活秩序不是高水平的，而是保底的，因此，新农村建设的目标不是要把农村建设得比城市更加吸引人，有更多机会，而是要让无法进城或进城失败的农民仍然可以获得保底的农村生产生活机会。总体来讲，未来相当长一个时期仍然是城市化快速推进的时期，农村中青年人到城市打拼，并有机会在城市体面安居。若打拼多年仍然无法在城市体面安居，进城农民就可能返回农村。保底的农村生产生活秩序意味着农村生活质量比城市漂泊的日子要好，但不及城市体面安居的日子。正是因为比漂泊的日子要好，进城失败的农民愿意返乡。又正是因为进城失败的农民可以返乡，中国城市没有漂泊在城市居无定所、食不果腹的庞大底层社会群体，也就没有发展中国家通常都有的大规模贫民窟。

在当前阶段，中国乡村建设以及“三农”政策的重点就应当是保底，而不是建设比城市更好的强富美的美丽乡村。只有再经过二三十年的发展，中国完成了城市化并实现了现代化，才可能有能力进入逆城市化的发展阶段。这个时候，因为城市有能力容纳所有愿意进城的人口，农村就可以向更加富裕、更愿接触自然的追求情调的阶层开放，就可以建设一个比城市更好的亲近自然的美丽乡村。

组织与合作：论中国基层治理二难困境

——从农田水利治理谈起

桂　华

摘要　中国基层治理的一个基本前提是小农生产方式，治理的目标就是整合千家万户的小农，以实现良好的社会秩序。基于此，存在组织化与合作化两条可供选择的道路。通过对荆门市S镇30年来水利变迁的研究，对组织化道路与合作化道路演变过程的探讨可以看到：基层治理中交替出现无法合作与组织成本膨胀的问题，并形成二难困境。以此反观中国基层近百年来的治理逻辑，提出在资源输入的背景下，通过重建村庄的治理模式来突破这个二难困境。

关键词　基层治理；组织化；合作化；二难困境；治理模式重建

一、研究回顾与问题提出

如何理解小农生产方式决定的中国基层社会治理模式，是社会科学研究的一个大命题。中国小农“小”而“分散”的特征，构成了中国基层治理的前提。过去两千多年的中央集权历史，表明中国基层治理一直存在着一个矛盾，即如何实现强大的国家机器与脆弱的小农社会基础相协调。一方面，国家机器要足够强大，对内，中央权力能够统治五千万以上的人口，对外，又要组织动员人力、物力修建长城、大运河等大型工程设施，并要养活庞大的军队，以抵御北方游牧民族的侵扰；另一个方面，中国的小农生产剩余是有限的，过度的掠夺有可能影响人口再生产，导致社会基础的崩溃，并导致中央集权的崩溃。以上矛盾决定了建立在小农生产方式基础上的中国基层治理必须是低成本、高效率的。

受到马克思东方社会理论的影响，魏特夫基于中国庞大的水利体系与治水任务来探讨中国政治体制的起源，认为中国作为一个“治水国家”，“阻止了社会中非政府力量形成势力强大得足以对抗和控制政府机器的独立机构”[①]。尽管魏特夫的宏大理论过于抽象，并且引发了诸多争论，但是他首次从水利的角度来研究中国政治社会问题，却启发了诸多的学者。如杜赞奇从地方水利管理组织的运行模式，来探讨中国基层社会的权力文化网络[②]；黄宗智[③]从水利类型区域比较的基础上，对比地表水资源匮乏的华北平原与地表水资源丰富的长江三角洲地区的水利特征，认为基层用水方式的不同，影响了华北地区地方组织力量的发育，并导致国家力量渗入村庄比较彻底，而在江南地区，宗族势力比较兴盛并在一定程度上阻止了国家力量的介入；弗里德曼[④]从宗族之间因水利引发的械斗，来探讨传统时期“村落-宗族”组织支配“公共物品”的能力。还有一些学者“从社会史角度开展中国人口资源环境史”[⑤]研究，比如，蓝克利等人在山陕地区进行的水资源研究，行龙等人在山西各地进行围绕水资源开发利用所作的区域社会史研究。王铭铭[⑥]提出“水利社会”研究要有区域视野，并肯定从水利角度进行区域社会史研究的意义。

民间有句俗语，“收多收少在于肥，有收无收在于水”，表明水利是农业的命脉。水利对于农业的重要性与中国“精耕细作”的农耕文明，共同决定了水利与社会发展之间的密切关系，因此历朝历代的统治者皆重视水利治理。贺雪峰认为“灌溉农业及其对水利工程的依赖，对中国基层治理结构有着十分基础的影响”，并认为“中国农业文明中的自然特征与儒家文化之间存在亲和性关系，这种选择性亲和关系，构成了中国传统村落

① 卡尔·A.魏特夫.东方专制主义:对于极权力量的比较研究[M].徐式谷，悉瑞森，邹如山，等，译.北京:中国社会科学出版社，1989:42.

② 杜赞奇.文化、权力与国家——1900—1942年的华北农村[M].王福明，译.南京:江苏人民出版社，1996.

③ 黄宗智.华北的小农经济与社会变迁[M].北京:中华书局，2000.

黄宗智.长江三角洲小农家庭与乡村发展[M].北京:中华书局，2000.

④ 莫里斯·弗里德曼.中国东南的宗族组织[M].刘晓春，译.上海:上海人民出版社，1998.

⑤ 行龙.要重视从社会史角度研究中国人口资源环境史[N].光明日报，2001-12-04.

⑥ 王铭铭.“水利社会”的类型[J].读书，2004(11):18-23.

熟人社会伦理道德和行为规则滋长壮健的肥沃土壤，正是在这个土壤上，宋明时期中国农村遍地发育出强有力的宗族组织”①。因此，从水利治理的角度来研究中国基层治理模式具有内在的合理性。

中国传统时期的水利大致分成两块：一块是长江、黄河这样跨区域的大江大河治理，由国家完成，主要是解决防洪排涝问题；一块是地方性水利，主要局限于村落范围之内，由“村落-宗族”等地方性组织完成，主要是解决生产生活上灌溉排涝问题。水利一向是具有公共性的事物，无论是大型水利设施建设与维护，还是通过渠系进行灌溉，都是一家一户的小农无法单独完成的。总之，中国“精耕细作”的生产方式对水的高度依赖，以及小农家庭无法解决水利问题的困境，决定了必须存在一个超越个体农户的组织，以破解“集体行动困境”②。

自20世纪80年代初分田到户以来的近40年间，中国农田水利治理发生了巨大的变化。其变化的基本逻辑是治水从组织化道路走向合作化道路。所谓组织化道路是指，存在自上而下的力量将小农组织统合起来；而所谓合作化道路是指，个体小农通过协商完成自下而上的联合。合作面临着协商复杂、谈判成本（交易成本）高的问题，组织可以解决这个问题，但是组织又面临着组织成本膨胀的问题。因此，尽管组织可以降低合作过程中的谈判成本，并实现合作无法达成的目标，但又因其自身成本的膨胀，存在崩溃的趋势。谈判成本高与组织成本高交替出现的问题，成为困扰农田水利治理的一对基本矛盾。

由小农生产方式决定的中国水利治理，决定了治水是连接国家与农民的纽带之一。如果跳出水利，就会发现治水机制所代表的基层治理，同样始终面临着无法合作与组织成本膨胀的二难困境。文章以荆门市S镇的个案来展示我国近40年农田水利治理模式的变迁，以此来讨论中国基

① 贺雪峰. 村治的逻辑——农民行动单位的视角[M]. 北京：中国社会科学出版社，2009：26，35.

② 曼瑟尔·奥尔森. 集体行动的逻辑[M]. 陈郁，郭宇峰，李崇新，译. 上海：上海三联书店，上海人民出版社，1995：2.

层治理问题。

二、S 镇的农田水利治理模式之变

S 镇是湖北省荆门市的一个镇，全镇耕地面积超过 10 万亩，主要以水稻种植为主，年产粮食 1.2 亿吨以上，对于水利的依赖程度高。自新中国成立至 1979 年，经过 30 年的农田水利建设①，S 镇建立了完善的水利灌溉系统。自 1982 年分田到户以来，中国农田水利总的趋势是，国家逐步退出对水利的介入，与此同步，水利市场化逻辑逐渐增强。与耕地承包到户相配套，国家在水利上逐步推行市场化改革。其中，包括水管单位企业化改制、水利收费制度改制、水利设施的产权与使用权改制等。改革后，国家减少对水利的责任，减轻财政压力与管理压力。改革的后果是：小水利与大水利脱节，农民组织化程度降低，农田水利系统性破坏，水利回归为一家一户的小农形态。S 镇农田水利系统陷入崩溃的症结主要在于它的“软件”系统出现了问题。2002 年的税费改革，取消了小组长与共同生产费②，从根本上限制了村组两级在水利上的组织动员能力。以税费改革为分界点，农田水利由集体用水的形式变成个体用水形式，与之相应的是农田水利治理从组织化道路转换为合作化道路。

（一）组织化道路及其困境

1. 税费改革之前集体用水模式

分田到户之后，农民并没有彻底地“单干”，尤其是在农田水利上，S 镇的农民还保留了“集体种田”的性质。③ 从分田到户至税费改革，村组

---

① 罗兴佐. 治水：国家介入与农民合作——荆门五村农田水利研究[M]. 武汉：湖北人民出版社，2006.

② 共同生产费是指农业生产中需要共同开支的费用，特别是荆门市这类水稻产区，抗旱排涝是农业生产的先决条件，而诸如抗旱排涝这一类事情，单家独户无力去做，因此成为村组干部最为基础的工作之一。

③ 在访谈中，农民常常提起“我们集体种田时，放水很方便”。刚开始，还以为农民所说的“集体种田”是指人民公社时期。经过多次访谈才明白，“集体种田”是指税费改革之前，村组组织集体放水、用水种田。

两级通过统筹、协调、管理，将农户组织起来，形成“集体用水模式”。在一般年份，村组会组织从水库、泵站买水，或者集体从河港抽水。每年集体组织放水 2～3 次，在这个过程中，村(干部)与小组(干部)相互配合。整个组织过程可以概括为，小组向村里提交用水计划，由村里出面与水库、泵站等协调放水。水费由小组长在全组按田亩平摊，分两次向水管部门交清。

在此过程中，乡镇政府起督促和协调村级关系的作用。村组作为最基层的行政组织，是政府行政任务的操作者，既面临行政压力，也获得了行政权力的支持。在面对水管部门时，村组代表农户买水、放水，村组集体与水管部门间形成交易关系。村组对内负责制定计划、决定放水时间、抽调劳力、组织收钱、统一调水等，将农户组织成为集体用水单元。在“集体用水模式”中，农户是蕴藏在小组中的，农户既不直接与政府发生关系，也不直接与水管部门发生关系。他们只需在田间地头拿一把铁锹，管理庄稼灌溉就可以了。在人民公社时期国家组织农民建立的完善的水利设施系统的基础上，农户享受了便利、稳定的水利。

2. 组织化道路的内涵

前面已经提到，中国小农的耕作规模决定了水利具有公共品性质，必须形成超越个体农户的用水单位。村组具备这个性质。首先，村组内部田地都分布在同一地域内，在生产生活上，农户之间存在共同利益，这是水利组织与合作的自然性前提。其次，村组因熟人社会性质，而具有较强的整合能力，其内部既存在关心公益事物的“热心人”，也存在具有“牵头能力”的内生性权威。且在长期社会历史过程中，村组内部形成了一套比较完善、稳定的生活规则，并被大多数村民认同，即“地方性共识”，构成农民行动时的“菜单”。这套共识可以使农民形成长久的预期，构成水利上集体行动的基础。另外，村组还是基层行政单位，背后有国家公权力的支撑。村组组织的功能是将农户统合成为一个集体单位与外界发生关系，在内部以一定的规则分配收益、分摊成本。组织化道路可以解决以下两个方面的问题。

一是将分散的农户统合成为集体用水单元,形成水利市场中的买方主体,与作为卖方的水管单位打交道。而一家一户与水管单位打交道,就会面临交易成本过高的问题。一方面,水管单位基于成本计算不可能为一家一户放水;另一方面,农户也不可能单独承担放水过程中的损失。组织化机制扩大了单个买方的规模,使得买卖双方能够形成均衡交易。

二是组织化道路可以解决"集体"内部成本分摊与收益分配的问题。在村组内部,基于田块位置与水利基础设施的固定性,不同农户面临不同用水处境。在组织化道路中,依靠组织的强制性,不计田地的自然条件,依据田亩平均分摊水利成本。在水的使用上,村组干部运用村组内部调水的能力,保证每个农户都能够受益。在组织化道路中,村组有责任保证每块田都不会因为水利而受到损失,村组每年要进行"评产"工作。在收获之前,由包村干部、小组长、村民代表等组成"评产"小组,到全组每块田地里评估是否因为受旱、受涝而减产,并估计损失产量,并通过减免农业税费的方式对受损农户进行相应补偿。

组织化道路是以村民的"集体"观念为基础的。在农户的眼里,水利不是一家一户的事情,渠道、堰塘、机台等都是集体所有,甚至自家田里的水也属集体所有。在这种观念中,农户没有私人产权意识,在水利上缺乏个体性的算计。村民说:"集体用水时,我们只管田里庄稼不受旱就行了,别的事情是由集体考虑的。"具有"集体"意识的农户,关心的是集体能否保障生产,而非单次用水过程。分田到户以后,虽然在经营上以家户为核算单位,但"集体用水"模式隐含村组的集体主义性质,村组是对农民生活具有切实影响的组织实体。

3. 组织化道路的困境与瓦解

组织化道路具有命令性、强制性,村组组织能够强制制裁水利中的"搭便车"者,因而能够避免"集体行动困境"。对于那些不愿意交水费的农户,村干部说:"可以强行去他家中扒粮食、牵牛赶猪等。"同时,村干部可以通过不分地、不办理户口、不办理(升学、结婚等)证明等方式卡住那些不愿意交钱的村民。另外,"用集体的水就要向集体交钱",其他村民会用“唾沫星子”去制裁那些“搭便车”者。

组织化可以解决统合的问题，但是组织自身又存在问题。村组组织超越个体农户具有独立性，那么组织应该如何产生，组织的规模应该保持多大，谁来监督组织以及如何监督？一切在组织运作中产生的问题，最终都会转化为组织成本，并由农户负担。

维持“集体用水”的组织成本包括村组干部工资开支、管水人员工资、乡村两级的运作经费等。在这些合理的开支之外，还包括因为缺乏对组织有效监督所导致的贪污腐败所带来的不合理成本。这些成本都由共同生产费支付，到了20世纪90年代中期，水利组织成本问题逐渐凸显，导致了农民负担重等问题。在税费改革之前流行着一句话，“头税轻，二税重，三税是个无底洞”。“三税”中又以共同生产费最重。以荆门市B镇为例，1999年《农民负担准签项目及指标表》显示，农民人均负担为432.6元，亩均负担184元，全镇农民负担总和为1323.7万元，其中共同生产费开支为575万元，占总负担的43.44%。[①] 20世纪90年代以来，村组将共同生产费作为向农民变相收费的工具，用于弥补村组收支空缺，“共同生产费是个筐，什么都往里面装”。荆门市S县经管局对2000年全县农村共同生产费情况的调查显示，当年亩平提取共同生产费52元，实际使用亩平62元，“全县将不属于共同生产费列支范围的费用转嫁，变相列入共同生产费开支的项目有10项之多，占总支出的34.7%”[②]。

随着用水成本越来越高，向农民征收共同生产费的难度越来越大，集体组织放水时出现了“钉子户”。最开始，少数的“钉子户”找各种理由与村干部“扯皮”。比如，他们会提出“集体放水时自己家的田没有灌到位”，还有些人因为与村干部有矛盾，也借不交水费来为难村干部。当村民看到少数“钉子户”不交钱也能用到水后，心理就不平衡了，也学会找村干部“扯皮”，熟人社会的效仿机制使得“钉子户”越来越多。为了完成对“钉子户”的治理，组织机构进一步膨胀，乡村两级人员急剧增加。为了激励村

①② 贺雪峰. 乡村研究的国情意识[M]. 武汉：湖北人民出版社，2004：207，209.

干部将“负担”任务完成，乡村两级形成利益共同体，乡镇默许村干部在征收税费时通过变相收费获得“油水”。其结果是组织成本急剧膨胀，导致了农民负担过重，并在20世纪90年代中后期达到高峰。

2002年湖北省开始进行税费改革，颁布了《湖北省农村税费改革试点方案》。该方案改革了共同生产费的征收与使用方式，取消了村征收共同生产费的权力，规定“用于农村抗旱排涝的水费和电费等等，属于经营性收费项目，按照‘谁受益，谁出钱’的原则，由受益农户据实承担。用于村组修复水毁工程所需资金，纳入一事一议范围内统一安排”[①]。之后，S镇全面撤销小组长，并精简村干部数量。税费改革就是为了解决基础治理组织成本膨胀的问题。

（二）合作化道路及其困境

虽然税费改革解决了自20世纪90年代中期以来出现的组织成本过高问题，但同时在人力、物力、动员能力方面限制了基层组织能力。改革后，“集体用水模式”瓦解，农田水利走向“个体用水模式”。正如农民所言，“（用水）一夜回到了解放前”。集体用水模式瓦解之后，农户只有两条出路：一是完全从“大水利”中退出来，发展一家一户的“小水利”；二是农户通过合作来使用“大水利”进行农田灌溉。

1. 税费改革后个体用水模式

税费改革后，农户在水利市场上直接与水管部门打交道，乡村两级只起到联络协调作用。村干部说：“现在如果农户要水，找到我，我就会到泵站、水库给他联系，我与那些人要熟一些。”而在基础设施维护上，直至1999年，乡村两级每年冬季都会组织农民进行水利建设，内容包括沟渠清障、设备维修、堰塘清淤加固等，当时的口号是“渠见底、坡见新，两边杂草除干净，淤泥挑过分水岭”。取消“两工”之后，集体再也无法组织农民进行基础设施维护。村干部说：“现在一锄一锹的工程，都需要付钱，不给

① 罗兴佐．治水：国家介入与农民合作——荆门五村农田水利研究[M]．武汉：湖北人民出版社，2006：76．

钱，农民就不会去做。”失去群众的力量，乡村两级在基础设施维护上只能无所作为。几年下来，大部分沟渠出现“一年不清，杂草丛生；两年不清，蛇都难行；三年四年不清，小树成林”的面貌。现在，基础设施因年久失修，遭受损坏，严重制约农户用水，在硬件上阻碍了农户与大型水利设施的对接，提高了用水成本。

在个体用水模式中，农户从村组组织中独立出来，成为独立的用水主体。再向水库、泵站买水时，要么是农户独自参与交易，要么是几户联合进行。从集体用水模式到个体用水模式变化的实质是，私人产权替代了集体产权。即从“集体受益，集体负担”变成“谁受益，谁出钱”，农田水利从系统性的“大水利”走向了分散的“小水利”。

由于“小水利”的成本比较高，个体农户可能无法承担，或者单独使用不合算，因而产生了联户合作的用水方式。联户合作的形式是，由某一个人向具有共同利益的其他几户人家提议合伙办某件事，如果他的提议得到大家的赞同，众人就会一起“碰头”，商量决定如何办、如何操作、谁来牵头等。一般情况下，最后多是由最先提议的那个人担任“牵头者”，具体负责对外联系与对内协调工作。“大水利”崩溃之后，农民普遍采取联户合作的方式解决水利问题。

2. 合作化道路的内涵

联户合作与集体组织的不同在于：联户时每家每户都具有独立的产权，是基于利益层面的“共识”，通过个体间的合约达成；而集体组织本身具有实体性、独立性，个体利益在其中隐而不现，并且集体利益高于个人利益。

合作的首要前提是农户之间利益的一致性，并且合作之后，每个农户的收益高于合作之前。农民解释说：“（之所以）能够合作起来，是因为我们的角度是一致的。”另外，村庄是一个熟人社会，合作时农户不仅要进行自身绝对收益的算计，而且要通过与他人收益进行比较来决定是否合作。农民所说的“宁可自己吃亏，也不向别人讨好”，表明在受益不均衡时，农户很难达成合作。也许合作之后个人的绝对收益可以增加，但熟人社会中农户之间相互攀比的习惯与农民特殊的公平感，容易造成农户之间的"嫉妒"，导致合作不能实现。①

合作的第二个前提是私有产权的确定性。农民对当前合作用水的评价是，"自己掏钱，自己用水，谁也不占谁的便宜"。正是在这种逻辑下，堰塘等原属于集体所有的基础设施，能够瓜分的基本都被瓜分了。比如，S镇一座名为章子堰的小(二)型水库被村民瓜分成为16个小堰。机井、水泵、水管、电线等小型水利设施，能够一家一户置办的都是一家一户置办。

合作的第三个前提是成本分摊与利益分配能够明晰化。合作用水时，村民根据田亩平均分摊成本，并根据每个农户承担的成本，分配相应的收益。2009年S镇向岗村三组8户人家合伙新修了一口万方大堰，每户按田亩平摊工程开支、用工开支，并按田亩承担修堰占用土地的成本。修成之后，在使用与管理上，农户对于堰塘享有相应的"股权"，出现用水紧张情况时，按田亩分配相应比例的水量。

合作表面上看是"合"，但其内在实质是"分"，表现了个体农户"私"的逻辑。合作化机制以个体利益为起点，通过联合过程，最终还是以个体利益为终点。与组织化机制的社会整合趋势不同，合作化机制是趋向于社会分化的。农民说，"现在(用水)就是弱肉强食"。比如，集体的堰塘，谁有本事、比较无赖、不讲道理，谁就能够先占、多占，而那些比较老实的人就占不到。

(三) 合作化道路的困境

合作通过"协商"实现，合作化过程就是利益博弈过程。正如农民所说："(合作)是争论的结果，没有争论怎么会有现在的合作呢?"争论即谈判，农户间相互争取与退让，在照顾到每个农户利益的基础上达成合作。随着合作范围的扩大，谈判协商过程就变得很复杂，容易出现"众口难调"的现象，因此，合作的范围一般比较小。向岗村原书记刘某说："联户合作

① 贺雪峰曾讨论过农民水利合作中的公平感问题。贺雪峰．熟人社会的行动逻辑[J]．华中师范大学学报(人文社会科学版)，2004，43(1)：5-7.

用水的范围根本不可能超过20户,否则没有办法达成统一意见。"在向岗村的7个小组中,最大的水利合作单位是8户。农民解释这一现象时说:"(农民像柴禾一样)长短不一,(所以)捆不紧,垛不齐。"并且,合作化机制也无法解决"搭便车"问题,很多处于渠道、堰塘下游的农户无须支付用水成本,就通过捡水、偷水解决灌溉问题。

与组织化机制不同,合作化机制缺乏强制性与命令性,农户拥有退出权。因此,合作缺乏稳定性,农民很容易因为各种原因而退出合作。比如,分配不均、内心不平衡、自然条件变化、农户间的恩怨等都可能导致合作的瓦解。向岗村三组一个4户合作单位,自2003年以来,一直联合从台子湖泵站买水,2009年冬季有两户人家各打了一口机井,合作单位自此瓦解。在组织化机制中,集体是一个独立的实体,不允许成员退出。在合作化机制中,合作单位没有权力制裁那些退出者。合作的不稳定性,导致农户之间的信任度降低,使得联合用水缺乏长远预期。

另外,水利自然性质决定了水利合作中存在成本收益无法明晰的困境。田块分布的自然条件,天气的不可预计性,水利设施的日常性维护成本等,都不能够被计量化,限制了合作的可能性,大量的合作都是因为分水矛盾而瓦解的。2005年向岗村五组的彭某与另外2个农户合作从台子湖泵站买水。当水抽到共用的堰塘里后,其他2个农户田比较近,很快就将水抽走了,而彭某的田比较远,需要用2个水泵二级提水,抽水比较慢,最后分的水少。3家人为此而发生争吵。第二年,彭某请了10个亲朋好友,一家单独从泵站抽水。这个合作单位就此瓦解,类似的例子有很多。

复杂的谈判过程产生了交易成本,交易成本随着合作单位的扩大而提高。比如,"牵头人"要花时间、花精力,在协商时要为大家提供茶水,对外联系时要出车费、电话费等,还包括"牵头人"要承受"操心""怄气"等心理成本。但这些成本又很难被量化,也无法得到补偿。因此,没有人愿意当"牵头人"。在合作谈判中,一般是那些最弱势的农户被迫承担这些交易成本。那些灌溉条件最差、不具备替代性途径的农户,对于合作的依赖性最高，在谈判过程中讨价还价的能力也最低。他们没有退出的余地，只好"忍气吞声地听别人的闲话"，要受"冤枉气"。那些条件好的农户，可以随时退出合作，承担交易成本的可能性也比较小。

在合作谈判中，居于优势地位的农户利用博弈机制，策略性地运用退出权，转嫁交易成本。而当成本高至那些处于弱势地位的农户无法单独承受时，他们就会真正地利用退出权，寻找解决灌溉的替代性途径，导致合作的瓦解，并造成制度变革。由此可以理解，为什么一般都是水源条件最差的那些农户最先挖堰塘、打机井。不过，农户变革的能力是有限的，如果替代性途径的成本太高，且合作又无法达成时，那些水源条件最差的农户田里的庄稼就会最先"死去"。单靠合作本身是无法解决交易成本问题的，也无法解决合作不稳定的问题。取消税费之后，农田水利选择了合作化道路，无法有效地实现农户与大中型水利设施的对接，也无法组织农民基础设施建设，最终导致"大水利"崩溃，并陷入今日之困境。

三、中国基层治理的二难困境

贯穿于水利治理中的核心问题是，如何将千家万户的小农统合起来。合作化机制的先天困境，决定了自下而上的合作化道路必然是失败的。尽管组织化机制可以通过自上而下的组织力量来解决合作过程中交易成本过高的问题，但又存在着组织成本膨胀，进而导致组织崩溃的困境。交易成本高昂与组织成本膨胀变化的出现，可以解释近40年来中国农田水利治理的困境。

如同治水一般，近代以来，中国基层治理必须解决的问题同样是如何将千家万户的小农统合起来，并实现社会整合。早在民主革命时期，孙中山就发出中国社会"一盘散沙"的感叹。当辛亥革命推翻了清政府之后，摆在革命人士面前的是中国社会秩序重建问题。现代化进程使得中国基层治理不可能回到"皇权不下县"的模式中。内忧外患的现实处境决定了基层治理必须要组织动员农民并汲取资源，以赶走帝国主义的侵略，重新实现民族的独立富强。

完成这一目标有两条道路可走,即自下而上的合作化道路与自上而下的组织化道路。在这100年中,中国基层治理时常受到合作不成与组织成本膨胀的困扰,并由此陷入二难困境。与基层治理相关的中国社会主义建设的成功,关键在于找到一条低成本、高效率的道路,走出这个二难困境。

自"清末新政"开始,中央统治者就开始推行所谓的"国家政权建设",尝试通过推进自上而下的行政体制设置,将农民统合起来。在操作上,将官僚科层体制延伸到县以下,通过建立现代警察与财政制度增强国家对农民的统治能力;并建立新式学校,推行现代新式教育,开展"文字下乡"等活动,以期改变农民的思想观念。但是,这条组织化道路并没有走通。当村社、宗族等传统的社会整合力量被破坏之后,政权并没有实现良好的社会秩序,反而陷入了费孝通所言的"现行的司法制度在乡间发挥了很特殊的副作用,它破坏了原有的礼治秩序,但并不能有效地建立起法治秩序"①。

"国家政权建设"之所以失败,最重要的原因就是组织成本膨胀。杜赞奇细致地研究了国家政权在华北地区扩展时出现的"内卷化"问题,证明了这种看法。随着华北地方政权的现代化建设,传统的文化网络遭到破坏,使得"中国政权依赖经纪制来扩大其控制力时,不仅使旧的经纪层扩大,而且使经纪制深入到社会的最底层——村庄"②。其结果是随着政权机构的膨胀,出现了汲取资源效率下降,并导致官僚的半经纪化,造成严重的贪污腐败局面。最终的结果是大量的资源被消耗于组织本身中,不仅降低了国家征税能力,而且加重了农民的负担,激化了农民与统治者的矛盾,并推动了共产党领导的中国革命的发展。

与"国家政权建设"相反,被称为"乡村建设学派"的一批知识分子尝试走合作化道路来解决中国基层治理问题。梁漱溟认为,"今日中国问题

① 费孝通.乡土中国 生育制度[M].北京:北京大学出版社,1998:58.

② 杜赞奇.文化、权力与国家:1900—1942年的华北农村[M].王福明,译.南京:江苏人民出版社,2008:55.

在其千年相沿袭之社会组织构造既已崩溃，而新者未立；乡村建设运动，实为吾民族社会重建一新组织构造之运动"[①]，他倡导在中国伦理精神基础上吸收西方人的合作精神，通过"伦理情谊组织"重建中国秩序。而晏阳初等则认为，中国农民存在"愚贫弱私"的缺陷，其中，"私"是指农民不能团结合作，缺乏公德与现代知识。要通过"平民教育运动"对中国农民进行"再社会化"，培育农民的团结力与合作精神。

以梁漱溟、晏阳初为代表的"乡村建设学派"的共同特征是，试图通过自下而上的乡村改造活动动员农民，以激发乡村的内在活力。正如梁漱溟所说，"我们要坚定社会运动的立场，绝对不自操政权。这样，才能够代表社会，唯能代表社会，才能形成一大力量"[②]。然而实践中，"乡村建设"却出现了运动乡村而乡村不动的局面。让梁漱溟最为苦恼的是，"我们自以为我们的工作和乡村有好处，然而乡村并不欢迎……这足见你运动你的，与他无关，他并没动"[③]。最后随着抗战的爆发，多数乡村建设实验活动都宣告结束。与此相关的合作化道路也无果而终。

中国共产党领导的中国革命之所以能够成功，在于能够将广大的农民组织动员起来。1927 年毛泽东同志在湖南进行农民运动考察时，就发现了"组织起来"的农民所蕴含的巨大能量。自此中国革命活动便与组织动员农民紧密联系起来。无论是第一次国内战争、第二次国内战争还是抗日战争，农民都发挥了关键作用。新中国成立以后，国家要完成工业基础建设，便面临着如何从千家万户小农那里汲取资源的问题。人民公社"政社合一"的体制，高度组织化，并通过强大的国家意识形态进行动员，以较低的组织成本获得了农业剩余，并保持了比较稳定的社会秩序。[④]"三级所有，队为基础"的集体经营模式消除了小农分散性所带来的困境，人民公社体制既发挥了组织化机制的统合性，又克服了组织成本膨胀的问题，是社会主义建设成功的关键。也是在这一时期，国家建设了健全的水利系统，为 20 世纪 80 年代之后的农业生产奠定基础。

---

①②③　梁漱溟. 乡村建设理论[M]. 上海：上海人民出版社，2006：19，370，377.

④　温铁军. "三农"问题与制度变迁[M]. 北京：中国经济出版社，2009.

自党的十一届三中全会以后，农村实施家庭联产承包生产责任制，家庭变成独立自主的生产单位，小农治理问题又重新浮现。人民公社制度瓦解之后，国家急需寻找一种新的基层治理模式来维持乡村社会的稳定。由农民自发创造的“村民委员会”，迅速地获得了中央的认同，并于 1982 年载入宪法。村民委员会作为“群众性自治组织”，从 20 世纪 80 年代初开始推广，经过十余年的实验，于 1998 年正式通过《中华人民共和国村民委员会组织法》。村民委员会作为一种创新，试图通过自下而上的民主方式，发挥基层自治能力，村民委员会及其相关的村民自治体现了合作化机制。

尽管在制度设计上，学者们对村民自治的合理性进行了诸多讨论①，但基层治理目标决定了，村民自治这条合作化道路也有颇多局限。包括征收农业税费与计划生育达标在内的治理目标决定了走合作化道路的村民自治没有发挥实际作用的空间。相反，为了完成这些工作，基层组织需要强力来治理税费工作中的“钉子户”、计划生育工作中的“钉子户”与公共品供给中的“搭便车”者。在实际操作中，乡镇政府通过利益激励，将村级组织变成行政工具。从实践的角度看，从分田到户至税费改革，基层治理实际上走的是组织化的道路。

唯有将国家规定的合法税费之外的农民负担看作组织成本，才可以理解税费改革的逻辑。在税费改革之初，国家试图通过规定税费项目和削减基层组织的收费能力，来规范税费征收工作。

取消税费结束了近代以来从小农提取资源进行现代化建设的局面。反观这 100 年的基层治理，可以发现组织化道路与合作化道路反复地交织在一起，当合作无法实现时，自上而下的组织化机制强制地将农民统合在一起；随着组织的发展，组织成本膨胀又导致了组织化道路的崩溃。唯有中国共产党以较低的组织成本，成功地将农民组织动员起来了，才取得了中国革命的成功与社会主义事业建设的成就。

---

① 徐勇.中国农村村民自治[M].武汉：华中师范大学出版社，1997.

四、基层治理模式重建

税费改革以来，国家启动了与之相配套的基层体制改革，改革的基本思路是精简乡村两级机构和人员。农田水利系统崩溃就是在这种背景下发生的。现实表明，取消税费并不能取消基层治理，必须重建基层治理模式，才能实现和谐稳定的社会秩序。经过一百多年的努力，中国终于建立了比较发达的工业基础，结束了依靠农业发展现代化的历史。自国家提出新农村建设战略以来，中央逐渐加大了对农村的转移支付。改资源提取为资源输入，改变了基层治理的基本前提，也为重建基层治理模式、破解基层治理二元困境提供了可能性。

在城市化不可能在短期内完成的前提下，农村对于中国的稳定与发展依然具有战略意义，而为农村提供良好的秩序，也符合历史发展的要求。因此，在新的治理模式中，一定要扭转农村原子化[①]的趋势。经过现代性的冲击，农村的村社集体与宗族性质的组织逐渐“碎片化”，在核心家庭之外缺乏能够将农民组织起来的实体性组织。农民的“私”心变得越来越重，“公”的意识逐渐萎缩，变成了阎云翔所说的“无公德的个人”[②]。站在国家的角度，治理比小农更加分散的原子化个人的成本一定更高。基于此，笔者认为可以从组织农民与教育农民两个层面来解决这个问题。

首先，通过资源输入，激发农民的自治精神。尽管基层民主缺乏提取资源的能力，但却可以解决分配问题。[③] 如果国家停止将转移支付直接发放至个体农户，而是转移到基层组织，并通过民主方式决定资源使用的话，民主就可能对村民具有吸引力。国家转移支付至集体的资源，虽然所有权属于全村村民，但支配权却属于集体。村民通过民主协商，以“少数服从多数”的方式决定资源的用途。因为村干部是资源使用的操作者，他的行为会与所有村民的直接利益相关，所以村民有积极性去监督村干部，

① 贺雪峰．村治的逻辑——农民行动单位的视角[M]．北京：中国社会科学出版社，2009.

② 阎云翔．私人生活的变革[M]．上海：上海书店出版社，2009.

③ 贺雪峰．农民公共品需求偏好的表达与供给[J]．学习月刊，2008(8).

并会在选举投票中慎用自己手中的选票，选出合格的“守夜人”。通过这种机制，农民可以被调动起来，成为治理的主体，真正实现乡村社会的自治。由此实现的乡村组织就不是完成上级任务的“工具”，而是体现农民意志的组织。

其次，民主是一种合作化机制，通过农民谈判形成的分配方案具有合法性。经过多次民主谈判达成的“共识”形成了农民行动的合法性规则，提供给农民生活的长远预期。通过长期谈判，组织内部就会形成集体意识，这种共识在村庄层面就是“地方性共识”，上升至整个社会，就会形成道德标准。国家掌握了大量资源，因此国家可以通过分配机制，引导农民建构文明、自由、中国特色的社会主义文化。毛泽东、梁漱溟、晏阳初都重视教育农民。笔者认为，教育农民最好的方式就是让农民自己教育自己。如此一来，不仅可以走出基层治理的二难困境，而且可以探索出一条面对现代农民的高效低成本的基层治理模式。

农村公共品供给的社区自治模式探析

——基于全国农村综合改革试验区的调查[①]

雷望红[②]

摘要　当前，我国农村公共品供给面临着一系列问题。作为全国农村综合改革试验区的成都市、秭归县和清远市，根据当地村庄的社会基础，探索出符合当地实际的自治模式。成都市通过院落自治建立向上的信息反馈系统，保障农民的表达需求，解决了资源使用效率低的问题；秭归县通过村落自治凝聚村民力量，强化村落集体责任，解决了项目资源有效落地与维护的问题；清远市则通过自然村自治，充分调动民间力量，保证了村庄内部自主供给。三地的自治实践充分证明了激活村民自治的必要性，回应了农村公共品供给不同阶段和不同层次的问题。

关键词　公共品供给；村庄社会基础；村民自治；社区比较

一、问题的提出

我国农村公共品供给体制经历了时代的变迁。在农业税费时代，国家现代化建设的任务沉重，农民不仅要完成国家税赋的缴纳，还要自主进行乡村基础建设的投入，导致农民负担重，从而引发了基层治理危机。为了解除这一危机，国家取消了农业税费，由资源汲取变为资源输入，农村公共品的供给责任集中到国家身上，国家逐步加大对“三农”领域的投入，将农村公共品供给纳入公共财政支出的范围，以“专项资金”的方式将大

① 本文受教育部哲学社会科学研究重大课题攻关项目“完善基层社会治理机制研究（14JZD030）”资助。

② 雷望红（1991—），女，湖北荆州人，华中科技大学公共管理学院和中国乡村治理研究中心博士生，主要从事农村社会学、行政管理和社会心理学方向研究工作。

量惠农资金投向农村，而逐渐卸掉乡村社会的供给责任。

项目制作为一种新的国家治理体制，旨在通过国家财政专项转移支付等项目手段，加大民生工程和公共服务的有效投入①。但项目制的实践带来了诸多意想不到的后果，有学者注意到条块关系的变化所带来的基层治理能力的改变②，以及不同层级治理主体的行为逻辑的变化，政府和基层组织不断强化自身的自利性③。国家与农民的关系亦发生了变化，国家向下输入资源以减轻农民负担，看似农民更加信任国家，实则两者的关系变得更加微妙④。国家作为项目资源输入主体，各级政府、村际组织和普通百姓高度依赖外部资源的注入，造成条块竞争、官民竞争和村际竞争的利益争夺局面，最终后果则是国家的项目资源无法有效落地。突破项目制困境需要在两个层面着手解决：一是技术层面，即资源输入过程中的管理与监控问题，这一问题通过优化项目管理技术和激励方式可以改变⑤；二是治理层面，即资源有效落地的问题，尤其表现为公共品供给“最后一公里”的问题，这一问题必须通过激活基层民主制度才能予以解决⑥。

激活村社集体的统筹功能，改善基层民主的组织困境，有利于解决资源输入背景下农村公共品的供给难题。部分学者认为，激活基层民主，必须重塑村级组织的统筹功能，通过强化村集体的权力与能力来实现⑦，部分学者则主要从农民的功能角度出发，强调农民的参与，主张农民在公共品供给过程中发挥决策、执行、监督和协商的作用，以此确立农民的主体

---

①③ 渠敬东．项目制：一种新的国家治理体制[J]．中国社会科学，2012(5)：113-130＋207.

② 周飞舟．财政资金的专项化及其问题 兼论“项目治国”[J]．社会，2012，32(1)：1-37.

④ 桂华．项目制与农村公共品供给体制分析——以农地整治为例[J]．政治学研究，2014(4)：50-62.

⑤ 张杰．农村公共品供给制度创新主体行为分析：新制度经济学视角[J]．农村经济，2007(8)：15-17.

⑥ 王海娟．项目制与农村公共品供给“最后一公里”难题[J]．华中农业大学学报(社会科学版)，2015(4)：62-67.

⑦ 贺雪峰．土地与农村公共品供给[J]．江西社会科学，2009(1)：19-24.

意识[①②]。但农民作为分散的个体很难组织起来，反过来又催生村社集体的组织能力和统筹功能，以此激发农民的力量[③]，因此最终仍是要从改善基层组织状况出发。

学界对于村民自治的呼吁与当前公共品供给困境相契合，明确了改革的方向，但村民自治在实践过程中也面临着诸多困境，比如组织村民难，基层组织单元行政化色彩浓厚等问题，若不辨清和解决村民自治的内在约束，对村民自治的呼吁就是空洞的呐喊，也就无法根治农村公共品的供给问题。本文认为，当前村民自治的问题在于组织单元定位错误，村民自治的单元应建立在小组而非行政村上，强化小组一级的集体权力与能力，有利于统筹资源与组织村民，以应对公共品供给困境。此外，各地村庄社会基础存在差异，村民自治能力不一样，村集体统筹能力有所差别，因此，村民自治在公共品供给困境的回应与改善上存在阶段性和层次性。

本文的研究建立在对全国农村改革试验区调研的基础上。自 2011 年起，中央先后批复了 58 个农村改革试验区，鼓励各地进行农村工作的积极探索、大胆试验，成都市、秭归县和清远市被纳入第二批农村改革试验区的名单中，开展了一系列改革实践，形成具有代表性的地区自治模式。三地在村民自治上的有效探索，回应了公共品供给不同阶段和不同层次的问题，无不充分证明以小组为单位的村民自治在农村公共品供给过程中的关键作用。笔者于 2015 年 9 月、12 月和 2016 年 3 月，分别赴成都市、秭归县和清远市进行了为期 20 天、15 天和 20 天的调研，主要考察当地农村综合改革的状况，通过对农民和村镇干部的深入访谈，系统了解了当地村民自治和公共品供给的情况。

---

① 程珂. 农村公共品供给与农民村务治理权利的保障——基于村庄制度设计为中心的考察[J]. 经济研究导刊，2016，286(5)：29-31.

② 韩鹏云. 农村社区公共品供给的国家治理分析[J]. 中州学刊，2013，195(3)：71-75.

③ 郭佩霞，朱明熙. 村社组织、乡村精英：乡村社区公共产品供给的底层机制——基于乡村内生秩序与制度变迁逻辑[J]. 开发研究，2010(5)：5-8.

二、资源下乡背景下农村公共品的供给困境

在资源下乡的背景下，国家通过资源注入，意在有效改善乡村社会环境，尤其是改善农村基础设施。由于此前农民负担重，国家的大力介入在很大程度上减轻了农民的负担，从农民角度讲，项目制无疑是一种好的制度设计。但刘建平等人在取消农业税之初就敏锐地发现，税费改革后农村公共品供给出现了"国难主"与"民难辅"的两难困境[①]。国家向农村输入资源的过程中，出现供给主体与受益主体错位等现象，致使供给问题变得复杂，从而影响了公共品的供给效率与成效。

从当前我国资源下乡的具体实践过程来看，农村公共品的供给主要面临着以下几个困境。

一是项目资源使用效率低。一方面，存在各级政府层层截留中央资源的现象，由于两次农业税费改革(实行分税制与取消农业税)掐断了地方政府的财源，地方政府的发展极大依赖国家的转移支付，但国家专门转拨给地方政府的资源有限，地方政府要发展，就需要想方设法获得资源，从而激发了地方政府的自利性[②]。在国家向农村社会输送资源时，地方政府通过各种隐秘的手段截取基层社会的项目资金，其后果是国家的资金出现渗漏，真正用于农村建设的资金大为减少，实际资金与实际建设之间出现严重偏差。另一方面，国家专项资金项目的下达与村民的实际需求存在一定的偏差。由于当前乡村社会需求表达渠道不畅，村民的需求很难集中向上反映，而中央无法掌握全国各地不同的现实情况，国家通过一刀切的方式将专项资金向下输送，可能会出现与当地现实需求不相契合的情况，从而导致大量建设的浪费。无论是资金层层下拨过程中的渗漏，还是设施建设后的浪费，都降低了国家资源的使用效率。

---

① 刘建平，何建军，刘文高. 农业税取消后农村公共品供给能力下降的现象及对策分析——基于湖北省部分地区的调查[J]. 中国行政管理，2006(5)：17-21.

② 桂华. 项目制与农村公共品供给体制分析——以农地整治为例[J]. 政治学研究，2014(4)：50-62.

二是项目落地难。国家通过项目下乡的方式剥离了基层社会自主供给责任，其后果不仅强化了国家的责任，而且还加大了国家项目落地的难度。过去，国家只是作为基层社会公共品供给的补充者，真正的主体是农民自身，乡村社会通过收取税费、投工投劳等方式向农民筹集资源，将农民组织起来进行自主建设。在项目制的运作逻辑下，国家成为公共品供给的首要力量，建设成为国家的责任，农民反倒居其次，甚至隐身于乡土社会中坐享其成。农民既不出资，也不出力，建设成为了与农民无关的事情，在国家进入乡村为农民进行建设而影响到农民既得利益时，部分农民反过来伸手向国家要钱、要利，从而成为"钉子户"，严重阻碍建设的进程。在国家不断强化供给责任与基层组织日益瘫痪的情况下，政府要与个体农民打交道，交易成本就会提高，建设的难度就会加大，项目落地的可能性就会降低。

三是项目实施中的监督与维护存在问题。部分基础设施建设存在一定问题，即"重建轻管"，国家投入了充分的资源进行建设，但是建设的质量差、维护少，大量基础设施的使用寿命短。按照项目制的设计，施工方要与项目主管部门直接对接，架空了村庄社会的权力与责任，村干部与村民缺乏参与，因此，施工方在施工过程中，缺乏强有力的监督者，导致建设的质量难以保证。由于政府全权负责整个项目的实施，村民理所当然地认为建设是国家的事情，维护亦是国家的事情，且认为国家完全有能力负担，但国家显然很难再继续投入资金进行维护。因此，在项目建设结束，施工队与国家力量撤出之后，基础设施就成了无主之物，村民在享受的同时不注重管理与维护，甚至出现掠夺式使用，从而造成公地悲剧。

四是农村公共品其他供给主体的缺位。农村公共品供给不同于城市，城市公共品的提供高度依赖国家和市场，但农村更加强调农民的参与①。过去可以依靠基层政府和乡村社会对农民进行资源的筹集与动员，在资源输入的背景下，地方政府一是丧失了自主供给的能力和权力，

---

① 熊万胜. 农村公共品供给中的政府责任与民众义务[J]. 中国乡村发现，2007(6)：119-122.

高度依赖国家资源，二是缺乏乡村建设的积极性，承接资源的动力不在于改善乡村社会，而在于为部门谋利和进行政绩建设，因此，基层政府丧失了资源供给主体的身份。村级组织则由于缺乏集体收入与组织能力进一步涣散，自我建设能力大为下降，农民成为乡村建设中的旁观者，国家成为资源供给的主要甚至唯一主体，单纯依靠国家显然难以保证供给质量和供给范围的有效提升。

从上述困境来看，问题的关键在于国家与基层社会的关系没有梳理清楚。国家和农民是农村公共品供给的关键主体，基层政府受制于国家从而行使其供给责任，基层组织瘫痪，农民“卸责”，影响了乡村社会公共品的供给。要彻底破解当前农村公共品供给的难题，则要从村庄社会着手，重新确立村社组织和农民的主体地位，促使农民在公共品供给过程中发挥积极作用，以此降低国家供给的难度。

三、村民自治的类型与条件

农村公共品供给的问题在乡村社会中普遍存在，最终受损的是农民自身。农民在农村公共品供给中的位置尴尬，一方面，随着经济条件的提高，农民的物质水平得到进一步的提升，改善生活环境的愿望强烈，但自身能力有限，无法依靠单个人的力量满足其愿望；另一方面，随着农民组织意识的淡化，组织能力的降低，农民很难自发组织起来进行村庄建设，改善村庄环境。所以，农民依赖国家，形成“等靠要”思想存在一定的社会基础。问题正在于此，农民期待改善与无力组织之间的尴尬并未通过依赖国家而化解，反而由于过度依赖国家造成供给能力与供给质量的下降。要解决这一问题，则要重新回到问题本身，回到村社集体的组织建设中，通过农民自治重塑农民的主体责任，强化农民的集体行动能力，以回应农民自身需求。

由于各地村庄社会基础不同，村庄内部的自治动力与能力存在差异，从而形成各具风格的村民组织形式与社区自治模式。在不同的村庄，村民开展自治的动力有两种类型：一种是村庄社会存在自治的基础，但自治的内生动力不足，需要依靠外部力量来推动；一种来源于内生力量的驱动，即村民自身有着强烈的建立组织进行村庄管理、建设与发展的动力。就村民自治的目标来看，同样存在两种类型，一种是维持型目标，一种是发展型目标，前者以保持村庄原貌为指向，后者则有着强烈的发展冲动。村民自治能力的强弱与模式取决于三个条件，一是作为社会基础的公共性，二是作为公与私对接的领导人，三是作为凝聚不同个体的公共目标，分别作为组织基础、组织纽带和组织目标。在一般情况下，公共性越强的村庄，公共目标越一致，也越容易选出强有力的领导人，反之则不然。村民自治的动力与类型受制于上述三个条件，由此形成不同的自治模式。根据成都市、秭归县、清远市村庄的特点，可以进行大致的划分，如表1所示。

表1　不同自治模式下村庄社会基础条件的差异

地　区	模式表达	模式类型	公共性	领导人	共同目标
成都市	院落自治	外生维持型	弱	弱	弱
秭归县	村落自治	外生发展型	中	中	中
清远市	自然村自治	内生发展型	强	强	强

（一）成都模式：外生维持型的院落自治

成都市地区一个小组的村民，基本上是居住在一个林盘内，原来的血缘关系被打散，形成了杂姓聚居的格局。由于就近居住，村民之间社会交往频繁，尤其表现为休闲娱乐的交往上，村民在频繁的交往中建立了亲密的关系，能够在村庄内部形成一定的公共规范。这一规范依靠情感维持，缺乏结构性的约束，在进行公共决策时，村民们选择“随大流”，避免伤及邻里感情，但遇到强硬的“钉子户”时，则缺乏强有力的力量制服，表现出弱公共性的特点。村民们在生产、生活上的互助合作减少，原有依靠内部互助的活动逐渐市场化，相互依赖度低，表现出个体化的趋势，缺乏树立共同目标的基础。

在公共性不强的村庄，小组长的身份具有更强的行政色彩。当地的小组长通过选举和政府任命两种方式产生，主要任务是完成上传下达的工作，通过开会进行政策的宣传、信息的统计、费用的收取与村民意见的收集。部分有权威的小组长，还有能力调解纠纷，但几乎无力进行组织建设，如收钱疏通水渠、修理路面等。在村庄建设上，政府不动，村民就不动，村民自治并不发达，表现出对政府的高度依赖。

农业税费改革以后，农民在村庄建设中的参与逐渐减少，随着国家向下转移资源的力度加大，农民不参与村庄建设，就出现了资金使用不到位的状况。为了解决这一问题，成都市推动农村改革，在村组内部设立议事会，作为群众性机构，听取群众意见。

村组两级分别设立议事会，小组议事会成员在小组内部产生，由村民举荐或自荐，要进入村级议事会，必须是小组议事会成员，村级议事会成员须由群众提名评选产生。议事会成员一般是说话公正、公道，热心且具有一定威望的人，他们以中老年人为主，没有工资，开会后有一定数额的务工补贴。议事会成员是小组长的辅助者和监督者，与小组长一起参与村组内部的公共事务，以小组长和议事会为核心，就建立了小组内部的自治机构。

当地的村民自治通过开会实现，由小组长和议事会成员组织村民商讨村庄事务，形成一致意见，而后向上反馈。在自治过程中，议事会的作用之所以关键，在于议事会成员往往是群众中思想觉悟比较高的那一部分人，他们开会积极，说话公正、公道，能够为群众办事，有一定的威望，这部分积极群众在一般群众中有影响力，因此能够成为村组公共利益的代表者，既能够有效统合小组中的不同意见，也能够代表村民向上反馈意见。由于当地村民依林盘而居，各家各户的房屋以院落的形式呈现，村民们开会商讨多在院落中进行，因此称当地的自治形式为“院落自治”。

成都市的院落自治，通过政府推动激活了村庄内部的积极力量，以群众影响群众的方式，整合内部意见向上反馈，建立了群众与政府的对接点，增强了上下沟通的效力。但在院落自治下，小组长和议事会仍然缺乏自我服务与自我建设的动力与能力，仍然需要依靠政府的投入才能发展村庄。换句话说，政府推动的后果只是加强了村民对上的沟通能力，但并未增强村庄自身发展的能力，因此，当地的自治呈现出外生维持型的自治状态。成都市自治实践的效用，主要体现在对政府提供的公共服务资金的使用上。

（二）秭归模式：外生发展型的村落自治

秭归县位于鄂西南的山区，当地山大人稀、交通不便、自然环境恶劣、对外交流不便，在村民日常生产、生活的互助中，形成了区域内部的强依赖关系。秭归县村民紧密的关系只限于私人事务的互助上，比如举办红白喜事时，村民自发前去帮忙，形成自主的帮工体系，脐橙采摘时，村民通过互相换工降低雇工成本等。在村庄中，参与互助最积极、最热心的村民即村庄中最有权威的人。村民之间互相依赖，可以形成一致的村庄规范和社会舆论，以此钳制或边缘化少数异见者，因此存在一定的公共性。但这一公共性建立在对私人事务的统一目标上，村中的权威也是建立在对私的互助上，而无法生成针对“公”的公共性，进而无法生成有力的村民自治。

当地存在村民自治的基础，一是村庄内部具有一定的公共性，相对容易组织；二是存在有公心、有权威的村内精英，有能力组织村民。问题在于，这些村庄精英缺乏体制身份，因此缺乏自发组织的合法性和动力，不进行组织就无法将来源于私人之间的合作转化为集体的公共行动。换言之，无人组织公共建设和公共管理，每户村民自身发展得好，但村庄整体状况差，即使通过国家资源输入存在建设的可能，也由于难以调和不同利益表达者之间的矛盾，导致项目难落地，使得建设难产。

秭归县为了解决这一问题，进行了“幸福村落”的建设，即以村落为单位进行自治。村落是指在行政村以下依山势地形居住，有着相同的地缘文化、农耕文化、习俗文化和亲情文化的最基本的自治单元。村落的划分将地缘关系与亲缘关系充分结合，根据“地域相近、产业趋同、利益共享、规模适度、群众自愿”的原则，规模一般控制在50～80户，地域面积保持在1～2平方千米的范围内。[①]

① 具体参见秭归县2012年发布的《秭归县“幸福村落”创建规划建设工作指导大纲》。

村落自治利用村庄社会原有的社会基础，在村落中成立理事会，村落理事会设立“两长八员”，“两长”为村落理事长、党小组长，“八员”为调解员、监督员、环保员、经济员、帮扶员、管护员、宣传员、张罗员[①]。按照制度设计，“两长八员”定岗定责、各司其职、各安其位，以“两长”为首，理事长全权负责统筹村庄事务，党小组长负责宣传党在农村的路线、方针与政策，在一些村庄实行“两长”一肩挑。“八员”的任务相对轻松、简单，职责明晰、事务简单，实行一人多职。

“两长八员”由村落内部村民开户主会讨论产生，村民们选的是大方、热情、有威望的村落积极分子，即所谓的民间权威，如知客、督管、礼柜、厨师等人，他们在村民互助中积极相帮，在群众中的威望高。在体制上给予这些村落权威以合法身份，使得他们在涉及公共事务时更加积极热心，说话做事更有底气。质言之，他们在组织建设上有了合法性。自政府推动当地建立村落理事会以来，村落理事会在村落环境卫生、沟渠清理、道路维护上发挥了重要作用，基于村民在农业生产上的联系紧密，未来还可能自主承接小规模的基础设施建设工作。

秭归县村庄存在着自治的基础，但依靠村民内部难以突破，关键在于精英缺乏合法身份，村民之间缺乏统一的公共目标，因此需要依靠政府的力量予以引导。政府适当介入，给予村落精英合法身份，帮助建立自治组织，通过精英凝聚村落力量，从而开启了村民关注公共事务的大门，激发了村民自治的活力。尽管秭归县与成都市一样依靠外在力量推动，但由于村民相互之间依赖度高，外在力量激发了村民组织起来自我发展的欲望，故而秭归县的村民自治属于外生发展型的自治模式。

（三）清远模式：内生发展型的自然村自治

清远市位于粤北山区，是典型的华南宗族性地区。宗族性村庄以团结著称，同一个自然村内都是同姓，同宗同源，即使有少量的自然村中出

---

① 湖北省农业农村厅农村合作经济指导处.缩小自治单元　建设“幸福村落”——湖北省秭归县创新以村落为单元的村民自治形式[EB/OL].(2019-05-20)[2019-06-10].http://nyt.hubei.gov.cn/yw/ywdt/tncgzjjzdc/200048720.htm.

现两个姓氏的情况，两个姓氏也是亲戚关系，因此相处得和谐融洽。由于血缘与地缘的高度重合，村民内部的关系紧密，形成利益高度相关的共同体。共同体的形成，得益于两个因素：一是“太公”的存在，太公即是第一个到此建村的人，大家都是太公的后代，由“自己人”认同形成以血缘关系为联结的情感共同体；二是“太公留下来的土地”的存在，大家享有太公创造的财富，太公的财富是集体资产，任何人不得为了私人的目的进行占有，由土地作为基础形成公共利益，这一公共利益是共同体形成的物质基础。情感与利益的融合与互嵌，使得村民之间的关系密不可分，构筑成强大的不可分割与不可侵犯的共同体。

在当地自然村，村民自发成立了理事会，总负责人是理事会会长，在当地被称为村主任。理事会的产生，依靠村民的自发选举，以最有公心、最有能力作为标准，推选出共同体的领导人，进行村庄内部利益与矛盾的整合，其原则与立场即要最大限度地保护集体利益，维护集体形象。选举完全民主，一人一票或一户一票，票高者得。由于各个姓氏内部存在着房份，为了协调不同房份之间的利益关系，理事会保证每个房份都有人，以形成相互制衡与监督的力量。

理事会成员一律没有任何补贴与其他待遇，完全出于义务，他们之所以愿意加入理事会，一是源于村民的信任，二是出于一份责任与担任。其目的只有一个，维护和建设好自己的家园，这也是全村人的共同目标。也正是由于义务奉献，理事会成员尤其是村主任在村庄中享有较高权威，组织上的障碍小。理事会承担的职责有纠纷调解、红白喜事的主持与人员安排、祠堂建设与维护、村庄生产生活设施的修建与管理，以及完成一些政府布置的相关任务等。在大多数时候，理事会处于潜伏状态，需要处理公共事务时才会出现。

内部团结的自然村注定了外部力量难以渗入，村庄内部的很多事情亦不需要外部介入就可以完成，形成了内生发展型的村民自治。由于打工经济的发展，在一些地势偏远的村庄，有能力的村民逐渐搬出村庄，只留下少数村民在村，剩下的村民缺乏发展的动力，但还可以依靠村庄内部力量满足一般性需求，这类村庄保持维持型的自治状态，但这类村庄不够典型，故不做分析。对于内生发展动力强劲的自然村，清远市政府一方面承认自然村一级自治的合法性，将自治单位下沉到自然村一级，确保村集体土地所有权，并不断加强村集体经济能力，保障自然村的自治能力；另一方面维持并借助其强大的自治能力，引导村民进行村庄建设，村民的建设热情高涨，形成了村际集体竞争的态势，相互“比学赶超”，不服输、不退让，取得了良好的建设效果。

（四）村民自治模式的类型比较

成都市、秭归县、清远市的实践，都强化了村民小组一级的自治权力，以小组为单位进行村庄建设。成都市的林盘、秭归县的村落和清远市的自然村，在行政划分上基本上都属于村民小组，在这个区域内，村民们拥有相似的文化基础，生产生活交往密切，利益高度相关，存在自治的基础，自治相对容易。相反，行政村一级范围大，村干部与村民之间存在一定的距离，难以统合不同的利益表达，既存在个体之间的矛盾，也存在组际之间的矛盾，因此，依靠行政村一级自治的难度大。

依靠村民小组进行自治，具有天然的优势，但三个改革试验区在村庄内部的公共性基础、组织领导人能力、村庄公共目标一致性等方面存在差异，决定了其自治模式的差异。成都市的村庄和秭归县的村庄类似，两地村庄内部具有一定的公共性，但其公共性建立在对私的认同之上，村内有威望的人出于私人之间的友好交往或互助依赖而赢得良好的名声，因此，村民之间的紧密联系无法转化成为对公共利益的维护与认同，从而难以形成基于村庄基础上的共同目标。秭归县的村庄相对于成都市的村庄而言，公共性稍强，在于村民之间在生产上互相依赖，需要基于共同生产进行一定的公共建设，通过相互牵制而形成一定的公共规范，但由于村内积极分子缺乏合法身份，所以维持公共性存在一定的难度，政府的适度推动解决了这一问题。清远市的村庄基于血缘与地缘的高度融合，形成情感与利益交融的共同体，村民目标一致，加上村内存在强有力的领导者，使得公共性得以完好保存，当地自治的三个条件完美结合，无须外力的推动即可进行来源于内生动力的发展型自治。

四、不同自治模式下农村公共品的供给

农村公共品的供给主体是多元的，可二分为国家力量与民间力量，国家力量包括中央政府与地方政府，民间力量包括农民自身与社会慈善捐助等。项目制的实施强化了国家的供给责任，尽管一定程度上改善了农村社会的基础设施，但由于忽视或挤压了其他供给主体的空间，一方面使得国家的供给压力极大，另一方面由于缺乏激活基层的力量，影响了农村公共品的有效供给，从而造成当前的供给困境。成都市、秭归县、清远市进行村民自治的探索，激活了农村组织，对于改善农村公共品的供给困境具有重要意义。

（一）农民需求表达提高资源使用效率

为了提高农村村级公共服务和社会管理水平，促进城乡基本公共服务均等化，成都市从 2009 年开始推行公共服务资金（以下简称“公服资金”），每个行政村的资金额度从 30 万元增长到 50 万元，这笔资金主要用于村庄的公共设施建设与基础公共服务，资金使用有一定的规定。成都市设立“公服资金”这一做法，源于此前国家的资金投入与农民实际需求不相符，导致大量资源投到农村却没有产生预期的效益。因此，“公服资金”的使用坚持政府指导、多方参与的原则，充分发挥了村级自治组织的作用，要求村组干部按照“六步工作法”，通过议事会收集群众意见，根据群众的意见确定项目的实施方案，其实质内涵是将政府的钱真正用到农民最需要的事情上。

成都市的院落自治通过开会将村民的意见收集起来，由议事会向上反馈，在村一级由议事会代表村民决策，并对项目施工与资金使用进行监督，在节约交易成本的前提下有效表达村民需求。目前，成都市通过下拨“公服资金”，利用议事会广泛收集村民意见，大多数村庄根据农民意愿完成了道路修建、沟渠清理、机井打造、文娱设施、环境卫生等方面的建设与服务，使得资金得到有效使用。

成都市自治模式的核心是为村民创造自我需求与意愿的表达平台，通过议事会成员统合和代表村民意见，向上进行反馈，并在村一级代表村民参与决策，由此建立了稳定的需求表达与反馈系统。成都市依托议事会开展院落自治，对“公服资金”进行分配和使用，实现了农民需求表达与国家资源输入的有效对接，克服了资源流失的困境。通过政府引导将村组内部的积极分子调动起来，参与资源的分配与使用，有利于收集民情、集中资源办小事，为村庄环境和生产条件的改善提供可能。尽管“公服资金”涉及的多是村内小额项目建设，对村庄的改变不大，且完全依靠国家资源输入，但当地通过院落自治保障了资源的使用效率，对于当前我国公共品供给体制的改革，仍然具有极大的启发意义。

（二）集体承接资源保障项目落地维护

秭归县作为国家的贫困县，同时是三峡库区的库首，国家项目资源充沛，但项目使用的成效不大，面临着项目下乡“最后一公里”的问题。为了激发村落活力，解决项目落地问题，地方政府需进行适度引导。首先是政府改变自身态度与行为，在国家资源输入时，地方政府向村民表示项目不一定要实施，由村落内部自行创造条件，若村庄条件不允许建设，上级不强求，从而将村落内部的矛盾转回到村内解决，强化村落主体性；其次，政府态度的改变促使村民的心态发生变化，逐渐形成村落主人翁意识，从“等靠要”国家资源到积极平衡村内矛盾以争取国家项目的落地，树立村民的主体意识；最后，村落主人翁意识的形成，促使村民在项目实施过程中维护村落发展，积极监督，保质保量，且在基础设施建设完成后，更加珍惜村落建设成果，积极维护和管理村庄设施。

政府的有意引导在一定程度上能够解决项目落地的困境，但项目下乡还面临着层层剥利的问题。政府层面的资金渗漏暂且不论。根据有关规定，项目下乡要按照程序进行招投标，市场化的运作以营利为目的，通过招投标运作项目必然面临着商民争利的问题，即施工方为了获得更大的利益而偷工减料，降低工程质量。由于政府的监控有限，经常会出现项目建设不合格却不得不验收的状况，最终的结果是项目落地的质量差。

在政府的引导下，村民与村落的主体性得到塑造，村落具有了一定的集体行动能力，因此，当地政府决定将10万元以下的小项目交由村落内部实施，由村民们自主实施项目，项目建设的目的就不再是为了挣钱，而是为了村庄生产、生活条件的改善，利用国家资源激发农民力量，保障资源有效落地，从而避免了因招投标带来的项目资金无效使用的问题。由村落理事会组织实施项目，内部的各种矛盾更容易协调，由村民参与完成的基础设施，村民们会更加爱惜，从而保证落地后的管理与维护问题。

政府通过改变项目输入态度与方式，强化了村落集体力量，激发了理事会自治功能。秭归县村落理事会的自治功能，表现在农村公共品供给问题上，一是能够有效地利用组织力量协调村内矛盾，为国家资源输入扫清障碍；二是能够组织村民利用国家资源开展村庄建设，降低建设成本，提高建设质量；三是能够保障项目落地之后的管理与维护问题。一言以蔽之，发挥村落自治功能，保证了项目资源的有效落地与后期维护问题。

（三）集体自我发展维持村庄自主供给

清远市地区宗族文化的强大与内生动力的强化，使得当地的村庄一直能够保持完好的自治状态。取消农业税之后，全国各地农村的农民都不再免费投工、投劳，当地的农村还能够通过一事一议，组织召开会议进行商议与决策，继续自主供给水利设施、村内道路等公共品，维持了村庄内部供给的良好格局。自然村之所以有能力进行公共品的自主供给，关键在于村社集体具有筹资、筹劳的权力，筹资可以解决建设材料的问题，自筹人工则解决了人力问题，省却了人工成本，所以由村庄自主供给的成本要远低于政府。

自然村自发建设，一是来源于村民共同的意志，村民普遍希望改善村庄生产、生活环境，为子孙后代奠定村庄发展的良好基础，愿意牺牲个人眼前的利益换取集体长远的发展，村民的共同目标为理事会进行村庄建设提供了动力来源。二是来源于村集体的资源掌控和调配能力，当地坐实村集体的土地所有权，农民只享有土地的使用权，村集体拥有土地调整的权力，通过山林流转获得一定的租金收益，通过土地整合和宅基地整合重新分配土地，向农民收取一部分的管理费用，这部分资金成为当地进行村庄维护与建设的重要资金来源。村集体享有土地所有权，由此获得了对村民进行动员以筹资筹劳的能力。在村民的共同意志和理事会的强力领导下，当地能够保障有效的公共品供给。

村庄有能力自主供给公共品，并不意味着政府可放任不管，当地政府通过两种方式支持村庄的公共品自主建设：一是通过资金整合，将国家直接下拨给农民的各种补贴，如粮食直补、公益林补贴、良种补贴等进行整合，交由自然村一级的村集体掌控，用于壮大村集体经济，这种方式相较于原来直接补贴给农民效用更大；二是通过以奖代补的方式，鼓励农民自发建设，以此撬动民间资金，在农民自发建设完成后，根据建设的实际效果进行评分，根据评分的等级予以奖励。以奖代补的方式不同于完全的资源输入，避免了农民对国家的依赖，且有效刺激了不同村庄之间的建设竞争，有利于带动自治能力不足的村庄进行自主建设。政府的介入，有利于稳定和壮大村社集体的经济能力，从而保持其自主供给的能力。

（四）小结

成都市、秭归县和清远市不同的自治类型，回应了农村公共品供给不同阶段和不同层次的问题，由图1可以清晰地得知。

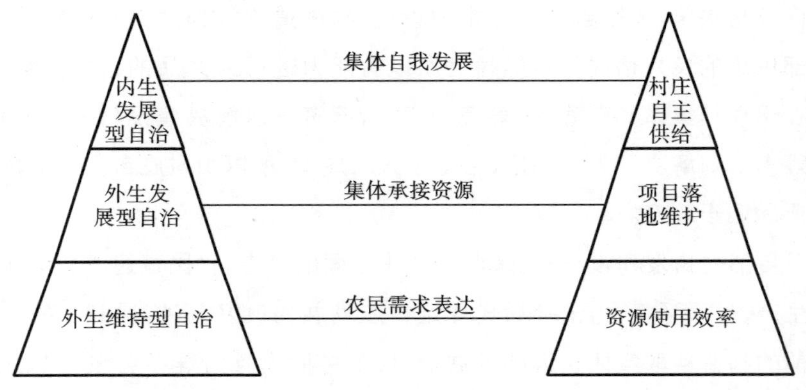

图1　不同自治模式对农村公共品供给问题的回应

成都市外生维持型的自治，通过议事会保障村民的需求表达，解决的是资源使用效率问题；秭归县的外生发展型自治，通过村落理事会承接建设职责和项目资源，解决的是项目有效落地与后期维护的问题；清远市内生发展型的自治，通过村社集体的自我发展，维持了村庄内部公共品的自主供给，具有一定的超越性。各地的自治实践，都脱离不了政府的引导与监控，只是政府渗入的能力和程度存在差异，即使清远市自然村的自治能力最强，但若没有政府确保和增强村集体的经济能力，其公共品的自主供给也只能处于低水平，因此，政府要在其中适当引导，建立符合当地实际的村民自治组织，保障和促进农民的自治水平，以此提高农村公共品供给的效力。

五、激活自治：农村公共品供给的方向与未来

资源下乡背景下的农村公共品供给困境，必须依靠激活村民自治能力予以解决。通过激活自治，实现农民的“组织化”，调动农民参与村庄建设与发展的积极性和主体性，从而实现农民与国家的有效对接。农民最佳自治单位的确立，应该按照地域相近、文化相似、利益相关的原则，将小组作为村民自我管理的单位，因为在小组内部最易开展自我教育、自我管理与自我服务工作。推动小组自治，并不意味着否定行政村的自治，行政村仍需保持来自农民通过民主选举确立的合法性和群众性，继续发挥桥梁作用，构建国家与基层社会的紧密连接。

提升村民自治的能力，解决农村公共品供给的问题，需要撬动村庄内部的力量，一是人的力量，要在村庄中发现和挖掘村庄内部的积极分子、权威人物，通过政府授予其合法性，发掘其能力，带动村民参与村庄建设与发展；二是物的力量，要充分利用土地资源，通过坐实集体土地所有权，确保集体经济能力和调配权力，保障集体解决公共事务和调解内部矛盾的能力。各地由于自治基础的差异，自治能力有强弱之别，能够回应和解决公共品供给的能力和层次有差别。政府要打破一刀切的思维，利用各地已有的自治基础适当引导，培育符合当地条件的村民自治模式。激活自治，关键是要通过各种方式增强集体的权力和实力，强化集体和农民的主体性。农村公共品的供给困境，只有在农民自治的相对独立性与国家的有效监控之间，实现村社集体与国家对农村的共同治理，才有希望突破。

农民合作社与精准扶贫协同发展机制构建：理论逻辑与实践路径[①]

赵晓峰[②]　邢成举[③]

摘要　农民合作社的制度安排具有益贫性的显著特征，这使其能够成为精准扶贫与精准脱贫的理想载体。农民合作社产权制度和治理结构不合理的根本原因在于普通农户无股权，合作社与普通农户之间难以建立起紧密的利益联结机制。整合国家财政扶贫资源与合作社进行对接，再吸纳贫困农户的自有资源，一方面有助于依托合作社推动建立产业扶贫、资产收益扶贫、合作金融扶贫与农业科技扶贫相结合的精准扶贫体制机制，另一方面也有利于提高贫困农户在合作社中的股权份额，改善合作社的产权构成，使贫困农户能够更好地参与合作组织并逐步提升合作自治能力，推动合作社进一步完善治理结构，走上转型升级与可持续发展的道路。

关键词　农民合作社；精准扶贫；协同机制

一、问题的提出

改革开放以来，中国政府开展的大规模扶贫开发工作取得了举世瞩目的成就，使 7 亿多农村贫困人口摆脱贫困，并积累了丰富的扶贫经验。但是，到目前为止，我国仍有 7 千多万农村贫困人口，其以“插花型”状态

---

①　项目来源：陕西省社会科学基金一般项目“农村社会组织发展与‘和谐陕西’建设协同创新机制构建研究（2015G002）”；杨凌示范区软科学项目“新型农民合作社发展与‘富裕杨凌’建设协同创新机制构建研究（2014RKX-02）”；2015 年（第二批）陕西高校人文社会科学青年英才支持计划（简称“人文英才计划”）。本文曾刊于《农业经济问题》2016 年第 4 期。

②　赵晓峰，西北农林科技大学人文社会发展学院教授。

③　邢成举，西北农林科技大学陕西省乡村治理与社会建设协同创新研究中心副教授。

分布在广大的农村地区，这部分群体的脱贫致富任务依然艰巨。2013 年 11 月，习近平总书记在湘西考察时提出“扶贫要实事求是，因地制宜。要精准扶贫，切忌喊口号，也不要定好高骛远的目标”。由此，中国政府开始大力推行精准扶贫工作。“十三五”规划指出，到 2020 年，我国现行标准下农村贫困人口实现脱贫，这就为新时期的农村扶贫工作提出了明确要求。如何通过精准扶贫、精准脱贫体制机制的创新，构建农村贫困人口脱贫、致富的长效机制，打赢脱贫攻坚战，保障贫困人口共享经济发展成果的基本权利，已经成为党和政府高度重视的经济和社会问题。

农民合作社是在农村家庭承包经营基础上，农产品的生产经营者或农业生产经营服务的提供者、利用者，自愿联合、民主管理的互助性经济组织，制度安排天然地具有益贫性的组织特征，是市场经济条件下农村贫困人口脱贫的理想载体①，也被视为反贫困最有效率的经济组织②。到 2015 年 10 月底，全国农民合作社数量达到 147.9 万家。贫困地区的农民合作社虽然能够促进农户的收入增长，但农户收入增长呈现出显著的差异性，人均资产多的社员收入增加显著，而难以保证贫困农户的利益③。某些农民合作社在发展中背离益贫性的组织宗旨，既不利于构建符合现行法律和国际合作社联盟规定中合作原则的产权制度和治理结构，又使合作社的发展饱受批评和质疑，严重影响了中国农民合作社的社会声誉。因此，如何创新合作社发展机制，切实保障弱势农户的合作权益，充分发挥 100 多万个合作社的组织优势，使合作社真正成为精准扶贫和农村反贫困的组织载体，是现阶段中国农民合作社转型升级和可持续发展亟待解决的重大现实问题。

基于此，我们发现，精准扶贫和农民合作社发展具有目标的一致性。同时，农民合作社的扶贫功能也正在被政府发掘，比如贵州省提出要在

① 吴彬，徐旭初.农民专业合作社的益贫性及其机制[J].农村经济，2009(3):115-117.

② 吴定玉.农业合作社:新世纪反贫困的组织支撑[J].农业经济，2000(8):21-22.

③ 胡联.贫困地区农民专业合作社与农户收入增长——基于双重差分法的实证分析[J].财经科学，2014(12):117-126.

“十三五”期间建设1000个综合性合作社，带动发展1万个农民合作社，帮助40万～50万贫困人口脱贫致富[①]。为此，构建农民合作社发展与精准扶贫协同创新的机制，一方面应发挥合作社在精准扶贫中的积极作用，使贫困人口能够依托合作社真正、永久脱贫；另一方面使合作社借助精准扶贫国家战略的实施，进一步拓展发展空间，推动合作组织规范化发展。这构成本文的核心议题。

二、合作社与精准扶贫协同发展机制构建的理论逻辑

本文认为农民合作社发展与精准扶贫之间具有理论的内在自洽性，适合构建协同创新的体制机制，这可以从二者当前所面临的实践困境着手分析。

早在《中华人民共和国农民专业合作社法》(下文简称《合作社法》)出台之前，学界已经关注到农民合作经济组织的异化问题[②]。《合作社法》实施之后，一些农民合作社存在制度表达与制度实践相背离的现象。这些现象不仅没能得到根本缓解，而且还在持续加剧，以致出现了从“合作制”向“会员制”蜕变的趋势[③]。由此可以看出，农民合作社规范化发展面临的挑战长期存在，有着深厚的经济社会基础。作为建立在“人的联合”基础之上的互助性经济组织，制度不规范自然离不开人的因素，而社员异质性就成为学界和政策研究部门关注的焦点问题。合作社社员资源禀赋的明显差异，容易形成异质性的社员结构，从而对合作社的产权制度造成直接影响。黄胜忠等人[④]在对浙江省168家合作社调查时发现，合作社的股权结构比较集中，第一大股东的平均持股比例为20%，前十大股东

---

① 王一凡，李平.贵州将建千个“三位一体”综合性合作社[J].村委主任，2016(8):9-9.

② 应瑞瑶.合作社的异化与异化的合作社——兼论中国农业合作社的定位[J].江海学刊，2002(6):69-75.

③ 赵晓峰.农民专业合作社制度演变中的“会员制”困境及其超越[J].农业经济问题，2015,36(2).

④ 黄胜忠，林坚，徐旭初.农民专业合作社治理机制及其绩效实证分析[J].中国农村经济，2008(3):65-73.

的持股比例总额高达60%。这些大股东掌握着合作社的财产所有权，成为合作社的核心社员，进而会在合作制度的演变中构建起对己有利的治理结构，掌握合作社主要剩余的控制权和索取权，以致合作社的盈余分配必然以按股分配为主，按交易额分配为辅①。不仅如此，少数核心社员和多数普通社员的初始分层现象，还会在合作社的后续发展中进一步泛化和固化。社员分层会形成不对等的权力格局，使资源要素自下层社员向上层社员集聚，但资源要素收益却伴随着各层社员逐层剥离对应层级的要素收益，而自上而下地流动。在缺乏外界刺激时，合作利益自上而下的剥离分配会造成各层社员新一轮的资源禀赋差异，逐渐使下层社员依靠固有要素参与合作，而上层社员走向多要素合作②。合作社的这种发展趋势，会对合作制度的创新和变迁产生持续影响，使合作组织的主要权力进一步向核心社员集中，从而使普通社员在组织中的收益获取能力不升反降。

由此可见，普通社员没有入股或股份占比太低是造成合作社产权制度不合理的主要原因，也是造成合作社治理结构异化的根本原因。此外，普通社员放弃参股，还会降低合作社的资本和资源聚集能力，使合作社面临较大的融资困境，影响合作组织规模经济效益的发挥，不利于合作社延长合作产业链条与挖掘合作业务空间。普通社员作出这样的选择，一方面源于他们缺乏入股的意愿，另一方面源于他们在分化的农村社会阶层结构中所处的不利位置。如果说社员之间资源禀赋的异质性是合作社制度异化的关键变量，那么改革开放后日益分化的农村社会阶层结构则是造成社员禀赋差异的内在原因。不同身份的社员在村落社会里处于不同的社会阶层，合作的需求、意愿和行动能力差异巨大，自然对待合作社的态度也会不同。对于贫困农户来讲，家庭经济收入剔除低保等政府政策

① 林坚，黄胜忠．成员异质性与农民专业合作社的所有权分析[J]．农业经济问题，2007(10):12-17.

② 何安华，邵锋，孔祥智．资源禀赋差异与合作利益分配——辽宁省HS农民专业合作社案例分析[J]．江淮论坛，2012(1):11-18.

保障性收入外，主要是农业经营收入。因此，他们原则上具有较强的合作意愿，却缺乏入股所需的必要资金，或是被排斥在合作社的门槛之外，或是入社不参股。因为没有参股，他们就不能真正成为合作社的社员①，更不会在合作社中拥有主人翁意识。这构成合作社背离制度益贫性的内在原因，也是合作社规范化发展所面临的最大挑战。

与此同时，学界的一些研究指出，作为未来中国农村扶贫的主要方式，精准扶贫是为了抵消经济减贫效应的下降而采取的针对性措施②。精准扶贫伴随着巨额国家财政资源的拨付，本质上是政府发挥资源调节作用的利益再分配，是改善民生、实现共同富裕、建设社会主义的本质要求。但是，长期以来，在某些地区，扶贫资源的利用效率并不高，精准扶贫在实践中也面临多重困境。一方面，贫困村和贫困农户的识别越来越困难。汪三贵等人的研究发现，应该被划定为贫困村的村中有48%的村没有被瞄准。同时，在2001年，有59%的贫困人口生活在贫困村中，到2004年这一比例下降到51%；在扶贫瞄准方面，精准扶贫受制度和政策的双重挑战③。另一方面，在财政扶贫资源下乡的过程中，存在着精英俘获现象，国家的扶贫资源相当大比例被富裕农户享有，而真正贫困的农户被剥夺了资源分享的资格④。此外，精准扶贫还面临贫困规模控制下的规模排斥和市场化背景下扶贫开发手段不足的问题⑤，精准扶贫无法形成贫困户的有效参与，更无法克服扶贫资源有限的问题⑥，精准扶贫中还显著存在对贫困户的排斥⑦，贫困地区社会组织发展迟缓，社会扶贫效益

---

① 潘劲.中国农民专业合作社：数据背后的解读[J].中国农村观察，2011(6)：2-11.

② 汪三贵，郭子豪.论中国的精准扶贫[J].贵州社会科学，2015(5).

③ 唐丽霞，罗江月，李小云.精准扶贫机制实施的政策和实践困境[J].贵州社会科学，2015(5)：151-156.

④ 邢成举，李小云.精英俘获与财政扶贫项目目标偏离的研究[J].中国行政管理，2013(9).

⑤ 左停，杨雨鑫，钟玲.精准扶贫：技术靶向、理论解析和现实挑战[J].贵州社会科学，2015(8)：156-162.

⑥ 葛志军，邢成举.精准扶贫：内涵、实践困境及其原因阐释——基于宁夏银川两个村庄的调查[J].贵州社会科学，2015(5)：157-163.

⑦ 邓维杰.精准扶贫的难点、对策与路径选择[J].农村经济，2014(6)：78-81.

有限[①]，精准扶贫机制下仍无法系统关照贫困户的可持续生计，无法解决留守人口的问题[②]，也难以解决现存扶贫工作中存在的扶贫主体和客体信息不对称的问题。因此，精准扶贫就是要提高财政扶贫资源的利用效率，将有限的扶贫资金用到刀刃上，要充分发挥市场机制在扶贫工作中的作用，更要加强对贫困户权利的保护，当前中国扶贫的治理模式是基于市场的发展型治理和基于权利的保护型治理的结合[③]。所以，精准扶贫必须要解决“扶持谁”“谁来扶”和“怎么扶”的难题。

按照传统的扶贫模式，扶贫资源以项目制的形式向下传递，即便能够避免层层损耗的现象，也不避免会在县、乡、村层面遭遇瞄准偏离带来的效率低下难题。在某些地区，地方政府、企业、农村能人以及“混混”等农村边缘势力已经成为横架在国家与农民之间的多元利益主体，他们在长期的互动与博弈中，逐渐聚合并形成一种渐趋稳定的关系网络，并衍生出了一个能够扭曲农村政策并阻碍国家与农民关系调整的结构性力量[④]。不仅是项目制资源，即便是直接对接贫困农户的低保政策都难以得到根本执行，“关系保”和“维稳保”等现象大量发生[⑤]，因此，要提高扶贫资源的利用效率，必须创新体制机制。《中共中央国务院关于打赢脱贫攻坚战的决定》指出，精准扶贫要强化政府责任，引领市场和社会协同发力，构建专项扶贫、行业扶贫和社会扶贫互为补充的大扶贫格局。农民合作社参与精准扶贫，是社会扶贫的重要组成部分，也是构建社会大扶贫战略的内在要求[⑥]。作为一种经济现象和组织行为，农民合作社通过嵌入村落社会而拓展出自主空间，一方面它与农民有着密切的联系，原本就是弱势农

① 黄承伟，覃志敏．论精准扶贫与国家扶贫治理体系建构[J]．中国延安干部学院学报，2015(1)：131-136.

② 王晓毅．以精准扶贫打破留守与贫困的因果链[J]．国家治理，2015(30)：37-42.

③ 李小云．我国农村扶贫战略实施的治理问题[J]．贵州社会科学，2013(7)：101-106.

④ 赵晓峰，付少平．社会结构分化、关系网络闭合与农村政策扭曲——当前国家与农民关系面临的新挑战[J]．学习与实践，2015(1)：76-84.

⑤ 魏程琳．中国农村低保制度实践现状与问题分析——以C市鹦洲乡调查为例[J]．战略与管理，2013(5).

⑥ 国务院扶贫办．构建“大扶贫”格局打响片区扶贫攻坚战[N]．农民日报，2012-11-29(3).

户联合成立的自主自治组织;另一方面它又构成政府与贫困农户之外的第三方,能够成为国家与农民之间的中介组织。如果由政府领导下的村委会来承担识别贫困户的任务,解决"扶持谁"的问题,由农民合作社来承担扶持主体的角色,化解"谁来扶"的难题,通过合作社的产业项目、技术培训、金融合作等解决"怎么扶"的问题,就能构建起分工明确、责任到位的扶贫新格局。

因此,如果能够将国家财政扶贫资源直接对接合作社,并将精准对接农户的扶贫资金和资源量化为贫困农户在合作社中的股权,同时充分保障贫困农户在合作社中的正当合法权益,则会为双方带来协同发展、合作共赢的实践效果。这构成农民合作社与精准扶贫协同发展机制创新的理论逻辑。当然,需要注意的是,这里提出的国家财政扶贫资源是广义上的,并非狭义上的财政专项扶贫资源,而是包括诸如农业产业化项目资源、新型农业经营主体培育项目资源、农业科技创新项目资源等。推动农村发展和农民增收的项目,要向积极承担社会扶贫责任的农民合作社倾斜。

三、合作社在精准扶贫中的角色定位及其作用机制

截至 2015 年 10 月底,农民合作社已经吸纳 9997 万户农民加入,覆盖了全国 41.7%的农户,成为分散农户联合起来迎接市场挑战的重要组织载体。从理论上讲,首先,农民合作社基于熟人社会的组织逻辑和运行逻辑,可以解决"扶持谁"的问题,从而提升贫困人口识别和瞄准工作的效率;其次,农民合作社通过承接国家扶贫资源,吸纳贫困农户自有资源和资本,开展社会扶贫,通过解决"谁来扶"的难题,在帮助政府实现精准扶贫目标的同时,既可以促进合作组织的可持续发展,又能够在一定程度上克服财政扶贫资源有限的困难。因此,合作社在精准扶贫中的角色应该定位为中介组织,在国家与农民之间发挥中间载体的有机衔接作用。接下来,本文将着力分析合作社在精准扶贫中的作用机制,探讨"怎么扶"的实践机制,以推动合作社的关键角色功能的发挥。

首先，通过发展特色产业帮助贫困农户脱贫。在贫困地区发展特色产业，是帮助贫困农户脱贫致富的主要抓手。作为同类农产品的生产经营者或者同类农业生产经营服务的提供者、利用者，自愿联合、民主管理的互助性经济组织，农民合作社是贫困地区政府发展特色产业可以凭借的重要组织平台。但是，现阶段农民合作社与贫困农户之间的关系过于松散，很多合作社在成立之初就设置了一定交易额或入股金额作为农户入社的门槛，从而将相当数量的普通农户排斥在合作组织之外。在发展的过程中，这些合作社不仅不会降低门槛，而且还会通过提高门槛或关闭入社通道将更多有合作意愿的农户排斥在外。这些农户不得不与合作社发生交易行为，却不能享有按交易额返还的合作权利，变相地受到了合作社的利润挤压①。因此，政府应鼓励农民合作社积极吸纳贫困农户入社，加强合作社与贫困农户之间的利益联结机制，更加注重发挥农民合作社对农村贫困人口的组织和带动作用。为此，中央和地方政府应统筹使用国家财政资源，一方面将产业扶贫发展专项资金和精准扶贫项目对接农民合作社，遴选吸纳贫困农户数量较大、帮助贫困农户持久脱贫效果显著的合作社作为重点扶持对象；另一方面将扶持合作社发展的专项资金也与精准扶贫的治理目标相结合，鼓励合作社降低门槛，承担起帮扶贫困农户的社会责任，吸纳贫困农户加入合作社，以组织化载体实现贫困的市场化机制治理。同时，政府还可以为申请项目的合作社设立标准，督促合作社建立健全内部治理结构和管理机制，充分保障入社贫困农户的合作权益。

其次，依托合作社探索资产收益扶贫新路径。随着越来越多的贫困农户脱贫，依然贫困的农户想要脱贫的难度会越来越大。因此，在国家大力实施扶贫攻坚战略的背景下，探索资产收益扶贫新路径成为构建精准扶贫、精准脱贫长久机制的重要举措。从现实的情况来看，探索资产收益扶贫主要有三种办法：一是将投入合作社的国家财政专项资金和其他涉

---

① 赵晓峰.农民专业合作社制度演变中的“会员制”困境及其超越[J].农业经济问题，2015(2).

农资金，全部或部分量化给被识别的贫困农户，写入社员账户，充当贫困农户的入社股金，同时规定相关资产委托给合作社统一经营，由合作社承担相关资产的保值、增值责任，贫困农户只能享有资产产生的收益而不能撤股、撤资。二是鼓励合作社积极承担起社会扶贫的责任，将以往财政资金产生的收益或自有资金拿出来，以配股、捐股等形式为入社的贫困农户建档立卡，设立资产账户，保证其享有获得相应资产收益的权利。三是鼓励丧失劳动能力和自身耕作效率低的贫困农户将土地托管、流转或是以入股的形式交由合作社统一经营，探索贫困村集体经营性建设用地入市机制，由合作社负责给农户按年或按月发放相应的资产收益，带动贫困农户增收。总体来看，就是要通过合作社整合国家扶贫资源和贫困农户现有资产，为实施资产收益扶贫战略服务，在保证贫困农户基本脱贫的基础上，逐渐建立资产收益扶贫与帮扶贫困农户更好地改善生计的长效机制。

第三，发展信用合作，实施金融扶贫。农民合作社开展的内部信用合作，已经成为当前中国农村新型合作金融发展的主要形态①。因此，合作社信用合作应成为“十三五”期间政府加大金融扶贫力度的关键举措。政府支持合作社开展信用合作，可以借鉴扶贫互助社的创新经验，为贫困农户增股。2005 年，国务院扶贫办在四川省仪陇县开始探索发展资金互助社，推进扶贫开发构建社会主义和谐社会的试点。在试点中，贫困户的确定由群众评议，政府按照“给贫困户赠股、为一般户配股、由富裕户购股”，以每股 1000 元的方式建立扶贫互助资金②。在发展合作社信用合作时，政府也可以通过给贫困农户赠股的方式帮助他们在合作社中确立一定额度的股权，使他们既能够获取从合作社贷款的基本权利，也能够获得相应股权的红利收入。同时，合作社在为贫困户发放贷款时，也应该给予一定的帮扶，为他们减免利息。山西省永济市蒲韩农民种植专业合作联社在

① 王曙光. 构建真正的合作金融：合作社信用合作模式与风险控制[J]. 农村经营管理，2014(5)：11-13.

② 林万龙，钟玲，陆汉文. 合作型反贫困理论与仪陇的实践[J]. 农业经济问题，2008(11)：59-65.

发展信用合作时，就确立了优先照顾贫困社员的帮扶制度，在组织内部实行阶梯式差别利率：贷款额为2万～3万元的收取月息1分5厘，1万～2万元的收取月息1分3厘，5000～10000元的收取月息8厘，2000～5000元的收取月息5厘，2000元以下且使用期限不超过3个月的免月息[①]。

第四，推广农业技术，实现科技扶贫。农业技术对于分散的农户来讲是自外而内输入的一种信息，其在不同经济收入水平的农户之间的传播速度是不同的。传播学中的"知沟"假设理论认为，在大众传媒向社会传播的信息不断增多的情况下，处于不同经济社会地位的人获取新知识的速度是不同的，经济社会地位低的人往往比经济社会地位高的人获取这类信息的速度要慢很多[②]。这种现象在农业技术进村入户的过程中也同样存在。由于经济社会地位高的人，基本上都是乡村社会的精英，他们获取信息的渠道要比贫困农户更多。乡村精英在获取农业技术信息时，主要依赖的是专家、经销商、电视、报纸、网络等外来渠道，而贫困农户获取信息基本上依赖村落内部熟人之间的关系传播，属于村落社会里的次级传播[③]。因此，农业技术的自然传播更有利于乡村精英，容易加剧农户的分化局势。但是，农民合作社却可以通过统一提供种子、化肥农药、技术指导等一体化的农田耕作标准，改变社员异质化的农业技术使用状况，提高贫困农户利用农业技术的效率，提升家庭经济收入水平，提高他们的生活水平和生产技能。此外，传统的依托政府体系的农技推广无法承担与分散小农科技对接的交易成本，但是农民合作社却是对接和传播农业科技的重要载体和低成本平台。所以，依托农民合作社，政府就可以更好地实施科技扶贫工程，提高科技对贫困农户脱贫致富的贡献度。

---

① 王小鲁、姜斯栋．农民信用合作的成功案例——山西永济市蒲韩农协合作金融调查[M]//杨团，孙炳耀．综合农协：中国"三农"改革突破口(2015年卷)．北京：社会科学文献出版社，2015．

② TICHENOR P J, DONOHUE G A, OLIEN C N. Mass media flow and differential growth in knowledge[J]. Public Opinion Quarterly, 1970, 34(2): 159-170.

③ 张红．农业技术在乡村社会中的运作机制[J]．农村经济，2013(7)：91-96．

四、精准扶贫为农民合作社规范化发展提供的新机遇

农民合作社能够促进精准扶贫目标的实现，同时，精准扶贫也为农民合作社的规范化发展提供了新机遇。

第一，有利于充实合作社资本，促进合作组织扩大合作规模，延长产业链条。在家庭联产承包责任制的基础上，大力发展农民合作社，为的是能够更好地发挥合作社规模经济和资源聚集效应的综合优势，获取分散农户所没有的合作收益，为参与合作的农户争取更多的经济收益。在农产品的产业链条中，生产环节的利润往往难以得到根本保障。1999 年，作为生产者的农民获得的利润占农产品各环节所获总利润的比例为 56%，到 2010 年下降为 43%。如果将农民“自我雇用”的成本扣除，从纯利润的视角来看，从 1999 年到 2010 年，农民的实际利润占比已经从 29% 下降到 20%[①]。因此，通过构建精准扶贫与合作社发展协同创新的体制机制，贫困农户得以加入合作社，并在合作社拥有股权，而合作社的资本实力以及其可以调动的土地、劳动力等资源也得到一定幅度的提升，一方面可以集合更多农户的分散力量，在生产环节扩增规模合力，进一步凸显规模经济的优势，另一方面可以将合作领域向流通环节延伸，甚至直接通过与超市对接，直面消费者，从而将流通环节的利润留在合作组织中。同时，合作社还可以凭借更为充实的资本实力，为农户提供生产资料和生活资料的统购分销服务，帮助入社农户减轻生产生活成本。

第二，有利于保障贫困农户的合作权利，提升他们的合作自治能力，推动合作社构建科学合理的产权制度和治理结构。扶贫，不仅是经济兜底扶贫，而且也是基本权利救济。国家财政专项资金注入合作社，量化为入社贫困农户的股金，转换成他们持有的股权，有利于推动合作社改善资本结构，建立更为合理的产权制度，密切合作社与贫困农户的利益联结关系。同时，这部分股金虽为贫困农户所持有，但却不能自由退出，只能享

① 武广汉.“中间商＋农民”模式与农民的半无产化[J].开放时代，2012(3).

有受保障的保值、增值权利。由此，贫困农户的利益就跟合作社的长远发展捆绑在一起，就能够调动他们参与合作的积极性，并在参与合作的过程中不断提升自身的合作自治能力，从而实现权利救济和权利扶贫的目标。贫困农户在合作社中权利的不断增长，有助于提升他们与合作社管理层的协商谈判能力，提高他们的话语权，进而有助于推动合作社构建科学合理、符合现行法律规定的治理结构，以改变他们在合作社中的弱势地位，保证他们对合作社的盈余拥有基本的索取权和分配权。因此，精准扶贫战略的实施，不仅有助于增加贫困农户在合作社中的股金份额，改善合作社的股权结构，而且有助于提升贫困农户的合作自治能力，改善合作组织的人力资本，促进合作社建立更为合理有效的治理结构。

第三，有利于增进贫困农户对合作社的信任，使合作组织在乡村社区赢得声誉，促进合作社转型升级。信任是合作的基础，社会信任的程度越高，村民之间合作的交易成本越低，合作效率也越高，越有利于农民合作社的生存和发展①。但是，赵泉民、李怡②的研究指出，中国农民的信任是以亲缘和拟亲缘关系为基础的带有“圈子主义精神”的“熟人信任”，这构成他们走向合作的基本行动逻辑并对乡村合作经济组织的发展产生重要影响：一方面，他们可以促使个体农民在迎接市场挑战时走向合作，促进合作经济组织的建立和发展；另一方面也会限制合作对象的增加和合作规模的扩大，从而对合作经济组织向更大规模、更大地域空间拓展产生制约效应。然而，如果合作社能够履行精准扶贫的社会责任，合作社的领办者就能逐渐摆脱亲缘与拟亲缘关系的影响，赢得圈子之外的更多农民的信任，就能不断地将非圈子的农民吸引进合作社，扩大合作社的社员规模。而在这个过程中，嵌入到村落社会之中的合作社还能赢得社会声誉，改变人们对合作社的片面认识，提高知名度，使合作社能够不断累积社会

① 徐志刚，张森，邓衡山，等.社会信任：组织产生、存续和发展的必要条件？——来自中国农民专业合作经济组织发展的经验[J].中国软科学，2011(1)：47-58.

② 赵泉民，李怡.关系网络与中国乡村社会的合作经济——基于社会资本视角[J].农业经济问题，2007(8)：40-46.

资本存量，奠定转型升级持续发展的社会基础。

五、结论与讨论

综上所述，制度益贫性的组织特征使农民合作社与精准扶贫具有内在的理论自洽性，为双方协同机制的构建提供了基础条件，使合作社能够在国家与贫困农户之间扮演起中介组织的角色。合作社一方面成为政府进行精准扶贫的组织载体，解决“谁来扶”和“怎么扶”的难题，提高国家财政扶贫资源的使用效率，改善贫困农户的家庭生计；另一方面也使自身资本实力得以充实，改善产权结构，与贫困农户建立更为密切的利益联结机制，提升他们的合作自治能力，并进一步完善合作社的治理结构和管理机制，为合作社的转型升级与可持续发展创造机会。通过双方协同机制的构建，合作社将承担起精准扶贫的社会责任并更好地发挥益贫性的组织功能，这有利于增进社员对合作社的信任，帮助合作社在乡村社区赢得社会声誉，且为合作社发展营造良好的政治社会环境。

但是，在推动合作社发展与精准扶贫协同机制构建的同时，政府还需要发挥应有的引导、管理和监督责任。一是将贫困农户的识别难题交给村委会或其他社会组织来完成，将“扶持谁”与“怎么扶”的责任分离，明确权责。二是完善扶贫资源划拨到合作社后的管理制度，建立财政资源量化为贫困农户股权的管理办法，保证贫困农户能够按年度享有相应的合作收益，并在合作社面临破产等危机时优先保证贫困农户的财产权不受损失。三是探索引入第三方的农民合作社扶贫资源使用监督和审计主体，对合作社的扶贫资源使用、管理和收益情况进行监督审计，以避免合作社扶贫资源的滥用和损失，确保入社贫困户的股权收益。四是探索建立贫困农户的退出机制，将通过合作社真正实现脱贫致富的农户由第三方予以评审和加以识别，并对扶贫效果显著的合作社给予奖励与表彰，提升其社会声誉。

建设老年人协会，统筹解决农村留守老人问题

王德福

摘要　我国农村留守老人已达数千万之多，在今后相当长时期内，老年人都将是农业生产的主力和农村社会的主体。据调查，当前农村留守老人普遍面临经济收入水平低、抗风险能力弱、家庭照料不足和文化生活匮乏等问题，应当以老年人协会建设为突破口和着力点，统筹农业政策和农村社会保障政策，有效改善留守老人生活状况。

关键词　农村；留守老人；老年人协会

近年来，农村留守老人问题引起各界广泛关注，在目前以及今后相当长的时期内，老年人都将是农业生产的主力和农村社会的主体。据统计，我国目前留守老人已达 4000 万人，占农村老年人口的 37%①，其中 65 岁以上已达 2000 万之多②。近些年我们在全国农村的调研发现，这个群体普遍面临经济收入水平低、抗风险能力弱、家庭照料不足和文化生活匮乏等问题。我们认为，应当以老年人协会建设为突破口和着力点，配合农业基础设施建设、新型农村社会养老保险等社会保障制度建设，统筹解决上述问题，真正实现"老有所养、老有所医、老有所学、老有所乐、老有所为、老有所教"的目标。

一、农村留守老人的特点和主要问题

留守老人已经构成农村社会的主体，目前留守老人的生产、生活有以下几个特点。一是耕种规模小，农业产出仅够维持糊口水平。两个老年

① 刘怀阳. 中国农村留守老人 4000 万　高龄化空巢化加速发展[N]. 广州日报，2011-3-2(A7).

② 董伟. 80.9%留守老人依靠劳动自养[N]. 中国青年报，2010-1-6(5).

人的耕种规模一般在5亩以下，其中水田约占一半，粮食产量基本自给自足，年龄越大，耕种规模越小。二是生产方式落后，机械化水平低。老年人种田以人工为主，仅收割环节采取机械作业，犁田、整田环节仍普遍使用耕牛，机械化水平很低。三是生活上普遍独居。分家后老年人普遍单独居住，即使未分家的家庭，由于青壮年劳动力外出务工，老年人实际上也处于独居状态。四是老年人自养程度高。凡是具备劳动能力的老年人，基本都在种田，家庭收入主要来自农业生产，部分来自儿女的资助，但总体来看，老年人自养程度较高。

这种生产、生活方式给留守老人带来了诸多问题，主要表现在以下四个方面。

（一）经济收入水平低

老年人的经济收入主要来自农业生产，但规模有限、耕作不便和成本高昂限制了农业效益的提高，其中耕作不便和成本高昂影响最大。根据调查，70岁以下的老年人一般仍可耕种最多达10亩的土地，但这是以老年人付出大量体力劳动为前提的。特别是在低山丘陵地区农村，土地全为梯田和坡地，地块细碎不规则，非常不利于机械作业。此外，近年来水利设施损毁严重，村民小组内部的集体抽水组织因小组长取消而瓦解，老年人自己抽水也面临着设备沉重，看水、护水困难等问题。这些都增加了老年人种田的困难，甚至会影响到他们的身体健康。我们在大别山山区某村调研时遇到一位77岁的老人，2010年种了8亩地，“累得吐血”，农忙后入院半个月才恢复，次年不得不将规模缩小到5亩。从种田成本来看，近年来农资价格上涨迅速，比如稻种价格同比上涨60%～100%，复合肥价格同比上涨30%，同时，抽水、雇工和机械成本也连年上涨。综合以上因素，据测算，现在土地的亩均纯收益只有300元左右，这导致老年人家庭年均纯收入仅有1000～2000元，收入水平很低。

（二）抗风险能力弱

老年人在生产、生活中面临的主要风险就是疾病。根据调查，近年来农村老年人罹患心脑血管疾病的比例逐渐上升。目前可以为老年人应对疾病风险提供保障的主要有个人收入、子女资助和政府救助三个方面，但均存在不足。首先，老年人个人经济收入水平较低，在应付完生产和日常生活开支后，基本没有结余，无法应对重大疾病。其次，子女资助是老年人应对疾病最重要的力量，但许多老年人抱有为子女减轻负担的心理，容易隐瞒病情，而且患有慢性病的老年人的医药费开支对子女来说也是一笔沉重的负担。最后，政府救助尚需进一步加强和完善。合作医疗制度目前还存在一些制度障碍，老年人重大疾病往往需要到市级以上大医院诊治，但异地就医的报销比例很低，许多老年人常见的慢性病还未纳入合作医疗报销范围，等等。此外，新型农村社会养老保险尚处于试点阶段，没有覆盖全国，低保名额有限，也不可能覆盖所有老年人。以上因素导致老年人抗风险能力弱，一旦遭遇重大疾病，家庭即陷入困顿。在我们调查过程中，许多老年人希望我们为其解决困难，他们几乎全是此类家庭。

（三）家庭照料不足

子女外出务工使独居老年人普遍陷入家庭照料不足的困境，其造成的后果有两种。一是老年人发生意外后无法被及时发现并得到有效救助，甚至造成死亡。调查中我们了解到数个案例，有位老年人赶集回家后因劳累诱发疾病，晕倒在家门口，因家中无人，待村民发现时已经死亡；有位老年人死在家中数天无人知晓，直到村民路过时闻到尸臭，破门而入后发现屋内已经苍蝇横飞。这些都是比较极端的情况，但却反映了缺乏照料可能造成的严重后果。二是老年人精神上缺乏安慰，生活孤独。由于家庭不完整，家庭生活单调，同时村庄中能够提供的社会生活机会较少，老年人找不到人聊天、谈心，心中的苦闷无处倾诉，喜怒哀乐无人分享，“出门一把锁，进门一盏灯”，形单影只，非常不利于老年人的身心健康。

（四）文化生活匮乏

老年人种田不多，农忙时间加起来不过几个月，还有大半年时间并无多少事做，闲暇时间非常充裕，但调查发现，留守老人普遍缺乏健康有意义的休闲方式，只能靠打麻将和看电视打发时间。根据调查，一个村民组往往只有极少数几个老人不会打麻将，有的老人甚至痴迷到“吃完饭就往那儿(麻将馆)跑",由此产生的影响很多。一是打麻将不利于老年人身体健康。老年人应该多运动,打麻将则一坐就是半天,只能运动手指头,"摸完牌手指头老是抖"。二是不利于情感交流。农村老年人打麻将习惯带点"彩"、大家"考虑的都是怎么赢钱",根本没心思聊天。有老年人说:"以前大家经常一起聊天,现在没人聊了,没时间,有时间就去摸牌。"交往少也使老年人之间缺乏关心,甚至互不熟悉。三是容易闹纠纷。"牌场上一两块钱都要争",互不相让,容易发生争执。四是不利于家庭和谐。老年人经济收入少,打牌的开支却不少,手气不好半天能输掉二三十块钱,没钱就要跟老婆或儿子要,儿子说"我给钱是给你吃给你喝的,不是给你打牌赌钱的",父子关系受影响。有一个极端的例子,有位60多岁的老年人痴迷于打麻将,老伴一个人去放牛,结果中暑了晕倒在野地里,幸亏村民下地时看到及时送到了医院。在住院的半个月,老年人都舍不得放下麻将去陪护,女儿一气之下把母亲接到自己家住了两个多月才休养过来。

二、解决留守老人问题的对策

农村留守老人面临的四大问题,涉及农业生产、社会保障、家庭赡养和社区文化等几个方面。我们认为,在目前的条件下,社区文化建设成本最低、见效最快、可行性最高,应该作为解决留守老人问题的突破口和着力点,而社区文化建设的有效载体便是直接服务于老龄群体的老年人协会。

(一)着力推进老年人协会建设,丰富老年人文化生活,探索新型社区养老模式

在农村人口外流的现象短期内难以逆转,老年人独居自养模式难以彻底改变的情况下,如何在家庭之外的社区中,为老年人提供社会化的精神文化服务,便是解决留守老人问题最现实、最迫切的要求。自2003年以来,我们先后在湖北省荆门市和洪湖市四个农村进行老年人协会建设实验,协会由老年人自主管理,调动了老年人的积极性,为老年人提供了丰富的文化活动和大量的交往机会,老年人生活充实了,孤独感没有了,

精神头更足了[①]。目前四个协会运行良好，得到了农民的普遍欢迎。通过在调查中征询当地老年人的意见，我们认为，建设老年人协会，农民有要求、条件有保障、前途有希望。

1. 农民有要求

调查中我们普遍感到老年人对文化生活的需求非常迫切，“打牌总想着搞别人的钱，没有意思”，但是，“没有什么(活动)可以代替，只能枯燥地坐在那里”。听了我们建设老年人协会的想法后，许多老年人激动地说：“这个好，又不伤感情，又不花钱，大家肯定愿意去”，“打麻将的活动不用(文化)中心取而代之不行”。调查中，所有老年人听到这个建议都表现出极大的兴趣，并且询问什么时候能建成，我们感到，建设老年人协会，农民要求很迫切。

2. 条件有保障

建设老年人协会所需条件不外人、财、物三点，目前来看，这三个方面的问题都很容易解决。农村有大量老党员、老干部和民间积极分子，协会管理人员可从这些人当中选取，所以“人”有保障。根据我们在其他农村的实验，老年人协会运转所需经费并不多，每年5000～10000元足够，政府财政可以补贴一部分，其余可以让老年人协会通过开展活动(比如为办喜事的家庭表演文艺节目)自筹，各地农村还有大量在外务工经商人员能够为其提供资源援助，因此“财”也不是问题。老年人协会要有自己的活动场所，目前可以利用农村党员服务中心、村办公室等现有场地，不必另外建设，只需简单添置一些器材即可，故而“物”也容易解决。

3. 前途有希望

老年人协会可以通过开展群众喜闻乐见的文娱活动，为老年人创造更多的日常性的交往机会，将留守老人从孤独的家庭中吸引到公共场所中来，为他们提供愉悦身心、交流感情、互相关爱、互帮互助的机会。这样既可以取代整天打麻将和看电视等不良的休闲方式，丰富老年人的文化

---

① 贺雪峰.中国农村的“低消费、高福利”实践[J].绿叶，2009(12)：87-92.

生活，也可以在子女外出务工，缺乏家庭照料情况下，通过老年人之间的社会化交往与互助，提供新型的社区养老服务。老年人之间经常性的交往，可以及时发现并化解留守老人的身体、心理问题和生活困难，让留守老人感觉到群体的温暖和支持。经常性的交往还可以使老人之间保持高度的联系，谁没参加活动就会引起大家的注意，这样就可以有效杜绝老人病倒在家中无人发现，从而错过最佳急救时机导致死亡的事情。因此可以说，通过老年人协会解决留守老人问题是有希望的。

（二）加强农业基础设施建设，为老年人种田提供便利条件，增加农业生产效益

老年人种田是当前农业的现实，对老年人来说，虽然农业收益较少，但毕竟提供了基本的生活保障，因此，我们的农业政策应该为老年人提供更为便利的耕作条件，尽量增加农业效益。老年人耕作上的不便主要是田块分散、缺少机耕路和水利设施损毁，解决这些问题有两种方式，一是大解决，二是小解决。所谓大解决，就是开展大规模的土地平整，实行园田化，园田化后便于提高机械化水平，水利等硬件条件也能得到改善。所谓小解决，就是小型的农业基础设施建设，比如小型农田水利建设等，这方面的投入应该适当向山地、丘陵等农村地区倾斜。

（三）完善社会保障制度，增强老年人抗风险能力

进一步扩大新型农村社会养老保险试点范围，特别是要向贫困地区农村倾斜，调查中许多老年人反映："为什么条件好的地方发了钱，我们这穷地方反而没有？"在新型农村社会养老保险制度尚未全面实施的情况下，要努力增加农村最低生活保障制度的覆盖面，并适当向农村老年人倾斜。要加快完善新型农村合作医疗制度，提高异地就医报销比例，特别要考虑对老年人常见病、慢性病的保障措施。

三、建设老年人协会的原则与措施

上文已经指出，建设老年人协会是解决农村留守老人问题的突破口和着力点，下面重点就协会建设的原则和措施提出若干建议。

老年人协会是农村老年人自己的组织，其目的在于将留守老人组织起来，开展适合老龄群体自己的公共活动，包括文化娱乐活动、体育健身活动、维权公益活动等，实现老年人的自我教育、自我管理、自我服务，解决留守老人文化生活匮乏、缺乏家庭照料、精神孤独苦闷，甚至自身权益得不到保障等问题。

老年人协会的组织和运转必须坚持四大原则：开放性、独立性、公益性和自治性。开放性就是协会面向全部留守农村的 60 岁以上老年人开放，对老年人不设定其他入会条件。独立性是指协会不受村级组织领导，独立运行，村级组织应该为协会运转提供必要帮助，但不得干涉协会事务。上级工作机构对基层老年人协会应只进行指导帮助，同样不具有领导权力。公益性是指协会面向老年人的服务应是免费的，防止因为经济条件不同而导致获得的服务出现差异。自治性是指协会的运转由老年人自主管理，通过协商讨论制定符合当地实际的协会章程，因地制宜地开展活动，全体老年人有权对协会管理进行监督。

除以上四大原则外，我们认为，建设老年人协会应当着重从以下几个方面入手。

（一）各级政府和老龄工作机构要高度重视协会建设，提供资金支持

政府应该从三个方面对老年人协会提供资金支持。首先是场地建设，建议财政条件好的地区单独建立老年人活动中心，没有条件的地方可将老年人活动中心与党员服务中心等合建，但设施要进行区分，老年人协会要有独立的活动室。其次是活动器材设备，建议各级老龄机构利用“三万”活动的机会，广泛调研各地农村老年人的需求，因地制宜地为各地老年人协会提供所需设备，防止出现违背或不符合老年人需求的盲目建设。最后是日常活动经费，根据中国乡村治理研究中心的建设经验，建议政府每年为每个老年人协会提供至少 5000 元的活动经费。

（二）发挥农村老党员、老干部、老教师和民间积极分子的作用

目前农村党员队伍主体是 60 岁以上的老年人，要将老年人协会建设与农村党建活动结合起来，调动这批老党员的积极性。老党员、老干部等

经历过毛主席时代的政治教育，党性较高，而且大多具备丰富的基层工作经验，这是我们可以挖掘的宝贵力量。

（三）支持老年人协会维护老年人权益，弘扬社会正气

要将老年人协会建设与弘扬孝道、伸张正气、倡导文明的文化建设结合起来，支持老年人协会同侵犯老年人合法权益的行为作斗争，鼓励引导老年人创作、表演群众喜闻乐见的宣传党的方针政策和社会主义精神文明的文艺节目，但要注意尊重老年人意愿和老年人协会的独立性。

（四）鼓励老年人协会探索建立新型社区养老服务模式

老年人独居自养存在的照料不足问题，可以由老年人协会通过开展定期或不定期的慰问帮扶活动得到一定程度的解决，鼓励老年人协会开展互帮互助的各类公益性活动。在社会化养老模式尚未普及的情况下，老年人协会可以探索创造出一种新型的社区养老服务模式，该模式的优势在于其开放性、灵活性和公益性，要提倡年轻老年人为高龄老年人服务，体力好的老年人为体力差的老年人服务，营造温暖和谐的社会氛围。

（五）多渠道筹措老年人协会活动经费

鼓励在外经商工作人员积极捐款，引导老年人协会开展一定的创收活动，比如为结婚、生日等庆典提供文艺表演，收取适当报酬，但要注意，凡是为老年人提供的服务都应当是免费的，而且老年人活动中心的场所禁止从事营利性活动。

四、结论

我国老龄化进程正在急速推进，与此同时，农村人口外流现象也将长期存在，这表明农村留守老人问题将长期存在，为他们提供有效的养老保障迫在眉睫。我们的调查和实践经验表明，通过建立老年人协会，将老年人组织起来，让他们充分参与村庄公共活动，增加社会交往，将有助于提高其生活幸福指数，同时配合农业政策和农村社会保障政策，将有效改善留守老人的生活状况。

农村社会组织生命周期分析与政府角色转换机制探究

——以鄂东南一个村庄社区发展理事会为例①

赵晓峰　刘　涛

摘要　农村社会组织的生命周期可以划分为诞生期、发展期、成熟期和分化期四个不同的阶段，每个阶段的任务重心不同，面临的危机和挑战不同，需要政府扮演的角色也有不同。农村社会组织既需要通过有效治理不断强化农民认同的合法性根基，培育和完善规则的自我生成机制，也需要通过政府的支持获取“受保护的协商权”，以形成制度化的社会自治能力。基于实证分析的结论，本文认为农村社会组织的良性发展，有待政府完善管理机制，实现从“体制吸纳组织”向“体制对接组织”的模式转变，以强化政权建设的组织基础和社会基础。

关键词　农村社会组织；政府角色；生命周期；社会自治

一、问题的提出

秦汉以来的中国传统社会“皇权止于县”，村庄内部依托宗族组织和士绅阶层进行“自我管理”，这虽然难以与高度组织化的现代社会相比，但是由乡村社会的特有文化及其组织基础构筑的管理方式却在维系村庄秩序方面发挥了积极作用。伴随着现代国家建设而来的文明秩序对村庄传统的冲击，村落社区原有的社会基础和组织基础逐渐解体，农村内部的各种要素也加快由静态到动态、由封闭到开放、由单一到多元的转变，社会

---

①　本研究得到国家社会科学基金项目“农业现代化进程中的村落变迁研究(10BSH017)”、教育部人文社会科学青年基金项目“转型期农村合作社发展的社会基础研究(编号:11YJCZH250)”及中央高校基本科研业务费专项资金项目“转型期村民自治实践的社会基础研究(编号:QN2011170)”的支持。本文曾刊于《中国农村观察》2015年第5期。

文中的人名和地名均已做过技术处理。

失序、心理失衡、伦理失范等问题突出，各种社会矛盾层出不穷①。为此，国家高度重视基层社会的组织建设和自治能力提升。十七届三中全会明确提出要“培育农村服务性、公益性和互助性社会组织，完善社会自治功能”。在良好的外部环境支持下，各种类型的社会组织发展势态强劲。根据相关研究，我国农村社会组织约有 200 万个，已经初步成为乡村治理中的一支重要力量，农村社会组织建设相关问题也成为学界关注的焦点。已有研究主要从现代国家建构②、中国农村现代化③、推进农村法制化建设进程④、健全农村民主管理制度⑤、加强农村社会管理体制创新⑥⑦等方面对农村社会组织诸多问题展开论述，少数研究还关注了农村社会组织的治理结构等问题⑧。但总体来看，基于个案经验基础上的纵向研究相对缺乏。本文试图借用组织行为学中的企业生命周期理论，对湖北省 R 镇 M 村 X 湾社区发展理事会的实践机制展开分析，尝试构建农村社会组织的生命周期理论，以更好地揭示农村自发产生的社会组织的发生、发展和运作机制。

企业生命周期的概念最早由哈佛大学学者葛瑞纳⑨提出，他将企业生命周期划分为创业、聚合、规范化、成熟、再发展或衰退五个阶段，每个阶段都会出现某种危机和管理问题。1989 年，美国学者伊查克·爱迪思

---

① 长子中. 当前农村社会管理凸显五大问题[J]. 人民论坛，2011(33).

② 赖晨野. 现代国家建构、农村民主与社会自治——以农村社会组织建构为基点的分析[J]. 社会主义研究，2010(3)：82-85.

③ 刘鹏，杨继明. 浅论中国农村社会组织的现代化[J]. 中国农村观察，2001(6).

④ 沈海燕. 农村社会组织发展对中国法治化作用的思考[J]. 西北农林科技大学学报(社会科学版，2011，11(5)：152-157.

⑤ 刘义强. 构建以社会自治功能为导向的农村社会组织机制[J]. 东南学术，2009(1)：79-85.

⑥ 张云英. “农村社会工作与组织建设”笔谈——农村社会组织：农村社会管理创新的基础[J]. 湖南农业大学学报(社会科学版)，2011，12(6)：1-9.

⑦ 周红云. 社会管理创新视角下的社会组织发展——宁波北仑区社区社会组织发展的案例研究[J]. 中共宁波市委党校学报，2011，33(6)：0.

⑧ 王义. 农村社会组织治理结构失衡与矫正研究[J]. 云南行政学院学报，2009，11(3)：20-22.

⑨ Greiner L E. Evolution and Revolution as Organization Grow[J]. Harvald Business Review，1972，50(3)：37-46.

在发表的《企业生命周期》中将企业的生命周期详细划分为十个不同的发展阶段，标志着企业生命周期理论的成熟[①]。此后，很多学者从不同的研究原点出发，运用不同的划分标准，建构了多种企业生命周期模型。这些研究基本是依托葛瑞纳所创理论的框架，围绕企业的诞生、成长、壮大、直至死亡的主线来划分生命周期的各个呈现阶段，在横向上推进了企业组织理论的不断深化，为相关政策研究提供了有力支撑。企业组织的"生命周期论"给社会组织研究提供了独特的视角，本文结合 X 湾社区发展理事会的实践特征，进一步拓展企业生命周期理论的研究领域和研究框架，将农民自发成立的农村社会组织的生命周期划分为诞生、发展、成熟、分化(衰退或完善)四个阶段，以此为基础挖掘农村社会组织发生与发展的内在机制。同时，为了更好地探讨政府在农村社会组织管理中的角色与功能，以组织的生命周期为叙事核心，探究政府的角色转换机制，试图初步构建一套基于政府管理需要的过程引导与监管理论。在此基础上，剖析国家在农村社会组织发展中的功能和定位，本文认为国家应积极转变管理农村社会组织的态度，实现从"体制吸纳组织"向"体制对接组织"的模式转变，以更好地促进农村社会组织的发展，重塑政权建设的组织基础与社会基础。

二、M 村 X 湾社区发展理事会的生命周期分析

R 镇 M 村 X 湾地处鄂东南地区，与江西省接壤。R 镇农民多是在明朝年间从江西搬迁到当地居住并繁衍生息的，由于受到原有文化传统的影响，村庄的宗族势力较强，农民的宗族认同感较高。近年来，随着外来因素对村庄的渗透，乡村越来越具有现代性特征，但是传统村庄原有的核心文化元素依然存续，宗族意识依旧强烈地影响着农民的日常行为。2005 年以来，在 R 镇热热闹闹的新农村建设实践中，社区发展理事会功绩卓著，而 R 镇的第一个社区发展理事会就诞生于 X 湾。M 村 X 湾是

① 伊查克·爱迪思. 企业生命周期[M]. 赵睿，等，译. 北京：华夏出版社，2004.

一个自然村(当地人称自然村为湾),共有260多户,930余人,除一户高姓居民外,其余皆为刘姓居民,X湾刘姓村民数量超过95%。X湾的刘姓村民分属于4个房头,其中二房人数最多,占X湾总人数的70%。笔者结合X湾社区理事会的发生、发展和运作特点,将农村社会组织的生命周期划分为诞生、发展、成熟、分化(衰退或完善)四个阶段,并深入分析和探讨农村社会组织发展的阶段性特征。

(一)诞生期:以村落内生需求为驱动力,以农民认同为权力合法性根基

农村社会组织与企业和政府组织不同,主要由农民组织和参加,以提供公共品和服务,维护、实现农民利益为目的,本身带有很强的自发性、自治性、公共性的特征。农村社会组织的特性决定了它可以有效协调不同利益主体之间的关系,并化解基层治理能力弱化后的农村公共品供给不足难题。政府取消农业税后,农村基层正式治理主体的治理能力弱化,市场主体又不愿介入农村公益事业发展,乡村公共品供给出现危机,X湾社区理事会应运而生。

2005年的村庄道路修建问题是理事会诞生的起因,X湾的道路年久失修、破败不堪,村民"行路难"问题突出,当地村民的生产、生活极为不便,农民修路的意愿一直较为强烈,只是没有公开表达的机会。随着农民收入水平的提高,农民对公共设施建设的需求增强,并开始关注生产、生活条件的改善问题,村庄道路修建成为关注点。由此来看,农村社会组织的出现具备了潜在的意愿和条件,一旦出现精英人物的动员,社会组织就会顺势而生。2005年秋,X湾高姓村民的房长高旭升向M村副支书刘正先提议要修整通向湾子的道路,并保证自家兄弟可以出资3万元用于道路修建。刘正先和当时的M村村支书刘绪才都是X湾人,表示支持高旭升的意见,希望借助这次机会开展道路修建工作。于是,他们召集X湾的村民开群众会议,围绕是否应该修路、如何修、谁来组织、资金怎么筹集等问题展开讨论。会议的效果超出预期,几乎所有参会的村民都同意修路,经过各个房头村民的共同协商,推荐出9个代表,成立了社区发展理

事会。这种以社会组织应对公共性问题的方式，让农民的个体利益诉求得到有效表达，是分散个体面对多元化社会结构的一种理性选择。

农民在村落内生需求的驱动下成立了农村社会组织，而社会组织一旦诞生，就必须解决组织权力的合法性来源问题。如果按照“一人一票制”的现代民主选举原则，以直选的方式产生理事会，二房村民将会在理事会中占据绝对优势，而人数少的房头，特别是高姓村民，很难获得理事席位，理事会的工作可能会因此变得举步维艰。从地方文化和传统的角度考虑，理事会的成员结构应与村庄的宗族派系势力结构相对称，兼顾每一个群体的利益，保证理事会有充分的代表性，以使所有房头都有在社区建设中表达诉求的权利和机会，这样才可以稳固理事会权力合法性的根基，为理事会的产生及其初期功能的发挥提供良好的社会基础。从 M 村 X 湾社区发展理事会的情况来看，在第一次群众会上，参会村民围绕理事会成员的选拔机制已经达成了一致意见：理事会的成员由各个房头推荐产生，每个房头都必须有自己的代表，依据房头大小决定代表名额。最终确定下来的社区发展理事会人员构成如表 2 所示。

表 2　X 湾社区发展理事会人员构成

职务	姓名	房头	个人情况
会长	刘正毅	二房	二房房长，55 岁，曾任村支书 14 年
副会长	刘义林	三房	三房房长，70 多岁，在三房中比较有威信
副会长	刘正立	四房	四房房长，60 岁左右，人民公社时期做过生产队长
副会长	高旭升	五房	60 多岁，刘家湾的第五房，唯一的外姓户
会计	刘子序	二房	60 多岁，曾当过小学老师，是湾子里的“知客”
出纳	刘正友	一房	60 多岁，一房房长，退休的小学校长
文书	刘正生	二房	60 多岁，退休的中学老师，曾主持族谱修撰工作
干事	刘义家	二房	50 岁，高中文化水平，为人耿直，敢说直话
干事	刘正海	二房	近 50 岁，高中文化水平，人民公社时期当过大队副书记

从表 2 中可以看出，理事会的公平、公正理念已得到充分体现，房头不论规模大小，都在理事会中有自己的代表，二房在理事会中占据绝对席

位，决策优势非常明显。这样的名额分配是村民默认的，也是乡村社会内部政治规则的生动体现。毕竟只有依靠二房村民的强有力支持，理事会才能顺利推进决策的实施。理事会成立后，很快形成了自筹资金修路的决议：一是实施差异化的筹资标准，规定在外务工、经商、从政的村民每人出资 150 元，务农村民每人出资 100 元，筹资情况公开透明；二是责任细化，理事会的成员负责各自房头村民的款项催缴工作，未及时出资的农户，由所属房头的理事预先垫付。完善的筹资规则确保了事情的顺利推进，最终所有取得联系的村民都足额缴纳了“份子钱”，一些积极分子还额外捐款，通湾公路顺利修建。

（二）发展期：以有效治理强化农民认同感，营造社会自治的自主性空间

自 20 世纪 80 年代以来，中国国家秩序建设的基本路径是“通过创造有效性来累积合法性”[①]，农村社会组织的发展也需要通过富有创造性的实践保证社会自治的有效性，并以此为基础，持续强化农民对组织的认同感，稳固组织的合法性基础。精英是组织的引导、协调和决策者，他们出任理事的动机是“出于提高社会地位、威望、荣耀并向大众负责的考虑，而不是为了物质利益”[②]，甚至仅仅是为了能够在族谱上留下痕迹。X 湾 2005 年的道路修建工作，主要依靠理事会成员的无私投入，村民的私人利益并没有受到损失，因此事情阻力较小。修路事件的成功，让村民对理事会的信任感增强，理事会由此获得了较高的威望。理事会的治理进入良性循环的轨道，以有效治理获得村民的认可，增强理事会的权威，进而以由心而生的权威感和满足感激发理事们的责任感，促使他们为村庄公共事业的发展付出更多的努力。2007 年，X 湾理事会积极开展了更大的建设项目，开始组织村民修建整条通山公路。

---

① 林尚立. 在有效性中累积合法性：中国政治发展的路径选择[J]. 复旦学报(社会科学版)，2009(2)：46-54.

② 杜赞奇. 文化、权力与国家：1900—1942 年的华北农村[M]. 王福明，译. 南京：江苏人民出版社，2006.

通山公路的修建需要拓宽原有路面，必然会占用部分农户的耕地，而一旦涉及个人私利，就会增加工作的复杂程度，遭遇利益受损者的抵制。虽然理事会提出承包地调整时会对农户进行补偿，这在当时也得到了相关农户的暂时同意，但是工程展开时仍有少量利益受损农户公开反对修路，在多次劝说无效的情况下，理事会召开户主大会，将相关事项交由户主大会，由各个户主共同讨论，经由争辩、说服、妥协等环节，在充分吸纳更多民意的基础上再次达成一致，并形成新的决议。为保证新决议的实践效力，理事会要求所有户主在决议方案的文本上签字。理事会的有效治理模式已经获得了农民的较高认同，户主代表大会则成为进一步凝聚共识的外在手段。理事会作为超越小团体的公共型组织，具备了较强的动员能力，在动员群众时，他们巧妙运用公共性的“话语”营造舆论压力来制约“钉子户”。诸如“人要有大公无私的精神，最起码也要有一点公心，都是为了姓刘的，为了咱们湾子，为了子孙后代，连一点点私利都不让，那事情怎么做得成呢。事情做不成，岂不是让外人看咱们姓刘的笑话吗?”理事会把事情上升到“公”的层面，通过公共利益“压制”私人利益，使多数村民都做出了适当的让步。在由理事会打造的共同体内部，公共利益、集体利益占据了较高的位置，个人如果不服从集体，就会被别人说闲话、看不起，因此服从公共利益成为理所当然的事情。但是仍有两户村民强硬抵抗，理事会采取了强行“执法”的方式。被“执法”的农户誓死抵抗，并到镇政府去上访，接访人员却采取了较为灵活的方式，说“湾子的事情，是你们‘自己人’的事情，村民自治的事，我们也管不了”。接访人员的这一精妙表达，表明理事会营造的自治模式以及空间范围已经得到地方政府的认可，同时又让事情回到村庄内部去解决，在村民的舆论氛围和公共压力之下，“钉子户”的要求被压制，并最终以协商的方式加以化解。佩特曼①认为：“真正的民主应当是所有公民直接的、充分参与公共事务决策的民主，从政策议程的设定到政策的执行，都应该有公民的参与。”而 X 湾理

① 卡罗尔·佩特曼.参与和民主理论[M].陈尧，译.上海：上海人民出版社，2006.

事会将现代民主治理理念与村庄地方性知识相结合，在让村民充分表达意见并确保公平的前提下，以村庄公共舆论和理事会权威抵制少数人不合理的诉求，使理事会的权威得以维护，道路建设也顺利开展。

（三）成熟期：完善规则的自我生成机制，扮演国家与农民关系的中介角色

通山公路的修建成功，意味着X湾社区理事会经过初期探索，已经进入成熟期，内部规则的生成机制日渐完善，解决实际问题的制度化能力不断增强，社会自治的功能日益得到充分发挥，并主要体现在以下几个方面。

一是借用地方传统形成了理事会的日常决策机制。按照社区发展理事会的相关规定，社区发展的一般决议由理事会负责制定文本，也由理事会负责动员、组织农民配合。理事会的这一日常决策机制充分地借用了地方传统资源，尤其是浓缩于农民"自己人"认同意识中的传统型信任资源。"自己人"的信任建构是从传统的"自家人"信任构架基础上发展起来的一种关系性信任①。在传统犹存的乡村社会，宗族认同意识塑造出了"自己人"的概念，在X湾房头就是农民划分内外群体、"自己人"与外人界限的基本依据，房头内村民属于"自己人"的范畴，"自己人"的事情要依靠内部的规则来解决②。理事会的每个成员背后都有一个"自己人"群体，因此，他们在参与理事会日常事务的决策时，需要同时兼顾"自己人"的"私利"与整个湾子的"公利"，在二者之间寻找利益的平衡点。如果决策结果对"自己人"不利，在预期本房头村民会有较大意见的情况下，就有必要结合本房头实际提出修改意见。因此，在理事会中，一项决议的最终成型，往往经过了各个房头荐举出来的理事们的充分协商、协调、再修正和重新表决等程序。这种"协商式民主"考虑到了理事会成员身处的社会结构，发挥了地方传统的价值，使现代治理方式能够在传统资源的滋养中

① 杨宜音."自己人"：信任建构过程的个案研究[J].社会学研究，1999(2)：40-54.

② 赵晓峰.公私观念与传统中国农民的行为逻辑[J].华中科技大学学报(社会科学版)，2012，26(3).

发挥实践效力。一旦理事会协商表决通过相关决议，各个成员就肩负了新的责任，他们就必须回到自身所属的“自己人”圈子中，传达决议的内容，动员村民执行决议，以保证组织任务的顺利完成。

二是立足现代治理理念构建了理事会的日常管理机制。奥尔森认为，“小集团要比大集团更容易组织起集体行动”①，村民民主推荐产生的理事会在日常决策中采取平等协商的形式，决策的民主化程度较高，能够兼顾多数成员的利益。这在一定程度上解决了集体协商成本高、达成共识难度大、决策效率低等难题，但是决议的执行却容易遭遇各种抵制，尤其是在涉及诸如占地、拆迁等尖锐问题时，理事会成员无法依靠以往的规则化解属于“自己人”的矛盾，决议内容就遭遇困境，决策便无法执行，理事会只能选择退让，重新考虑决议方案。为解决重新决议问题，理事会转而开始借用“参与式民主”的现代治理方式，以集体签名的形式，以整体“公利”之名压制“钉子户”，推动矛盾的解决进程。所以，如上所述，通常应对“钉子户”挑战的办法是，户主代表大会一旦形成决议，就会授权理事会按照既定方案公平地对待每一个农户，如果有人持有异议，试图挑战理事会的决议权威，理事会可以组织村民共同“执法”，并相约共同承担“执法”引发的不良后果。因此，“参与式民主”治理方式的运用，不仅提高了农民的参与度，增强了信息的透明度，也强化了决议方案的权威性，使农民对组织和决议的认同感提升，减少了决议方案执行的阻力，降低了组织运行的成本。

三是结合实际建立了严格的财务报销与财务监督机制。一方面财务报销在理事会内部施行层层审批制；另一方面由理事会经手的账务，都必须做好财务公开工作，以保证消息的透明度，维护理事会的形象。

在理事会初期运作的过程中，镇政府对其性质判定较为模糊，并未公开表态。随着理事会自我规则生成机制的逐步完善，以及以其为主导的新农村建设实践工作的成效日渐显著，R镇政府开始重视M村X湾社区

① 奥尔森.集体行动的逻辑[M].陈郁，郭宗峰，李崇新，译.上海：上海人民出版社，2006.

发展理事会的组织制度创新试验。一次偶然的机会，R镇政府的干部引领省委宣传部的领导到X湾视察工作。视察的领导深入了解了X湾理事会组织修路的模式，对理事会的工作表示满意，对其财务公开的方式非常赞赏，当场表态要支持湾子的新农村建设工作，且准备把X湾列为试点建设单位。2008年，省委宣传部筹资65万元，专项用于X湾的溪坑堤岸改造工程；2009年、2010年，省委宣传部又分两次筹资上百万元用于硬化湾内路面与修建文化广场。项目都由理事会主导，且有序而稳健地推进。

由此，理事会获得了地方政府的认可，兼具了农民认同性授权的合法性民意基础及政府认可性授权的合法性官方保障，理事会作为村庄内部的社会组织在国家与农民之间的角色规范化、公开化、制度化，开始以正式社会组织的身份承接国家治理资源、反映农民的利益诉求，疏通国家与农民之间的连接渠道，完善了国家与社会之间的有效衔接和良性互动机制，既提高了外部输入资源的利用效率，也化解了农民生产、生活中的难题。

（四）分化期：或完善，或衰亡，皆由（有无）事起

X湾理事会的成功带来了极大的社会效益，并迅速演变成为一种公共性、政治性较强的事件，这种模式由地方政府复制推广，迅速扩展到周边地区，并应用于各项工作之中。2006年，R镇政府开始在全镇200多个自然村复制推广X湾理事会的组织创新模式，推动各个湾子组建社区发展理事会，在较短的时间内，低成本地改善了当地农村的公共品供给难题。R镇几乎所有的理事会都效仿了X湾理事会的权力架构，初始目的也是为了改善通往自然村的道路交通设施条件。然而，修路任务完成后，绝大多数自然村的理事会很快就解体了。理事会的昙花一现折射出这些村庄内生秩序生成能力的微弱，这些村庄也具有构建组织以形成社会自治能力的潜力，关键是国家和地方上是否有具体的事宜需要理事会来承担责任。

X湾理事会的持续发展则表明，一旦国家改造旧农村、建设新农村的目标以及自上而下的财政转移支农资金能够与村庄内生社会组织对接，就能进一步激发组织的活力，培育以组织为依托的社会自治能力，减轻国家正式治理体制的压力，缓解国家与农民的直接矛盾。

三、农村社会组织发展中的政府角色转换机制

在农村社会组织的生命周期中，政府需要发挥鼓励、引导、保护、监督、纠偏、分流等功能。但是，从 R 镇社区理事会总体发展情况来看，在农村社会组织发展的各个阶段，组织面临的问题并不相同，政府需要扮演的角色和发挥的功能也有差异。当然，组织发展遭遇问题的复杂程度，直接决定了政府在组织发展各个阶段所扮演的角色，而各阶段之间的角色也不能完全割裂。本文接下来将分析组织在各个阶段所面临的主要问题，初步探讨政府在不同阶段应该扮演的角色，尝试构建一套针对农村社会组织的过程引导与监管理论。为达成这一目标，必须以组织的生命周期为叙事核心，充分认识不同阶段政府应扮演的主要角色及不同角色之间的转换机制。

（一）诞生期：组织发展的鼓励者和引导者，允许组织自我发展

社会组织必须依托地方文化和传统，从地方社会汲取发展资源，才能够持续维系其存在。在 R 镇，社区理事会借用的最为重要的传统资源即农民的宗族房头归属感，也即农民的“自己人”认同意识。而在现代国家的改革行为与话语体系中，封建的、落后的、腐朽的宗族势力已经被改变，加之工业文明、市场经济的洗礼，传统意义上的强势宗族观和宗族势力已不复存在，农民思想世界中仅存的是宗族房头的认同感。而这种依托新型自治组织而重获新生的宗族感，赋予了组织以新的价值和能力。已有的研究表明，宗族与民主共存的村庄往往具有较高的治理绩效[①]。R 镇社区理事会的成功运作是最好的证明，正是理事会形成了嵌入村落社会的

① 孙秀林. 华南的村治与宗族：一个功能主义的分析路径[J]. 社会学研究，2011(1)：133-166.

权力架构，才能在修路事件中遭遇较少的阻力，完成组织的职责。与此同时，R镇政府的中立姿态也是X湾社区发展理事会能够顺利成立并持续运转的外在条件。

X湾理事会的成功，使R镇政府深刻感知了民间生存性智慧[①]的现实治理价值。在此后的新农村建设项目中，镇政府要求每个行政村以自然村为单位组建社区理事会，由理事会负责具体项目的实施与建设。同时，乡、村两级政府在实践中还引入了竞争机制，对率先成立的理事会给予资金扶持。竞争机制的引入，使组织发展的"诱致性制度变迁"特征更加明显，更多的理事会在湾子之间的竞争与较量中快速组建起来。政府虽然鼓励农民自发组建理事会，却并不介入理事会的日常决策与管理工作，保证了组织的独立性，使其能够自主探索社会自治的合适方式。此外，政府单一的行政主导让位于理事会，政府不再直接负责社区建设，从而使国家权力真正地从社区中抽身，给社会组织提供了充足的自治空间。

（二）发展期：组织发展的保护者，尊重组织的社会自治权

社会组织的发展期也是社区内部矛盾滋生、积累和爆发的敏感期，为此，社会组织将不得不探索合适的决策和管理方式，寻求矛盾的化解办法。新的治理规则不可避免会触及少数人的个人利益，甚至还会轻微地侵犯个体的私人权益。地方政府在处理涉及理事会的农民上访事件时，将问题划归到村庄"自治"的范畴，以"这是你们'自己人'的事"为名软化农民上访行为，否定上访农民对组织权威的挑战，成为组织发展的外部保护者。

同时，政府赋予了组织"保护性协商权"，尊重组织的社会自治权，更好地扮演了保护者的角色。组织在遇到问题时，政府不再是简单粗暴地进行"纠偏"，而是允许社会组织申辩，并证明相关行为及依据的合理性。政府采取的保护态度，使农村社会组织自我规则化的生成机制不断完善，

---

① 邓正来."生存性智慧"与中国发展研究论纲[J].中国农业大学学报(社会科学版)，2010，27(4)：5-19.

逐渐形成了能够确保组织有效运转的规范性制度文本。由此看来，政府赋予组织根据现实需要，灵活制定文本制度与运作规则的权利，是农村社会组织能够常态化运作与发展的重要保障。

（三）成熟期：组织发展的引导者和合作者，充分发挥组织的社会自治功能

社会组织在成熟期的重要任务是在自我规则化生成机制日益健全的基础上，逐步完善确保组织有效运转的制度与规则。政府需要继续扮演好引导者的角色，将国家有关农村社会组织的法律法规、政策和章程制度等资料介绍给社会组织，督促社会组织在规则的形成过程中，能够充分地借鉴和吸收，并内化到组织制订的规则当中，尽可能地化解政府层面的制度与组织规则之间的张力，让社会组织与基层行政力量协同实现国家的治理目标。

在组织内部运作模式趋于成熟的情况下，政府要加强与农村社会组织的合作关系，更好地利用和发挥组织的自治功能。当前乡村治理的一个重大难题是国家财政支农资金使用的实效问题。在某些地区，因为在缺乏良性的社会组织承接资源的情况下，乡村"混混"与地方各种势力结盟组成的乡村"新权势阶层"，截取国家的财政支农资金，导致大量的惠农政策资金进入了"新权势阶层"的口袋，造成了"乡村治理内卷化"现象，国家投入的资金越来越多，但政策的效果却没有显著提升[①]。X 湾理事会成功承接省委宣传部新农村建设试点项目资金的事实，充分说明以农村社会组织为中介，国家财政支农资金能够找到更好的组织载体，建立起与农民公共品需求偏好表达之间的有机衔接机制，进而使国家的财政转移支付政策能够取得更好的反馈效果。理事会社会自治功能的发挥，表明国家与社会之间并非是对抗性关系，通过合理、规范的引导，社会组织就有可能实现与政府的协作发展，达成行政管理与组织自治的双赢效果。

① 贺雪峰.论乡村治理内卷化——以河南省 K 镇调查为例[J].开放时代，2011(2)：86-101.

(四)分化期:组织发展的引导者,做好组织的纠偏与分流工作

分化期的农村社会组织有两种发展趋势:一是继续完善日常决策与管理机制,成为乡村治理中不可忽视的组织资源;二是社会组织的生命走向终结,退出历史舞台。政府在扶持社会组织发展过程中,需要坚持分类对待、重点突出、有序推进原则,扮演好组织发展的引导者角色,对运转良好的社会组织继续加以指导和监督,一旦组织出现严重的越轨行为,就要适时做好组织行为的纠偏工作,使组织能够健康、良性地运转下去。对将要衰亡的社会组织,则要做好引导和服务工作,使农民的权益不会因为组织生命的终结而受到不必要的损害,维护地方社会秩序的稳定。

此外,在农村社会组织发展的整个生命周期中,政府都必须扮演好监管者的角色。政府的监管作用主要表现在两个方面:一是随时纠正组织的越轨行为,尤其是在组织制度制订与规则形成的过程中,必须坚持"民办、民管、民受益"等原则,在国家法律的基本框架下展开;二是保护农民的正当权益,杜绝组织以"公利"之名侵犯农民权益,使以农村社会组织为载体的社会自治实践能够在"公利"与"私利"之间取得平衡,并最终使组织成为农民捍卫公民正当权益的可靠力量。

四、结论与讨论

综合上述对农村社会组织生命周期的分析以及对政府角色转换机制的探究,本文认为农村社会组织的发展需要通过有效治理构建合法性基础,并依托内生资源和外部力量的综合协助,建立稳定的组织体系。具体而言,一是农村社会组织的发展必须在推进有效治理的过程中,夯实自下而上的民意合法性根基,积极借用地方传统和地方文化中的治理资源,逐步完善规则的自我生成机制,提升组织依靠制度运转的自治能力。二是政府要在农村社会组织生命周期的不同阶段扮演不同的角色,关键是赋予农村社会组织"受保护的协商权",尊重组织的社会自治权,在国家基本法的框架下,引导和规范组织建立并逐步完善起制度化的运作机制。三是农村社会组织的发展既需要农民自发的认同感,也需要国家授权的合

法性，以此为基础建立的运转规范的社会组织，能够在国家与农民之间扮演好中介的角色，高效承接国家的财政转移支农资金，使惠农政策取得预期的实践绩效。

X湾农村社会组织的成功运作，有效回应了当下“（现代公共治理）规则中心主义”导向的行政体制改革的不足。“规则中心主义”改革的基本特征是程序化、理性化和文本化，并以此对社会进行精细化、流程化的管理。自2001年开始，国家大幅度修订了两千余件法律、法规和规章及十万余件地方性法规和规章①。此后，相关文本制度数量增多、程序精细、内容具体，这折射出国家以现代公共治理规则治理乡村的意图。随着改革在基层的推行，村级组织俨然已经成为国家正式体制在乡村社会的延伸机构，村委会工作规范化程度提高，行政化倾向明显，官僚化色彩浓厚。但是从农村社会本身来看，传统小农并没有转换为现代公民，适应现代国家治理需要的社会基础没有形成。由于缺少相应的社会基础，村级组织的自治能力与组织能力极差，基层治理从“国家无法，干部有‘法’”的治理状态转而陷入“国家有法，干部无‘法’”的尴尬局面，村级治理的难度有增无减，政府与村委会的关系处于“体制吸纳组织”的状态，原本“村民委员会是村民自我管理、自我教育、自我服务的基层群众性自治组织”，现在已经被吸纳进国家的正式治理体制，失去了应有的社会自治权。X湾的案例表明，政府是影响基层社会组织健康发展的关键力量，必须在其中发挥积极作用，但同时农村社会组织自治能力的培养，需要政府适度让权，以保证组织能够形成和完善自我规则化机制。因此，政府要转变治理方式，改变“体制吸纳组织”的现状，摸索建立起新的“体制对接组织”的管理模式，以巩固和持续强化政权建设的组织基础和社会基础。具体来讲，政府应从以下三个方面入手。

第一，鼓励农民自发组建社区自治组织，赋予农村社会组织“受保护的协商权”，允许组织制订适应地方实际需要的制度和规则，而政府从旁

① 渠敬东，周飞舟，应星.从总体支配到技术治理——基于中国30年改革经验的社会学分析[J].中国社会科学，2009(6):104-127.

给予必要的引导和监督。

第二，结合乡村组织的发展实际，适时赋予村委会类似于X湾理事会一样的社会自治权利和规则制订权力，以激发村级组织的活力，使之真正成为农村基层群众的自治组织。

第三，国家在加大涉农领域财政转移支付力度的同时，应重视农村社会组织的承接作用，通过社会组织实现惠农政策与农民的公共品需求偏好之间的对接，以提高惠农政策的实施绩效。

下篇　实践研究

论乡村建设的主体、路径与方向

——基于湖北省官桥村老年人协会的分析①

李永萍

摘要 进入21世纪以来，农村市场化和农民城市化改变了乡村社会秩序的基础。传统乡村秩序逐渐解体，乡村的社会活力渐趋衰退。老年人日益成为乡村社会的主体，这一现象定义了乡村建设的需求和空间。农村老年人协会回应了城市化进程中的乡村建设需求，是乡村建设的重要载体。通过考察湖北省官桥村老年人协会的建设实践，笔者发现老年人协会建设的资源输入、村庄本位、组织动员和文化导向等机制激发了村庄社会的内生活力和农民的主体性，承载了乡村建设的意义。老年人协会不仅提高了老年人群体的福利待遇，还辐射至村庄社会，促进了村庄社会整合与公共秩序再生产。因此，农村老年人协会在一定程度上缓解了空心化和老龄化导致的农村社会资本流失和文化生活凋敝，从某种意义上讲，它奠定了乡村振兴的组织基础。因此，需要正视乡村社会转型的实践过程，从农村老龄化和经济空心化的基础出发，坚持底线思维和农民本位，探索符合农民主体需求的乡村建设道路，这是乡村振兴的应有之义。

关键词 乡村建设；文化建设；老年人协会；组织农民；乡村振兴

伴随着中国快速发展的城市化进程，大量农村人口离开乡村社会，进入城市工作和生活，导致乡村社会活力的衰退。如何在城市化过程中维持乡村社会的基本秩序，无疑具有重要的战略价值。城市吸纳了乡村大量的中青年劳动力，因而老年人成为当前乡村社会的主体。如何改善乡

① 本文研究受到中国博士后科学基金第63批面上资助项目“农村老年人危机与乡村振兴的组织机制研究（2018M630845）”和国家社会科学基金青年项目“新乡贤参与农村社区治理的模式和路径研究（18CSH010）”的资助。

村老年人的处境成为中国农村社会转型的热点问题。在这个意义上，乡村建设必然需要面对乡村社会的老年人群体。中共十九大提出的“乡村振兴战略”积极回应了乡村社会的现实困境。在乡村社会具有区域差异和内部分化的现实情境下，如何在乡村建设的过程中回应最大多数农民的现实需求，重建乡村社会秩序，是“乡村振兴战略”的重要内容。当前中国农村日益严峻的老龄化趋势成为乡村建设需要解决的问题，在此背景下，重塑乡村老年人的主体性，探索以老年人为主体的乡村建设模式，有助于拓展乡村建设的路径，并回应当前中国乡村社会转型过程中的秩序命题。

一、问题的提出

（一）新时期乡村建设的两种路径

近年来，学术界和政界都在热议乡村建设，主要有两种思路：一种相对激进，另一种相对保守。两种思路的差异分别体现在乡村建设路径、主体和方向等几个方面。

首先，激进的乡村建设思路强调的是产业路径、精英主体和发展导向的模式，这是当前乡村建设的主流思路。这一思路聚焦于通过经济发展来使乡村繁荣，如通过国家资源的投入和整合实现农业产业升级、发展农业生产①，或者是通过发展乡村旅游实现乡村振兴②，其最终目标是发展导向的，是要建设“强富美”的乡村，让农村既能实现经济发展，又能保持青山绿水。在激进的乡村建设思路之下，乡村精英或乡贤成为承接乡村建设的主体③。乡村精英可能是经济精英、政治精英和社会精英中的一类，也可能是集经济资本、政治资本和社会资本于一身的“总体性精英”④。乡村精英在乡村社会中起到连接国家与普通农民的中介作用，然

① 徐勇．国家整合与社会主义新农村建设[J]．社会主义研究，2006(1)：3-8．

② 詹国辉，张新文．乡村振兴下传统村落的共生性发展研究——基于江苏S县的分析[J]．求实，2017(11)：71-84．

③ 李珂．乡村精英：乡村振兴战略实施中国家与民众的有机勾连[J]．贵州大学学报（社会科学版），2018，36(05)：103-109．

④ 孙立平．总体性资本与转型期精英形成[J]．浙江学刊，2002(3)：100-105．

而，在乡村建设过程中，精英也可能“替代”农民与国家互动，导致普通群众的“失语”，并且，乡村精英还可能会出现“与民争利”的情况[①]。此外，激进的乡村建设思路往往与政府推动相结合，形成了各式各样的“示范点”[②]。然而，这些“示范点”依赖于政府投入大量资源，其效果有限且往往难以推广[③]。

其次，保守的乡村建设思路强调的是文化路径、群众主体和秩序导向的模式。相对于发展导向的乡村建设思路，有学者将其称为“另类的”乡村建设思路[④]。这一思路认为，乡村建设要着眼于乡村的长期发展，不能仅仅局限于经济层面的物质生活条件改善和农村基础设施建设，还要对农村社会制度和文化进行重建，探索解决农村问题的根本办法。温铁军[⑤]注意到，虽然中国的城市化处于史无前例的快速推进过程中，但中国人口基数大，城市容纳能力有限，因此在未来很长一段时间内仍然有大部分农民要依托农村生活。乡村建设的重点应在于通过文化建设的路径维持乡村社会的基本秩序，让农民也能分享现代化带来的成果。吴理财和夏国峰[⑥]认为，当前乡村建设的主旨是重建文明健康的公共文化生活，增强农村社区的内聚力。贺雪峰[⑦]基于乡村建设的底线思维，认为乡村建设应该偏重文化建设，指出某些地区“当前的农民问题，不纯粹是一个经济问题，而更是一个文化问题，不纯粹是生产方式的问题，而更是生活方式的问题”；具体而言，在乡村经济机会有限的情况下，乡村建设的重点在

---

① 任九光.“乡贤”的历史发展与近代突变——兼论新乡贤建设应汲取的历史经验教训[J].教育文化论坛，2016，8(3)：123-130.

② 吴理财，吴孔凡.美丽乡村建设四种模式及比较——基于安吉、永嘉、高淳、江宁四地的调查[J].华中农业大学学报(社会科学版)，2014(1)：15-22.

③ 李元珍.典型治理：国家与社会的分离——基于领导联系点的分析[J].南京农业大学学报(社会科学版)，2015(3)：101-109.

④ 石磊.寻求“另类”发展的范式——韩国新村运动与中国乡村建设[J].社会学研究，2004(4)：39-49.

⑤ 温铁军.中国大陆的乡村建设[J].开放时代，2003(2)：30-39.

⑥ 吴理财，夏国锋.农民的文化生活：兴衰与重建——以安徽省为例[J].中国农村观察，2007(2)：62-69.

⑦ 贺雪峰.乡村的前途[M].济南：山东人民出版社，2007.

于通过基层组织制度建设和文化建设来重建农民的生活方式，建立一套“低消费、高福利”的生活方式，重塑农民生活的价值和意义。在保守的乡村建设思路下，乡村建设的主体是广大人民群众，如何在乡村建设过程中真正发挥农民的积极性，是这一思路关注的核心问题①。

（二）以老年人为主体的乡村建设

回应乡村社会的内在需求是乡村建设的应有之义。当前，中西部农村青壮年大量外出，基本是老年人留守乡村，在此背景下，片面强调乡村建设的产业发展模式，反而可能强化对老年人的社会性排斥。在这个意义上，面向老年人的乡村建设便具有了现实意义。如何将老年人纳入乡村文化建设的模式，激活乡村老年人的主体性，使老年人成为乡村公共文化的担纲者，无疑对乡村建设具有重要的意义。然而，当前农村老年人尚未被视为乡村建设的能动主体。研究者过于关注农村老年人群体的弱势形象，忽视了老年人的主体性和能动性②。事实上，农村老年人不仅是城市化和现代化过程中的“剩余人口”，还是农民家庭城市化的坚强后盾。新时期的乡村建设需要着眼于乡村社会的时代背景、制度结构和社会基础，探索有效撬动乡村社会的支点。基于此，本文将立足于乡村老年人群体，围绕老年人的组织机制，探讨乡村建设的可行路径。在这个意义上，当前乡村建设的重点不是建设“强富美”的乡村，而是基于乡村社会转型的渐进性和长期性，维持乡村社会的基本秩序。实际上，伴随着全国统一劳动力市场和农产品市场的逐渐形成，“乡村振兴”的难点并不在于经济维度和农民的收入问题③，而是消费主义泛滥下农民支出增多、农民合作

---

① 赵旭东．乡村社会发展的动力问题——重新回味费孝通的“双轨制”[J]．探索与争鸣，2008，1(9)：43-46．

② 杨菊华．人口转变与老年贫困问题的理论思考[J]．中国人口科学，2007(5)：88-94．

贺聪志，叶敬忠．农村劳动力外出务工对留守老人生活照料的影响研究[J]．农业经济问题，2010(3)：46-53．

③ 在全国统一的劳动力市场下，农民家庭经济收入实际上主要取决于家庭劳动力进入市场的程度和方式。在全国统一的农产品市场下，特定地区的产业转型和产业发展，往往以市场风险的转嫁作为代价，市场与风险匹配和转嫁的逻辑，设定了农村产业发展的空间。

机制解体带来的农村公共品供给不足、农民精神文化空虚等问题。因此，当前乡村振兴应着眼于重建农民的生活秩序，以更好地发挥农村在现代化进程中稳定器和蓄水池的功能。

本文的经验材料来自笔者在湖北省官桥村老年人协会的田野调研①。官桥村老年人协会是在外部资源注入的条件下成立的由老年人自我管理、自我组织的民间组织。成立十余年来，该村老年人协会维持了良好的运转。如果着眼于中国乡村社会的整体视野，官桥村具有两个鲜明特征：首先，与广大中西部地区类似，湖北省官桥村属于人口流出程度较高、村庄内生资源比较稀薄的村庄；其次，从村庄社会结构上看，官桥村属于中部原子化地区的村庄，宗族传统比较薄弱，缺乏厚重的村庄社会资本。基于以上两点，官桥村老年人协会的建设模式和发展经验具有重要的理论启发意义和实践参考价值。本文试图通过官桥村老年人协会的组织经验来思考当前乡村建设的主体、路径和方向。

二、乡村建设的需求、空间与实践

（一）乡村建设的需求

明确乡村建设的需求是乡村建设的基础。乡村建设的需求是乡村社会本身发展逻辑的表达。当前中国正处于前所未有的大转型时期，在全国统一的劳动力市场已经形成的格局下，大部分农民家庭形成了以代际分工为基础的“半工半耕”②的家计模式。农民家庭中年轻的子代外出务工经商，年老的父代在村务农，并顺便承担起照顾孙代和维持熟人社会中人情往来的任务，这样，一个家庭就有务工和务农两笔收入。在此背景下，如果农民家庭劳动力比较充足，且不遭受天灾人祸或其他变故，一般

① 2017年3月和10月，笔者在湖北省荆门市沙洋县官桥村分别进行了为期10天的驻村调研，主要对该村老年人协会的组织和运转机制进行考察。参与此次调研的还有陈文琼、何倩倩、易卓、黄丽芬、王旭清等学友，本文的问题意识来自集体讨论的启发，特此表示感谢。文责自负。

② 夏柱智.论“半工半耕”的社会学意涵[J].人文杂志，2014(7):112-116.

都可以过上温饱有余的生活，部分有能力的家庭还能实现城镇化的目标。可见，“半耕”并非农民家庭再生产过程中可有可无的点缀，而是大部分农民家庭发展的基础。依托“半耕”的经济基础，大部分中老年农民仍然留守乡村，他们的生活方式定义了乡村建设的需求。

具体而言，当前乡村建设的需求主要有两个方面。首先，农业生产机械化水平的提高极大地解放了劳动力，“三个月种田，三个月过年，六个月休闲”，农民的闲暇时间越来越多，这为劣质文化进入乡村社会提供了空间，比如乡村社会盛行诸如赌博、地下六合彩、地下基督教等活动①。因此，乡村建设的首要问题是通过村庄公共空间和公共文化的重建引导农民积极度过闲暇时光。其次，现代性力量的渗入逐渐撕裂了原有的熟人社会关系，影响了乡村社会的基本秩序。乡村社会陷入伦理性危机，并引发了一系列问题，如人情异化②、离婚普遍化③、村庄公共品供给中的“最后一公里”④难题等。因此，如何维系或重建乡村社会的基本秩序，发挥农村作为中国现代化进程中的稳定器和蓄水池的功能，是乡村建设的战略基点。

（二）乡村建设的空间

乡村建设的空间是指乡村建设的外部框架对乡村建设内容和路径的规定。由于乡村社会早已纳入现代国家政权体系和城市社会的辐射之下，国家和市场分别规定了乡村的制度空间和市场空间，进而决定了乡村建设的路径。乡村人、财、物等资源大量流入城市，导致了农村的“空心化”⑤。乡村建设因而面临两个约束性条件。第一，乡村内部有限且日益

---

① 刘锐，阳云云，王海娟. 苏北农村教会的田野调查[J]. 文化纵横，2014(5):48-53.

② 陈柏峰. 农村仪式性人情的功能异化[J]. 华中科技大学学报(社会科学版)，2011，25(1):106-113.

③ 李永萍，杜鹏. 婚变:农村妇女婚姻主导权与家庭转型——关中J村离婚调查[J]. 中国青年研究，2016(5):86-92.

④ 王海娟. 项目制与农村公共品供给“最后一公里”难题[J]. 华中农业大学学报(社会科学版)，2015(4):62-67.

⑤ 李祖佩. 村庄空心化背景下的农村文化建设:困境与出路——以湖北省空心村为分析对象[J]. 中州学刊，2013(6):72-77.

压缩的经济资源和经济空间，限制了乡村建设的经济发展空间。在农业剩余有限和全国市场统一的背景下，产业结构调整和市场化生产的结果是利益和风险的非均衡配置。这意味着，一个地方产业的崛起，往往是以其他地方的产业失败为代价。第二，老年人正成为乡村社会生活的主体，乡村社会中居于退守态势的老年人群体的特征、需求及其面临的问题，在相当程度上设定了乡村建设的方向。乡村建设不应该过于依赖复杂制度的输入，因其可能进一步窒息乡村社会的活力，成为乡村社会不能承受之重。总之，当前的乡村建设路径既不能单纯强调经济导向，也不能过于强调制度建设，否则，乡村建设可能沦为打造政治景观的工具，从而消解农民的主体性。在这个意义上，乡村建设的目标恰在于如何重构乡村社会的空间，进而为退守乡村的老年人群体提供基本的秩序感和意义感。

（三）乡村建设的实践

作为一种公共文化导向的老年人协会，湖北省官桥村老年人协会不但回应了乡村建设的需求，而且契合了乡村建设的空间。截至 2017 年 10 月，官桥村共有 2880 人，该村 60 岁以上的老年人有 573 人，老龄化比率为 19.8%。其中 60～69 岁的有 318 人，70～79 岁的有 194 人，80～89 岁的有 58 人，90 岁以上的有 3 人。官桥村老年人协会成立于 2004 年，协会具有健全的组织机构，理事会有 7 个成员，分别是会长、会计、出纳、分管文艺的副会长、分管财务和安全的副会长、分管外联的副会长以及负责沙洼村①的联络人。理事会成员分工明确，平常实行值班制，每周一人一天。老年人协会的活动室从早上 8:30 到下午 4:00 开放。此外，为了方便信息沟通，老年人协会还在每个村民小组设置了一名信息员。

从 2004 年成立至今，官桥村老年人协会逐渐形成了自己的特色。协会在为老年人提供基本活动空间和交流平台的同时，还形成了以文艺活动为主的特色活动，调动了老年人的参与积极性，丰富了老年人的精神文

① 2005 年前后，官桥村和沙洼村合并，统称官桥村。之前老年人协会并没有涵盖沙洼村，直到 2013 年，新任村支书（原沙洼村人）上任后，与老年人协会协商，将原沙洼村老年人也纳入老年人协会。

化生活。该村老年人协会的活动主要分为两种类型。一是常规性的活动。除了五月和八月这两个农忙季节之外，老年人协会每天都开门，老年人可以在活动室跳舞、唱歌、打牌、下棋；老年人协会定期走访高龄老人；老年人过生日时，理事会成员会代表老年人协会送牌匾和礼金；老年人去世，老年人协会也要送去花圈、鞭炮和纸钱。二是重大节日，主要是重阳节和春节的庆典活动。此外，2017 年 3 月，官桥村老年人协会还成立了"沙洋县春光老年人资金互助合作社"，以老年人协会为依托，开展村庄内部的资金互助。具体的操作方法是，60 岁以上的老年人可以自愿入社，入社要求是每人投资 500 元，每年年底结算，收益的 60% 用于入社会员分红，40% 用于老年人协会的日常开支。[①] 官桥村老年人协会成立至今已有 15 年左右，通过较少的资源投入，不仅丰富了老年人的精神文化生活，实现了"老有所乐"，还提高了老年人的组织能力，对村庄治理和弘扬传统文化也发挥了重要作用，实现了"老有所为"。

三、老年人协会的组织路径

取消农业税以来，资源下乡成为重建乡村社会公共秩序的重要方式。在一些地区，地方政府往往倾向于通过大量的资源投入和密集的政策干预，打造合乎政治目标的"示范点"。然而，在轰轰烈烈的乡村建设中，无论是基层组织还是普通群众均失去了参与的积极性。乡村建设的效果往往脱离农民的真实需求，农民成为乡村建设的旁观者，乡村建设陷入"官动民不动"的困境。事实上，乡村建设的关键在于如何有效地组织农民。从根本上说，老年人协会是组织老年人的有效形式，并回应了当前乡村社会老龄化和空心化的现实。在这一部分，笔者将从资源输入、村庄本位、组织动员和文化导向等四个维度揭示官桥村老年人协会的组织机制。调研发现，老年人协会高度嵌入乡村社会结构和乡村社会关系之中。以老

① 目前已经有 50 个老年人入社。贷款主要针对本村村民，年利息为 8%，略低于银行利息，一年内归还。想要贷款的村民必须要有 2～3 人做担保，原则上只有入社的老年人才有资格做担保人。

年人协会为载体，有限的经济资源输入产生了丰厚的社会文化效应，孕育了塑造乡村社会秩序的持久力量，展现了“低成本、高福利”的乡村建设路径。

（一）资源输入

老年人协会是扎根于乡村社会的民间组织，其组织运转需要一定的成本，这不仅体现为对相应规章制度的需求，还体现为对村庄公共活动空间的需要。换言之，一定的资源基础是调动老年人积极性的关键。中国农村地域广阔，根据经济发展程度，可以分为东部发达地区农村与中西部欠发达地区农村。占比达95%左右的中西部欠发达地区农村村庄内部的经济空间和经济资源有限，一定的外部资源的输入是中西部农村进行乡村建设的基本前提。

在大部分中西部农村，村庄内生资源较为匮乏，村集体基本没有收入来源，村庄社会内部缺乏推动老年人协会建设的动力，因而老年人协会建设需要一定的外部资源或外部力量撬动。“由外部资源促进内部发展”[①]是中西部资源匮乏地区老年人协会发展的必由之路。实际上，每年5000～10000元的投入足以维持一个老年人协会的正常运转。官桥村老年人协会的资金来源主要是贺雪峰教授的个人捐助，最开始的资助标准是每年给老年人协会5000元运转经费。从2015年开始，由于村庄中的老年人越来越多，老年人协会的经费有所增加，现在是每年给老年人协会1.1万元的经费。近年来，老年人协会也试图从地方政府那里争取部分资金，但后者的资助相对较少，且不固定。

官桥村老年人协会的成功在于以农民的组织化形态承接外部注入的资源，从而激活了村庄的内生力量。实际上，当前国家对乡村输入的资源越来越多，但这些资源要么是通过“一卡通”的方式直接对接个体农户，如农业综合补贴；要么是通过“项目下乡”的方式直接给农村兴建基础设施。

① 杜鹏.动员型组织的日常化：农村老年人协会的运作逻辑与演变路径——基于湖北W村老年人协会的个案研究[J].南京农业大学学报(社会科学版)，2016，16(4)：30-43.

这些方式均缺乏农民的参与，没有调动农民的积极性和主动性，农民只是被动的接受者。其结果是，无论国家投入多少资源，都难以激发村庄社会的内生活力，资源输入未能转化为农民的组织能力。以老年人协会的形式承接国家资源输入，有助于改变当前资源分配的福利困局和"民生陷阱"[①]，从而拓展了资源的社会效能，强化了资源分配的公共效应。

（二）村庄本位

老年人协会立足于村庄社会，且具有面向村庄社会的公共性。因此，老年人协会不但包含了对老年人群体的动员，而且包含了对村庄社会其他群体的动员。老年人是村庄社会中的具体成员，老年人依托家庭关系的纽带而与其他年龄群体发生关联，并且在村的中年人也是未来的老年人。从一个流动的时间视角来看，"老化"的预期意味着每个人都是老年人协会的潜在成员，因而老年人协会的组织边界具有一定的动态性。只有面向村庄整体，老年人协会的发展才能获得最为广泛的群众基础和社会基础。当然，村庄本位并非一个抽象的概念，老年人协会面对的是不同类型的具体农民。在当前农民流动的大背景下，根据农民与村庄经济社会关联的属性和强度，可将农民划分为"中坚农民""负担不重的人"[②]和普通农民。其中，"中坚农民"是村庄内生精英的主要来源，"负担不重的人"则是乡村建设的积极分子。

"中坚农民"是农村的中坚阶层。在农村内部，总有一些中青年人由于各种原因不能外出务工，如上有老、下有小，这部分人只能在农村内部寻找就业机会。他们一般是通过流转外出务工农民的土地形成适度规模经营，或者是通过开店等方式获得副业收入，这样他们也能在农村获得不低于进城务工者的收入。"中坚农民"的经济收入和主要社会关系都在农村，因此他们对于村庄公共事务有热情，往往成为中西部农村村干部群体的主要来源。"中坚农民"与村庄的紧密关联必然引发他们对于村庄生活

① 唐任伍. 谨防陷入"民生陷阱"[J]. 人民论坛，2012(9)：4-5.

② 贺雪峰. 治村[M]. 北京：北京大学出版社，2017.

的长久预期，因此，村庄秩序于他们而言，不仅具有短期的工具性意义，还具有安身立命的本体性意义。在这个意义上，“中坚农民”虽然并不一定是老年人群体，却基于村庄社会的“历史感与当地感”①与老年人分享共同的利益和诉求。

“负担不重的人”主要是指农村中的低龄老年人群体，这些人通常已经完成自己的人生任务、家庭负担不重、有一定能力，并且在村庄熟人社会中往往具有较高的威信。他们的年龄一般为五六十岁，对村庄公共事务充满热情，是村庄内部重要的社会力量，乡村建设要充分调动这批人的积极性，让他们在乡村建设中发挥组织者的角色。湖北省官桥村老年人协会在组建过程中，首先就是充分动员村庄中“负担不重的人”参与，让他们作为老年人协会的骨干力量。老年人协会的骨干力量主要是理事会的七个成员，他们的共同特点是：其一，在家庭层面，已经完成人生任务，家庭经济状况较好，家庭负担不重；其二，在个人特质上，在村庄中有一定的威信，并且有一定的组织能力，大部分是以前的老干部、老教师或文艺爱好者。官桥村老年人协会对进入理事会的成员有一定的要求，“凡是以前在学校教过书、当过兵、当过村干部或者小队干部，或者是在群众中有一定威信的人才能进入理事会”。因此，通过外部资源的输入，官桥村老年人协会调动了村庄中“负担不重的人”的积极性，给予他们一个“公”的身份，让他们有热情参与到老年人协会的建设中来。并且，老年人协会也给他们提供了一个自我实现的机会，在为老年人服务的过程中，他们重新发现了生命的意义和价值，生发出自豪感和成就感。②

总而言之，在“中坚农民”的支持和“负担不重的人”的积极参与下，老年人协会深度嵌入村庄社会，与村庄社会以及村庄各类群体之间具有很

① 杨华.隐藏的世界[M].北京：中国政法大学出版社，2012.

② 此外，湖北省秭归县的“幸福村落建设”之所以取得很好的成效，其核心也在于通过“两长八员”的制度设置，将村庄内部“负担不重的人”充分调动起来，给予他们理事长、党小组长、调解员、监督员、宣传员、管护员、帮扶员、环卫员、张罗员、经济员等职务，从而使他们成为村庄治理中重要的社会力量。详情参考：李永萍.基层小微治理的运行基础与实践机制——以湖北省秭归县“幸福村落建设”为例[J].南京农业大学学报(社会科学版)，2016，16(5)：46-54.

强的社会关联和利益关联，呈现出浓厚的村庄本位色彩。可见，老年人协会运作的关键是善于挖掘乡村社会中“人”的资源，充分调动“中坚农民”和“负担不重的人”的积极性，并通过他们的力量将一般农民组织起来。通过这种方式，老年人协会获得了较强的主体性，可以有效回应村民细微、多样的需求。在此意义上，老年人协会组织并非地方政府的“花瓶”，而是切切实实地服务于农民群众和村庄社会的整体利益。

（三）组织动员

老年人协会的目标是通过将老年人组织起来的方式激活村庄社会。在乡村社会的非正规制度环境中，组织老年人的过程蕴含了动员老年人的过程。这既是老年人协会适应乡村社会的过程，又是老年人协会重塑乡村制度系统的过程。组织和动员老年人的过程使老年人协会得以深度嵌入村庄社会。具体而言，老年人协会的组织动员包含两个层面，分别是分类动员和权责平衡。

第一，分类动员机制。建设老年人协会既需要核心组织者，又需要积极参与者，同时还需要一般参与者来捧场。不同类别的人对老年人协会的态度和积极性有所不同，因此要采取分类动员机制，以尽可能多地将村庄中的老年人吸纳进老年人协会。官桥村老年人协会对老年人的具体动员过程如下：首先，充分动员村庄中“负担不重的人”作为老年人协会的组织者和骨干力量；其次，动员老年人中的各类积极分子参与老年人协会的活动，尤其是动员那些具有一定文艺才能的文艺爱好者，这不仅为他们的才能提供表现平台，还有利于充分发挥他们的带动作用和示范效应；最后，老年人协会通过开展各项活动，如庆祝重阳节、春节等活动，实现了对村庄老年人的整体动员。

第二，权利与义务对等机制。“权利与义务对等”是指老年人协会不是简单地给老年人发福利，而是要让老年人在接受服务和福利的同时承担相应的责任和义务，以此来形成对老年人的真正动员。官桥村老年人协会每年在举办重阳节活动时，都会给每个老年人发一些小礼物，如毛巾、肥皂、袜子等。老年人协会规定除了 80 岁以上的老年人和其他有特殊困难的老年人以外，其余老年人都要亲自到现场才能领取礼品，不能代领。之所以如此规定，一方面是为了让更多老年人能够到现场感受节日的氛围；另一方面老年人到现场也是对老年人协会的“抬庄”，即支持老年人协会的一种方式。在此过程中，老年人意识到自己的权利并非理所当然，而是需要一定的付出，需要承担基本的责任和义务。并且，老年人只有真正参与到老年人协会的活动中，才能形成对老年人协会的认同。

通过分类动员机制和权利义务对等机制，官桥村老年人协会将老年人有效地组织起来，不但丰富了老年人的精神文化生活，而且为村庄社会注入了正能量，实现了从“老有所乐”到“老有所为”的转变。在此意义上，乡村建设的重点是通过一定的资源输入调动乡村内部既有的社会资本，通过内外结合的方式激活农村社会的活力，提高农民的组织化程度。乡村建设不是简单地向农民分配资源和发福利，而是要通过资源的注入形成农民的组织能力，产生化学反应，在村庄社会内部实现意义和价值的生产。因此，乡村建设本质上是实践论的，要以具体的事件和活动为载体，让农民真正参与其中体验和感悟，从而塑造农民的组织认同，强化农民在乡村建设中的主体性。

（四）文化导向

乡村建设的关键不在于向农村不断输入资源，而在于如何通过资源的输入激发农民的主体性和村庄的内生活力。要保持乡村社会在现代化转型过程中的稳定有序，关键在于将农民组织起来，而文化建设是组织农民的最好手段[①]。因此，乡村建设重在文化建设，乡村文化是乡村秩序的潜在基石[②]，乡土文化重建是乡土重建和新农村建设的关键[③]。温铁军等人[④]指出，在乡村建设中，从文化领域开展合作进入的成本最低。作为当

① 谭同学.村庄秩序、文化重建与现代化类型[J].东岳论丛，2006，27(2)：62-65.

② 赵旭东，孙笑非.中国乡村文化的再生产——基于一种文化转型观念的再思考[J].南京农业大学学报(社会科学版)，2017(01)：125-133+154.

③ 陆益龙.乡土重建：可能抑或怀旧情结[J].学海，2016(3)：38-45.

④ 温铁军，杨帅.中国农村社会结构变化背景下的乡村治理与农村发展[J].理论探讨，2012(6)：76-80.

前留守农村的主体，老年人虽然不具有经济上的生产性，却具有很高的文化上的生产性。笔者以为，当前乡村文化建设包括两个层次的内容：其一，通过开展具体的文化活动以及村庄公共空间的重建，满足农民日益增长的精神文化需求；其二，当前农村中存在一些文化乱象，如人情的异化、赌博横行、地下宗教蔓延、婚外情、天价彩礼、不赡养老人等问题，因此要以文化建设为载体，引导和教育农民，维持村庄社会以及家庭内部的基本秩序。

官桥村老年人协会的文化建设也包括两个层次。首先，该村老年人协会的特色是将老年人组织起来搞文艺活动。农村中很多老年人具有一定的文艺才能，并且也有表演的欲望，只是没有表现的机会和空间。老年人协会为老年人提供了一个闲暇的相互交流公共空间，他们在老年人协会活动室可以唱歌、跳舞、说快板、打腰鼓、唱戏等，没有文艺才能的老年人可以坐在旁边观看，在说说笑笑中一天的时间很快就过去了。官桥村老年人协会活动室平均每天有三四十人来玩，农闲季节甚至每天有六七十人。很多老年人都感慨，到老年人协会玩时"觉得时间过得特别快"，而一个人在家时则是"数着时间过日子、很苦闷"。每年庆祝重阳节的活动，都是老年人"自编、自导、自演"，节目丰富多彩，可以连续演两三个小时。老年人协会极大地丰富了老年人的精神文化需求，并赋予他们的生活以价值感和意义感。其次，老年人协会还通过评选好媳妇、好婆婆，以及介入农民家庭纠纷调解等方式，对村民进行教育和引导，在村庄中发挥着净化社会风气和弘扬传统文化的作用：一方面，老年人协会可以直接介入村民家庭矛盾的调解，特别是当子代对老年人不孝顺时，老年人协会更会积极介入；另一方面，通过表彰好媳妇、好婆婆，在村庄中起到引导作用，对于弘扬尊老、敬老的文化传统具有重要意义。

四、老年人协会的乡村建设意义

何慧丽[①]认为，老年人是当前乡村建设的重要力量，并且很容易组织

① 何慧丽.新乡村建设试验在兰考[J].开放时代，2005(6)：19-33.

起来。老年人协会为乡村建设提供了有效抓手，依托老年人协会，乡村建设的目标与手段之间逐渐形成切实而具体的关联。事实上，官桥村老年人协会成立伊始便具有乡村建设试验的属性，承载了乡村建设的意义。官桥村老年人协会的组织机制展现了老年人协会与村庄社会之间的紧密互动。老年人协会不是漂浮在村庄社会之上、与村庄社会绝缘的封闭性组织，相反，通过直面老年人的公共文化诉求，老年人协会不但回应了老年人的现实需要，而且重构了乡村社会的基本秩序，释放了乡村社会的活力。老年人协会遂成为村庄社会不可或缺的一部分，它不仅增进了村庄老年人群体的福利，还将正能量辐射至村庄社会的其余群体。具体来看，老年人协会的乡村建设意义体现在以下三个层面。

首先，通过为老年人"赋能"，老年人协会实现了从"老有所乐"到"老有所为"的跨越。"老有所乐"是对老年人协会的底线要求，而"老有所为"则是老年人协会的高线目标。官桥村老年人协会的"老有所为"主要体现在四个方面：其一，以文艺活动为核心，老年人协会引导老年人自我组织，使老年人重新发现自己的个性和能力，体验生命的美好；其二，老年人协会介入农民家庭矛盾的处理，使老年人重新获得了村庄社会的认可；其三，通过评选好媳妇等活动，老年人协会在村庄中树立了正气，弘扬了尊老、敬老的文化传统；其四，通过开展老年人资金互助合作社，并让老年人自我管理和自我监督，充分发挥了老年人的主体性和能动性。因此，相比于外部直接注入的物质资源，老年人协会通过调动老年人的积极性和主动性而形成的内生活力更为重要，这是老年人协会得以持续发展的关键。

其次，通过赋予老年人以主体性，老年人协会逐渐趋于自组织状态。拥有自组织能力的老年人协会越来越主动地思考和探索如何能让老年人的生活过得更加充实和美好。官桥村老年人协会目前正在筹划新的服务项目，即以老年人协会为载体，为村庄中的高龄老年人提供基本生活服务。目前，其基本构想是，由老年人协会的会员组成服务小组，每月为该村 80 岁以上的高龄老年人提供上门服务，为其理发、打扫卫生、洗衣服、晒被子等。此外，当地政府在官桥村老年人协会活动室后院建了一个"居家养老服务中心”,有四间房,并且还配有厨房等基础设施。当地年轻的子代家庭基本都在外务工,没有充足的时间照料留守家中的老年人。为此,老年人协会也在筹划将村庄内部的特困老年人和长期卧床不起的老年人接到居家养老服务中心照料,按照老年人协会理事会成员的设想,可以请村庄内部的低龄老年人作为护理员,每月支付两三千元工资即可。但老年人协会没有这笔经费来源,若政府能够为此投入一定的资源,加之受照顾老年人的子女再承担一部分经费,就能以老年人协会为载体,低成本地实现村庄内部的互助养老,从而解决谁来养老的难题,同时减轻子代家庭的负担。

再次,老年人协会的正能量辐射到村庄内部的其他群体,在村庄内部形成积极的氛围,使中青年人对未来的老年生活也有了预期。随着老年人协会在村庄社会的影响越来越大,中青年人也被老年人协会吸引,在老年人协会举办庆祝活动时,在村的中青年人都会前来捧场。并且,一些外出务工的中青年人也认为老年人协会搞得很不错,他们在打工回来之后自发向老年人协会捐款,表示一点心意。比如,2017年年底,官桥村外出务工的中青年人就向该村老年人协会捐款3000多元,并且还和老年人一起举办了春节联欢活动,在村庄内部形成积极向上和团结互助的氛围。因此,老年人协会给老年人带来的精神福利使中青年人看到了未来的希望,并使得中青年人对晚年生活和村庄的未来具有预期,从而降低了生活的贴现率,提高了相互合作的可能性,使乡村社会基本秩序的维系成为可能。

总之,真正立足于村庄社会的乡村建设,其机制应能够深入乡村社会的内在肌理。在当前中西部农村地区,老年人协会回应了空心化和老龄化带来的村庄社会资本流失和文化生活凋敝的现实,在一定程度上填补了村庄的社会文化真空。同时,老年人协会也得以扎根于乡村社会,成为乡村建设的重要载体。乡村建设得以避免乡村运动此起彼伏的运动式治理状态,获得稳定有效的根基。老年人协会通过将老年人组织起来的方式,激活了农村老年人的潜能,强化了老年人与村庄社会的关联,从而激发了村庄社会的内生活力。老年人协会虽然以老年人为主体，但却超越了老年人群体，成为撬动村庄社会秩序的重要支点，形成老年人协会与村庄社会之间的正反馈关系：一方面，老年人协会的福利供给外溢至村庄社会；另一方面，村庄社会沉淀了老年人协会外溢的福利，并反馈为老年人协会成长的良性社会生态。

可见，老年人协会既是手段，也是目的。老年人协会与乡村社会之间的正反馈关系源于老年人协会的公共文化生产功能。相对于经济组织的工具理性对村庄共同体的切割，文化组织与村庄共同体之间具有天然的亲和性。随着农民分化加剧和基层组织逐渐官僚化，基层村级组织呈现出脱离群众的趋势。事实上，当前乡村振兴面临的基本难题是如何重振基层组织。相对于正式的基层组织而言，老年人协会这一民间组织的非正式性和非正规性，恰恰在一定程度上维持了较强的群众性和社会性。在此意义上，老年人协会成为政府与农民之间的中介和缓冲，赋予乡村建设以渐进性。因此，要处理好老年人协会与基层正式组织（尤其是村两委）之间的关系。一方面，老年人协会不排斥政府的引导和调控，并且，政府一定的资源投入恰恰是中西部农村老年人协会发展的重要条件。此外，基层组织还要为老年人协会提供基本的安全保障，比如在老年人协会开展大型庆祝活动时，村两委相关干部要到现场协助维持基本秩序，防止出现安全事故。另一方面，基层组织不宜过多介入老年人协会的具体管理过程。老年人协会作为一个非正式的民间组织，应该由老年人自我管理、自我监督，政府过多介入，不仅可能会影响老年人协会的正常运转，还可能影响其成员的积极性。

五、乡村建设的定位与方向

进入 21 世纪以来，伴随着农村市场化和农民城市化，中国乡村社会正处于持续的转型过程之中。市场化力量冲击了传统的乡村社会秩序，并改变了乡村社会秩序的基础。在此情况下，城市成为中国经济的发展极，农村成为中国社会的稳定器。乡村建设在总体上需要顺应这一不可逆转的趋势，警惕“逆市场化”的思维。但是，这并不意味着放任市场机制对乡村社会产生影响。如何让市场力量在乡村社会“软着陆”，既充分发挥市场的积极作用，又尽可能缓和市场力量对乡村社会秩序的冲击，维持乡村社会转型的基本秩序，是新时期乡村建设的使命，也是乡村振兴的基本立场。以老年人协会为载体的乡村建设展现了一种有效、可行且可推广的模式，对于当前的乡村振兴具有重要的启示意义。基于此，可从以下三个层次明确当前乡村建设的定位和方向。

首先，乡村建设应该坚持底线思维。当前中国的城市化还处于快速推进时期，尚未进入到“逆城市化”阶段。因此，乡村建设的基本思路应该是保守的，即为仍然生活在农村的农民以及进城失败的农民提供基本的生产生活服务。当前中国的经济发展极在城市，农村不具有生产性的优势，因而乡村建设主要不是为了让农民从农业中或在农村中致富，更不是为了满足城市中产阶级的“乡愁”。当前的乡村建设要以文化建设为载体和核心，通过文化建设来组织农民，提高农民的组织能力，维系乡村社会的基本秩序。建设老年人协会是文化建设的重要方式，并且也是低成本的，老年人协会不但能为老年人群体带来精神福利，而且其溢出的正能量还对村庄社会秩序以及村庄治理具有重要作用。

其次，乡村建设应该坚持农民本位，坚持大众化、群众性的乡村建设路线。一方面要充分动员和组织农民参与，另一方面乡村建设的内容要与农民的需求和能力相匹配。乡村建设的主体是农民，要对农民进行具体的分类。从乡村建设的角度，可以将农民分为精英农民和普通农民。“中坚农民”“负担不重的人”以及其余乡贤都属于精英农民，这些精英农民深度嵌入村庄社会，与村庄社会有很强的利益关联，要充分利用他们的组织能力，将他们动员起来作为乡村建设的组织者。而对于普通农民，则是要让其充分参与到乡村建设的过程中，在参与中形成主体性和认同感。此外，乡村建设在内容上也要与农民的需求和能力相匹配，这样才能激发农民参与的热情和积极性。只有将农民充分动员和组织起来，乡村建设才具有持续的发展动力和发展能力。

最后，乡村建设的最终目标是赋予乡村社会生活以意义感和秩序感，进而促进乡村社会整合。城市化和现代化的力量一方面给农村和农民带来很多机会，农民家庭经济收入显著提高；另一方面则是熟人社会逐渐向“半熟人社会”转变，乡村社会中人与人之间的关系和交往方式也在发生变化，农民个体化和原子化的程度越来越高，农民之间合作的难度和成本都在提升。考虑到中国城市化过程的长期性和渐进性，乡村建设不仅需要从制度和结构的层次规划乡村生态秩序，还需要从意义和价值的层面塑造农民的心态秩序[①]，从而真正触及大转型时代的农民生活。正如官桥村老年人协会的建设模式所示，建立以农民为主体的心态秩序，是村庄社会整合的坚韧基础。

① 费孝通. 试谈扩展社会学的传统界限[J]. 思想战线，2004，30(5)：1-9.

通过组织的文化治理：何以可能，何以可为

——以农村老年人协会为考察对象[①]

赵晓峰　付少平[②]

摘要　本文引入文化治理的概念，以老年人协会为考察对象，探讨了社会组织在农村社区文化重建和村落社区治理中的机制与功能。研究发现，老年人协会在实践中孕育了契约主义文化，为村庄权威治理功能的发挥提供了社区文化网络的支撑，并提高了农民在社区文化治理中的参与度，增强了他们的社区认同感。老年人协会滋养了社区的公共性，恢复了村庄的价值生产能力，缓解了农民的焦虑感，使他们得以找到生命的归属感和行为表达的制度化依据，有利于维护社会转型期农村社区的秩序稳定。

关键词　农村社区文化；文化治理；老年人协会

一、"文化治理"概念的提出

改革开放以来，农村社区文化的内涵发生了质性变迁，公共文化活动与私性文化活动呈现出此消彼长的关系，农民的文化生活越来越趋于家庭化、私人化，私密程度不断提高。这在一定程度上丰富了农民日常的文化生活，但是在一些地区，公共文化的严重萎缩也给社会转型期的社区治

---

① 本文是国家社会科学基金重大招标项目"加快公共文化服务体系建设研究(10ZD&018)"和2008年度教育部人文社会科学重点研究基地重大项目"现阶段农村文化变迁与和谐文化建设(08JJD810159)"及2010年度国家社会科学基金项目"社会主义新农村文化建设调查研究(10CKS009)"的阶段性成果。本文曾刊于《华中农业大学学报(社会科学版)》2013年第5期。

② 赵晓峰，西北农林科技大学人文社会发展学院教授；付少平，西北农林科技大学陕西省乡村治理与社会建设协同创新研究中心主任、教授。

理带来了不可忽视的溢出效应，突出的问题表现在两个方面：一是村庄的公共性和伦理性不断衰竭，人们开始肆无忌惮地做任何事情，农村社区治理中的“丛林原则”越来越明显[①]，边缘群体正在迅速崛起，内生秩序的生成维系能力严重弱化；二是农民精神文化生活匮乏，信仰缺失带来的空白正在迅速被基督教等宗教信仰形式填补[②]，致使农村宗教的组织和动员能力在部分地区已经逐步超过村委会，削弱了正式体制的治理能力[③]。

农村公共文化缺位引发治理难题的现象引起了学界的关注。吴理财在研究公共文化服务的运作逻辑时率先提出了“文化治理”的概念，他认为文化治理是一种现代的治理形式，它体现了政府文化职能从传统管理型向现代治理型的根本转变。文化治理，即要“通过公共文化服务，达到‘文化引导社会、教育人民、推动发展的功能’”。[④] 从当前学界的基本主张来看，健全农村公共文化服务的主流思路是一靠政府，二靠市场。然而，出于政绩的考虑，政府提供公共文化服务的方式以“送”为主，提供的形式以图书和影像资料、体育器材以及修建文化广场等硬件设施为主；而出于效益的考虑，市场提供文化的方式同样以“送”为主，提供的形式以具有较高的观赏性为基本主旨。两种供给模式秉持的都是“城市中心主义”的文化发展思路，将城市文化视为先进文化，农村文化视为落后文化，城市文化取代农村文化是现代性进入乡村社会的必然后果。问题是，农村社区文化的本质是一种处境化经验，是农民日常文化生活的一种总结和提炼[⑤]，离开农民的切身参与，城市中心主义的文化即便送到了农村，也难以在农民心中扎根开花，并不能从根本上扭转农村公共文化式微的形势，自然也难以对乡村治理实践产生积极的影响。

---

① 吴理财．乡村文化的“丛林原则”[J]．人民论坛，2011(3)：68-69．

② 阮荣平，郑风田，刘力．公共文化供给的宗教信仰挤出效应检验——基于河南农村调查数据[J]．中国农村观察，2010(6)：72-85．

③ 吴理财，张良．农民的精神信仰：缺失抑或转化？——对农村基督教文化盛行的反思[J]．人文杂志，2010(2)：175-180．

④ 吴理财．公共文化服务的运作逻辑及后果[J]．江淮论坛，2011(4)：143-149．

⑤ 吴理财．处境化经验：什么是农村社区文化以及如何理解[J]．人文杂志，2010(2)：143-147．

基于此，笔者认为文化治理的关键是要将公共文化建设落实到基层社区，重建农村社区文化，使之成为一种充满柔性和韧性的治理力量。进而，本文试图将“文化治理”的概念操作化，将之分解为四个方面的内容：一是个体农民能够参与其中，切身感受到社区文化的魅力；二是社区文化倡导的核心价值观能够被普通农民接受，并得到农民发自内心的认同；三是社区文化规范要有公共性，能够对社区边缘者产生一定的心理威慑压力；四是社区文化要有利于再造权威，并为权威发挥治理功能营造良好的社会舆论环境。结合最近几年在全国10多个省市农村调查的经验，笔者认为文化治理的一个有效、可行的形式是在农村基层社区组建老年人协会，通过组织来重构社区文化的构成要素，重建农民对社区的认同感，使新的社区文化能够成为维系村庄社会秩序的稳定性力量。接下来，本文将总结河南省兰考县、陕西省杨凌农业高新技术产业示范区（下文简称杨凌区）、湖北省洪湖市和荆门市等地多个农村老年人协会发展的基本经验，剖析以老年人协会为组织中介的社区文化治理的内在机制，以便深化对创新农村公共文化服务体系等相关问题的实践认知。

二、农村老年人协会发展的基本经验

2003年，中国农业大学的博士何慧丽到河南省兰考县挂职副县长，开始在当地的多个村庄扶持农民组建老年人协会。2004年，华中科技大学中国乡村治理研究中心的研究人员也开始在湖北省洪湖市和荆门市的四个村庄发动农民组建了老年人协会。2006年，陕西省杨凌区的崔东沟村也在新任村支书的带领下组织村中的老年人成立了自己的组织。综合以上三省四地多村老年人协会发育、发展的情况来看，运转比较成功，能够对村庄治理形成积极影响的协会一般都开展有以下几个方面的活动。

一是有公共活动的空间，部分协会的活动室一年到头不间断地向村民开放，老年人可以在里面打牌、下棋、看电视，也可以尽情畅谈，有一个可以相互关心、彼此倾诉的机会和场所；二是在春节、重阳节等重要节假日，协会都会举办慰问老年人的活动，给老年人发放过节礼物，使他们能够感受到组织的温暖；三是老年人协会在每年年底的时候，大多会举办评选“五好婆婆”“十佳儿媳”等舆论引导性活动，弘扬传统文化的价值观；四是协会的主要负责人会积极主动地介入家庭、邻里纠纷，营造和谐的社会氛围；五是协会还会组织老年人做一些力所能及的公益性事业，如清扫村庄垃圾等；六是组织农民开展一些文艺性活动，有的还会依托老年人协会组建农民腰鼓队、自乐班等文艺团体，丰富农民的闲暇生活。

部分老年人协会还有可能会开展其他方面的一些活动，如关注并参与村里的红白喜事，参加逝世会员的送别葬礼，不定期为贫困老人“送温暖”，发放少量的慰问金，开发一些能盈利的福利性事业，修订完善村志等。

三、嵌入式吸纳与连带性扩散：农村社区文化重建的可能路径

进入21世纪以来，随着现代性因素渗透能力的逐步强化，村庄社区解体的速度不断加快，乡土社会正在发生质性重构，农民的价值观念、行为逻辑和联结模式都在发生质变，理性化和原子化程度都在加剧。① 老年人协会的成立，搭起了村落社区和个体农民的连接桥梁，扭转了农村社区认同消解的趋势，使社区文化重建成为一种现实的可能。

（一）通过组织再造权威

杜赞奇在研究1900—1942年的华北农村时指出，在传统村落里，出任乡村领袖的精英的主要动机是“出于提高社会地位、威望、荣耀并向大众负责的考虑，而并不是为了追求物质利益”。② 然而，在以消费主义为导向的市场经济的冲击下，居住在村庄里的农民已经接受了晚期资本主义的道德观，片面夸大个人的权利，将个体欲望合理化、扩大化，却严重忽视个体应该履行的公民义务，导致公民权利工具化运用的现象日益增多。农民行为逻辑的变化，必然影响到乡村权威的生成维系机制。在乡土社

① 董磊明，陈柏峰，聂良波．结构混乱与迎法下乡——河南宋村法律实践的解读［J］．中国社会科学，2008(5)：87-100．

② 杜赞奇．文化、权力与国家：1900—1942年的华北农村［M］．王福明，译．南京：江苏人民出版社，2006，4．

会，乡村权威介入村民纠纷主持调解时，当事人双方往往都会尊重调解人的意见，即便是有所争论，也要言之有据。如果纠纷中的一方无理也敢辩三分，唾沫星子也会淹死他。但是，随着人际关系疏离化、原子化程度的加深，乡村权威发挥作用的"文化网络"已经不复存在。以前，乡村权威可以言之凿凿地讲社区"公理"，并能得到普通村民的舆论支持，如今，他们再介入村民的纠纷时，很快就会发现自己已经孤立无援。普通村民乐于"坐山观虎斗"，谁也不愿意去得罪人。如此一来，乡村权威与纠纷当事人之间就成了"针尖对麦芒"的关系，乡村权威即便愿意继续讲社区"公理"，纠纷当事人也未必买账，甚至还会从言辞上羞辱、辱骂主持调解的权威人士。既然参与调解无益于提高社会地位，增添威望与荣耀，乡村权威人士自然而然也就心生寒意，内生权威的式微也就成为当下中国农村普遍的社会事实。

老年人协会的成立再造了乡村权威，为发挥村庄权威的治理功能提供了组织网络的支撑。离退休干部、民办教师、老党员、老模范等农民精英都是村庄社区公共权威储备队的重要成员，老年人协会的成立使他们真正有机会从"储备队"成为"正规军"。离开组织网络的支撑，即便他们热心村庄的公益事业，"名不正则言不顺"，"不在其位不谋其政"，在面对阻力、应对边缘人的挑战时，单纯以个人之名难免会遭遇挫折，碰得鼻青脸肿，铩羽而归。老年人协会的成立，重组了村庄权力的文化网络，使村庄权威获得了介入社区公务的合法身份。依托老年人协会，他们就可以从组织网络中获得无形力量的支持，"以组织之名"处理个别农民破坏社区规范的越轨行为，进而获得"面子货币"，巩固并提升自身的社会地位。所以，协会的存在，扭转了内生权威不断衰微的趋势，使村庄权威能够成为社区治理中一支发挥积极作用的稳定性力量。

（二）通过组织形成契约主义文化

村庄社会治理的基础是村庄具有社区普遍性的规则。当前的中国农村，阶层分化现象越来越明显，利益诉求多元化趋势也日益加剧，原有的地方性规范已经不能适应新的社会形势的发展需要，治理功能日渐萎缩。

而现代公共治理规则也仍然难以在村落社区树立起主体性的治理地位，单向度的国家基础权力建设快速推进的结果是“旧的已死，新的难立”，村庄处于被围困却无治的尴尬局面。[①] 因此，社区善治的关键是要形成新的文化共识，并据此制订出新的规则体系。

布坎南等认为社会治理规则的形成主要有两种方式：一是在“真”和“善”等具有真理判断性的价值取向的引导下，人们逐渐认识到的有益的规则；二是通过人们的讨论、分析、游说和相互协商等参与过程，严格地逐字逐句制订或创制出来的规则。[②] 后一种是在人们自由选择的基础上达成的一致性规则，是建立在众人授权基础上的契约主义文化规范，是现代社会治理规则形成的基本方式。老年人协会成立以后，理事会就可以通过向协会成员征求意见，加强彼此之间协商、凝练文化共识等民主环节，制订出相应的规章制度，并以明文条款的形式形成现代契约。契约主义规则虽然会对个体的行动自由形成限制，约束个体日常的行为逻辑，但是这种限制来自协会成员的一致性授权，并能使所有成员都享有遵守规则的收益。因此，依托理事会里的村庄权威，组织得以制订出具有超越个体成员并对其产生实质性约束力的治理规则，从而使组织与个体的联结关系得以建立，使老年人协会能够在村落社区“多中心治理”的格局中扮演重要的角色。

（三）通过组织重构社区文化的认同机制

农村老年人是嵌入村落社区的社会关系网络之中，并在村庄社会结构中占有重要位置的一个群体。协会的良性运转，使老年人的权威重新发挥出不容忽视的治理功能，巩固和提升了老年人的社会地位，使老年人享有对其他个人或群体的支配性权力。以农村老年人为中介，协会将与其个体发生关联的其他村民吸纳进组织网络之中，扩大了组织的影响力，

① 赵晓峰.“被束缚的村庄”：单向度的国家基础权力发展困境[J].学习与实践，2011(11)：71-80.

② 詹姆斯·M.布坎南，罗杰·D.康格尔顿.原则政治，而非利益政治：通向非歧视性民主[M].张定淮，河志平，译.北京：社会科学文献出版社，2008.

使组织得以超越其成员在村落社区内发挥更广泛的整合能力。这样一种"嵌入式吸纳"功能,是农村老年人协会得以在村落社区具备文化治理功能的重要前提。

农村老年人协会的第二个重要功能是"连带性扩散"功能。通过组织再生出的契约主义文化规范,合法性来自协会成员的一致授权,从制度效力的层面来讲,其在村落社区里并不具有超越协会成员界限的制约能力。但是,通过嵌入式吸纳功能的发挥,协会将尽可能多的社区成员吸纳进组织的影响力范围内。进而,依托每一个积极主动的协会成员,组织将基于契约的文化规范和治理规则传递给更多的个体农民,使组织所倡导的文化理念具有越来越普遍的民意基础,最终得以超越组织成为社区里的主流文化精神。

因此,通过老年人协会的治理实践,农民参与社区文化重建的程度提高了,农民对村落社区的认同感增强了,一种有效的社区认同机制得以构建,组织成为沟通村落社区与个体农民的桥梁,有利于强化农民在日常生活中遵守社区文化基本规范和履行村民基本义务的自觉、主动意识。

四、公共性再造与政治性重塑:组织为依托的文化治理的可为路径

老年人协会在农村社区文化的恢复与重构进程中,通过嵌入式吸纳与连带性扩散功能的发挥,重建了社区的公共性,增强了农村社区的价值生产能力,使村庄成为农民依然可以安放灵魂的地方,并使组织所倡导的契约主义文化规范成为农民日常生活中普遍遵循的行为规则,进而创新了农村社会管理体制与实践机制,再造了地方社会的基本秩序。

(一)通过组织重建社区的公共性

农村社区文化重建的关键是要构建适应农村经济社会形势发展需要的公共文化服务体系,其内核是重塑社区的公共性,重构社会主义新农村核心价值观的构成要素,以满足农民不断增长的精神文化生活需求。老年人协会成立后,通过介入村庄公务,组织所依赖的契约主义规则日益突破协会成员的界限,逐步拓展为村落社区每个村民所普遍遵守的地方性

规范，也使协会所推崇的现代理性文化成为村落社区里的主流文化。新的文化规范具有超越个体的约束力，实际上也就具有了超越个体的“公共性”，成为村落社会秩序整合的隐蔽性力量，能够对社区里的边缘群体产生一种无形的威慑效果。

费孝通认为，在传统的乡土社会里，农民能够获得“从心所欲而不逾规矩的自由”，关键在一个“习”字，“规矩不是法律，规矩是‘习’出来的礼俗。从俗即从心”[①]。通过老年人协会所构建的农村社区文化规范，虽然不能与国家法律法规相悖，但是也明显地具有一定的地方性，是农民生存性智慧创造性发挥的结晶。依托组织举办的评选“五好婆婆”“十佳儿媳”等社区性活动，以及有权威的老年人在村民日常纠纷事件中的调解性参与，老年人协会能够在农民的切身体会中使组织内外的农民获得构建农村社区文化所必需的“处境化经验”，使普通农民建立起对新的社区文化规范的认同，使农民在参与中“习”得规范。一旦农民在不断的社会化过程中“习”得了这些规范，就会在无意识之中形成对社区文化中所蕴含着的核心价值的由衷认同，他们就会在日常的生活实践中，自觉地遵守和维护新的文化规范。而组织所倡导的社区文化也就自然地具有了超越个体的公共性，农村社区也就有了活的灵魂。

（二）通过组织恢复村庄的价值生产能力

当前某些地区的乡村社会面临着因内生价值生产能力缺失带来的双重困境：其一是农民的家庭伦理和社区道德观念松弛，农民本体性价值观念世界坍塌，社会性价值观念彰显，个体农民为了私利可以不顾他人感受，肆无忌惮地做任何自认为合理的事情，即便是对待最亲密的家人也是如此。以家庭关系来讲，近些年来，某些地区的农村社区孝道观念的式微是不争的事实，大量的不孝顺甚至虐待老人的事件随处可见。笔者在一些地方的农村进行调研时还发现，老年人自杀层出不穷，以致农民在谈到老年人非正常死亡现象时，非常自然地回答说，“我们这里就没有正常死

① 费孝通.乡土中国[M].上海：上海人民出版社，2006.

亡的老年人"[①]。"老了,没用了,就该自杀",已经成为当地农民普遍接受的价值规范。其二是农民的权利观念日益启蒙,主张权利的行为不断增多,但义务观念和责任感不足,人际关系日益淡薄,合作能力过度缺失,内生秩序整合能力丧失,村庄治理的困难有增无减。

因此,恢复社区的价值生产能力是维系乡村善治局面的关键。衡量社区价值生产能力强弱的指标,主要是看在农村社区文化的调适与重构过程中,能否再生出村民一致认可的善恶、是非及正义与否的价值标准,能否顺应时代的发展需要不断创新地方性文化共识。老年人协会在实践运作中,对不孝顺父母的行为给予道义惩罚,对关系和谐家庭里的婆婆与媳妇给予表彰,并在重要的节假日慰问老年人,本身即是对社会主义道德规范的一种提倡,也是再生村庄价值生产能力的重要举措。由于老年人协会锻造了村庄的价值生产能力,人们在彼此的相处中就不能无限地夸大个人的权利,放大个体的欲望,还必须讲个体的责任和义务;也不能只讲个体的小道理,只讲一己之私利,还必须讲社区的大道理,讲村庄整体之公利。在这样的村庄里,农民不仅要讲物质利益,更要讲人情、面子、荣誉,讲村庄的常理、惯例、习俗。在日常生活中,人们必须对自己的言行负责,不能仅仅在乎一时一地之得失,不能随意地"搭便车",以避免受到村庄舆论与社区道义的惩罚。一个人的行为是无理取闹,还是合乎情理,都是一清二楚的。因此,老年人协会有利于在人际关系疏离、原子化程度越来越高的现代村庄里舒缓社会转型的阵痛,缓解伦理秩序失调和治理机制松弛的压力,在最低限度上维系村庄的价值生产能力,使农村社区文化能够在不断的调适中成为维护村落社区秩序稳定的无形力量。

(三) 通过组织找回农民的归属感

近些年来的乡村研究,正在兴起一种悲情叙事的研究范式。持这种范式的学者认为,中国乡村社会的基本结构性单元——村庄在现代性的

---

① 陈柏峰. 代际关系变动与老年人自杀——对湖北京山农村的实证研究[J]. 社会学研究,2009(4):157-176.

快速入侵中正在走向瓦解，村庄已经很难再让农民有尊严、充满欢声笑语地生活下去。在他们看来，“谁人故乡不沦陷”俨然已经成为一个新的经典的时代命题。农民在村庄里找不到归属感，就难以在村落社区里生成历史感和当地感，就不会对村庄生成故乡的依恋之情，自然就缺乏对村庄的长远期待，而仅仅将村庄作为人生旅途中可以暂作休息的客栈。如此一来，农民的社区认同感就无从谈起，社区建设也就失去了参与的主体力量。

老年人协会的诞生，在一定程度上破解了这一难题。新农村建设不仅要关注农民的经济权益和物质福利，而且要关注农民的文化权益和非物质福利。在可用资源有限和致富机会不足的情况下，老年人协会用最少的资源最大限度地提高了农民尤其是农村老年人的幸福感，提升了他们的非物质福利水平。他们在参与协会举办的各种活动的过程中，切身体会到了“老有所依、老有所乐、老有所用”的乐趣，找到了生命的价值和人生的意义。因为有对村庄的归属感，老年人可以将村庄的公务视作是自己或自己人的事情，自身作为村庄的一分子，有责任和义务去完成它，以捍卫集众人之私为一体的大家的公利。并且，尤为重要的是，在新的社区文化的支撑下，老年人在介入村庄公务的过程中，能够获得广大民意的支持，使其感受到自身并不是一个人在傻帽般地战斗，进而能始终保有激情和动力。老年农民以协会为平台，获得了生命的“第二春”，巩固和提升了自身的权威，而村庄也依然是他们魂牵梦绕的可以安放灵魂的地方。

得益于老年人协会所营造的社区文化共识，那些长期在外奋斗并有所成就的农民精英，也难以断绝对故乡的依恋之情。他们在老年人身上看到了希望，对村庄有着长远的预期，甚至将赋予自己以生命的村庄作为老年生活的备选之地，叶落归根的必然场所。由此，他们也乐于为村庄的发展贡献力量，从而获得一个好的名声，挣得“面子货币”。不仅如此，老年人协会也使村庄里的年轻人看到了未来的自我，使他们对自己的生活有着美好的预期，能够生发主人翁的心态，树立村本位的发展意识，无论将来是到城市发展，还是留守农村创业，都不至于对村庄产生严重的逆反心理。所以说，老年人协会的良性运转，帮助农民找到了归属感，提高了生活的满意度，重建了人生价值系统和生命意义系统，使农村社区文化能够成为村庄发展的动力之源。

（四）通过组织形塑农民的政治性

新中国成立以来，尤其是近30年来，农民的现代公民权利意识不断被启蒙，农民正在迅速地获得空前的自由和权利。权利的享有和义务的履行应该是现代公民必备的基本素养，一个公民如果过度彰显了个体的权利，相应地就极有可能意味着侵犯他人的权利。因此，在乡村社会从传统的威权社会向现代的公民社会的转型过程中，形塑农民权益的制度化表达机制就显得非常重要。这就是说，农民在表达自身权益的时候，必须有章可循，必须明辨是非、善恶，必须知晓何为正义，何为非正义。也就是说，农民要具有政治性，以获得社区共识的制度化标准来决定他们在日常生活中的行为取向，使个体的行为具有社区文化正当性的支撑。

进入21世纪以来，国家加快了行政体制法制化、规范化改革的进程，在2001年前后大幅度修订了两千余件法律、法规和规章及十万余件地方性法规和规章，现代法律渗透乡村社会的能力不断加强。但是追求普适性的现代法律在面临小农社会之间的矛盾时也有执行不到位的情况。以老年人协会介入最多的村庄公务——家庭代际赡养纠纷来说，各地农村都发生过老年人将子女告上法庭，法庭判决子女必须履行赡养义务的案例。但是很多案例都引发了后续的故事，一旦子女拒不执行法庭判决，或是故意采取拖延战术，老年人的处境将更加糟糕。如果有老年人协会的存在，类似的事件就会交由协会里的老年精英农民来主持调解，以纠偏当事人缺乏社区文化正当性支撑的越轨行为，重塑越轨者的政治性，维护契约主义文化规范的实践效力。

个体农民的政治性与村落社区的公共性之间是唇亡齿寒的关系。在缺乏公共性的社区，村民的政治性也会迅速流失，每个人都可以执着于个体私利，并寻找千奇百怪的理由作为正当性言论来支撑自己的行为。但是通过老年人协会为组织依托的社会建设，社区文化赋予个体行为以明确的正当性标准，任何违背社区公认标准的人都会受到其他人的指责。

并在潜移默化之中，村民就会生成村落共同体意识，将村庄视为“我们的”村庄，“村庄中发生的事不光是当事人自己的事，也是其他人的事”。为了“我们的”共同利益，每个村民都有资格和责任去指责道德败坏的现象及侵害“我们的”利益的不良行为。如果一个村民坐视破坏“我们的”规范的行为肆意发生，那么，他就必然会遭到村落里其他成员的谴责。所以，老年人协会在使社区文化获得公共性的同时，也使个体村民的日常行为具有了政治性，有利于建构村民权益表达的制度化机制，使村民在权利意识被启蒙的过程中不至于无限滑向偏执的一端，成为“无公德的个人”。①

五、结语

本文旨在探讨老年人协会在农村社区文化治理中是何以可能及何以可为的问题。我们认为老年人协会通过嵌入式吸纳与连带性扩散功能的发挥，将组织所孕育的契约主义文化，借助于内生权威的积极治理实践，辐射到了整个村落社区，成为农村社区中的主流文化，并形成了新的社区文化规范，使通过组织的文化治理成为一种现实的可能。老年人协会再造了农村社区文化，使村民日常生活中的处境化经验成为社区公共文化的基本成分，重塑了村落社区的公共性，恢复了村庄的价值生产能力，并使个体村民的灵魂找到了可以安放的地方，日常行为重新具有了文化正当性的规约与支撑，打通了村落社区与个体村民之间的连接渠道，有利于维护转型期农村社区的秩序稳定。

总之，以老年人协会为考察对象，引入文化治理的概念，探讨社会组织在农村社区文化建设及村落社区治理中的实践逻辑，研究者不仅可以理解培育农村社会组织的重要性，而且在对社会组织的运作机制及实践功能的考察中还有可能把握农村社区文化的重建机制，找到文化治理的可行路径。所以，本文认为通过培育老年人协会等社会组织以探讨农村社区文化治理的方式和方法是一种值得深入挖掘的研究路径。

① 阎云翔. 私人生活的变革：一个中国村庄里的爱情、家庭与亲密关系 1949—1999[M]. 龚小夏，译. 上海：上海书店出版社，2006：261.

动员型组织的日常化：农村老年人协会的运作逻辑与演变路径

——基于湖北W村老年人协会的个案研究[①]

杜　鹏[②]

摘要　老年人协会是应对中国社会老龄化的重要举措。在广大中西部农村地区，"由外部资源促进内部发展"是老年人协会建立与发展的必由之路。面对乡村社会复杂多元的制度环境，老年人协会依靠村庄动员形成了制度化的动员型组织结构，表现为结构增生、功能外溢和规则妥协。制度化成本和组织内在张力导致老年人协会逐步走向日常化。日常化意味着老年人协会真正融入村庄的社会网络和文化传统，成为村庄秩序和文化传统的守护者和担纲者。国家在扶持和推广农村老年人协会时，需要从文化建设和乡村建设的战略着眼，鼓励和尊重老年人协会自发探索的积极性，形成"低成本、高福利"的老年人协会建设模式。

关键词　老年人协会；动员型结构；制度化；日常化；组织

一、问题的提出

中国目前已经进入老龄化社会，随着人口红利的终结，如何满足老年人的福利需求将构成中国未来社会建设的重要主题。同时，在城市化过程中，农村的中青年人口外流进一步加剧了农村老龄化，强化了农村老年人的福利危机。农村老年人的生活照料与精神需求已经引起广泛关注。

出于再造农村老年人福利的目的，农村老年人协会应运而生，并呈现

① 本文受2014年度教育部哲学社会科学研究重大课题攻关项目"完善基层社会治理机制研究（14JZD030）"项目支持。

② 杜鹏，男，华中科技大学中国乡村治理研究中心博士生。

出迅猛发展的态势。目前学界关于老年人协会的研究并不丰富，老年人协会作为一个独立的学术研究对象尚未受到足够关注。梳理既有研究发现：首先，老年人协会往往被纳入民间组织发育的普遍性框架，从而遮蔽了农村老年人协会的特殊性问题①②；其次，既有研究主要关注老年人协会的功能，即老年人协会作为治理主体，可以介入纠纷调解、公共品供给等村庄治理领域③④，从而与村级正式组织形成"复合治理"的格局⑤；此外，也有学者注意到农村老年人协会之于社区再造与文化建设的重要意义⑥，老年人协会进而被赋予乡村公共文化再造的重要使命⑦。

总的来看，学界对老年人协会功能的聚焦体现了较为浓厚的政策关怀。但是，作为村庄制度系统中的组织，老年人协会如何生成、运作、适应和转型的过程仍有待进一步研究。组织是老年人协会的核心要素，也是其功能依托的基础。杨晓明引入制度主义的视角诠释了老年人协会与乡土社会之间的互动，并初步讨论了老年人协会在乡村社会生存的基础在于制度（农村传统文化资源、共享的社会价值观念等）为人们接受的程度和老年人协会对制度资源的利用程度。⑧ 虽然杨晓明低估了农村社会制度环境的复杂性，未能充分阐释老年人协会的组织制度化过程，但无疑是一个富有启发的初步尝试。

---

① 楚成亚，陈恒彬．新时期农村民间组织生长机制研究——基于张高村民间组织建设实验观察[J]．东南学术，2007(1)：31-35.

② 李熠煜．当代农村民间组织生长成因研究[J]．人文杂志，2004(1)：162-169.

③ 杜圆圆．城乡一体化进程中的农村老年人协会及其功能——基于成都市D村老年人协会的个案研究[J]．老龄科学研究，2014(8)：17-24.

④ 黄乾，原新．构建和谐社会过程中的基层老年群众组织作用研究——以老年人协会为例[J]．人口学刊，2006(3)：24-28.

⑤ 郭道久，陈冕．走向复合治理：农村民间组织发展与乡村治理变革——基于四川仪陇燎原村的研究[J]．理论与改革，2014(2)：189-192.

⑥ 邢成举．社区组织：老年人社会福利再造的探索——从兰考老年人协会建设实践切入[J]．社会保障研究，2012(1)：58-63.

⑦ 印子．乡村公共文化的面孔、式微与再造——基于湖北农村老年人协会建设实践的分析[J]．南京农业大学学报(社会科学版)，2015(2)：1-7.

⑧ 杨晓明．农村老年人协会在本土语境下的诠释：一种制度主义的视角——基于粤东农村的一个个案研究[J]．中国农村观察，2009(6)：72-79.

农村老年人协会建设的模式具有较大的差异性。既有研究往往植根于中国东南沿海地区，发达的经济条件、相对传统的宗族结构为当地老年人协会的内生发展提供了基础，老年人在农村社会中日渐成为一股不可忽视的银色力量[①]。但广大的中西部农村因为村庄资源稀缺、传统结构脆弱，并无内在生成老年人协会的基础和条件。当地老年人协会往往是外力干预的结果，其进入村庄社会的过程也是与村庄历史传统、地方性规范和村庄多重主体等村庄制度系统相互碰撞、调试与逐步融合的过程。老年人协会相对于村庄制度系统的外生性形成了组织的适应性变迁，并表现为动员型组织的日常化过程。

2014 年 9 月 17 日至 9 月 24 日，笔者赴湖北省 W 村老年人协会进行了为期一周的调研，调研主要关注该村老年人协会的建设与运转情况。该老年人协会成立于 2003 年 5 月，是在湖北省某机关单位的驻村工作队和高校力量的共同支持下成立的民间组织。老年人协会成立至今已经 12 年，其成效已经受到政府部门的关注。因此，通过理解 W 村老年人协会的运作逻辑和演变路径，进而揭示中西部农村地区农村老年人协会的发展规律，不仅具有学术意义，而且具有现实意义和政策价值。

二、组织成立：以外部资源促内部发展

（一）老年人的边缘化及其需求

乡土中国已经渐行渐远。伴随着现代化进程，老年人的社会地位和话语权逐渐跌落。在快速变迁的社会中，中青年人逐渐掌握了“时势权力”[②]。由于传统的血缘结构、伦理规范和静态封闭的村庄社会已经遭遇“流动的现代性”的冲击，老年人的“长老权力”[③]基础瓦解，导致老年人的边缘化处境。

① 邓燕华，阮横俯．农村银色力量何以可能？——以浙江老年协会为例[J]．社会学研究，2008(6)：131-154.

② 费孝通．乡土中国 生育制度[M]．北京：北京大学出版社，2010：76.

③ 费孝通．乡土中国 生育制度[M]．北京：北京大学出版社，2010：66.

W 村总人口约 1700 人，其中，超过 60 岁的老年人有 205 人，老龄化比例达到 12%。村内土地因为发展水产养殖的需要，几乎全部都被改为鱼塘。当地农民的主导型家计模式是水产养殖。一方面老年人通过天然捕捞维持生计，另一方面，大部分老年人还需要协助子代发展养殖。老年人在代际关系中的依附性和不均衡性，意味着老年人生命中很长一段时间需要依靠自养。自养不仅意味着经济上的相对自主，同时还意味着居住空间的孤立和社会交往的缺乏。老年人"自觉"地为其依附性地位和孤立性状态辩护，如生活习惯、饮食习惯不同，但这种"自觉"恰恰反映了"会做老"[①]的标准在当地已经成为一种共识。老年人在家庭中的边缘化进一步导致了老年人在村庄中的边缘化。在双重边缘化的处境中，老年人的需求难以获得表达的机会和正当性，老年人群体因而也并不具有自发生成和组织老年人协会的能力，虽然如此，但也不能否认老年人自我实现的需求与渴望。

（二）从资源动员到村庄动员

曹锦清认为，中国农民具有"善分不善合"的文化心理特征[②]。确切来看，这一说法应该限制在经济行动领域。同时，考虑到中国人在现实社会关系取向上"情境中心"[③]的特点，我们不应该在抽象的层次上讨论农民的分与合，而应该回到村庄日常生活的基本场域理解农民组织起来的可能性。

老年人协会是文化建设的组织形式，其目的是为了提高老年人地位、增加老年人福利、丰富老年人生活，从而为老年人的晚年生活赋予意义。因此，老年人协会具有公共品供给的功能。与物质性公共品的分配逻辑不同，文化公共品的获得以主体参与式体验为基础。虽然，老年人协会可

① "会做老"是当地的俗语，指的是老年人懂得约束自己，体贴子代乃至孙代，不向子代和孙代家庭提出过多要求。

② 曹锦清．黄河边的中国——一个学者对乡村社会的观察与思考[M]．上海：上海文艺出版社，2003．

③ 许烺光．宗族・种姓・俱乐部[M]．北京：华夏出版社，1990：160．

以有效且低成本地化解物质公共品供给中的"搭便车"行为，但这并不会必然导致老年人协会在村庄中的自发生成和扎根，因此外部力量的介入颇为必要。首先，W 村老年人协会的产生源于外部的制度设计；其次，协会的运作资金主要来源于社会力量捐赠，每年固定资金为 5000 元，另有不定期的捐赠。W 村老年人协会资源动员的主体——驻村工作队固然具有体制性的身份，但并非政府常态化的治理主体。"驻点"的阶段性决定了这种资源动员很难有后续体制性资源的持续跟进和保障。

由外而内的资源动员固然催生了 W 村老年人协会，但老年人协会的发展还需要一个村庄内部动员的过程，从而将资源动员的外生性和被动性转化为村庄动员的内在性和主动性，实现外部资源促进内部发展的目标。村庄动员是老年人协会迎合村庄制度系统，从而被村庄制度系统认可与接纳的制度化过程。

三、动员型组织的制度建构与运作逻辑

新制度主义的基本出发点是任何一个组织都必须适应环境而生存，因而必须从组织和环境的关系上去认识组织现象[①]。本文的制度化并非主体被动吸收外部制度要素的静态过程，而是强调了组织相对于制度的能动性。笔者将老年人协会适应村庄制度环境的过程定义为"村庄动员"：首先，村庄社会作为一个制度系统，具有较强的非正式性；其次，组织的外生性意味着组织的进入必然搅动村庄原有社会关系、权力结构与"自然态度"，在此过程中，组织将重新定义制度环境，创造有利于组织生存的土壤。

具体来说，老年人协会的村庄动员包含三个逻辑上前后相继的动员链条：组织动员——合法性动员——参与性动员，三者形成组织的动员结构。组织动员是老年人协会存在的基础性条件，在动员链条中，它既具有自己的独立意义，同时又构成合法性动员与参与性动员的基础；合法性动

① 周雪光. 组织社会学十讲[M]. 北京：社会科学文献出版社，2003：106.

员的目的是获得认可与接受，根据动员的对象，又可操作化为两个维度，即以村干部为对象的体制性合法性和以普通村民为对象的地方性规范；参与性动员的目标是为老年人协会的组织形式建构厚重的群众基础，进而提供福利供给的对象。总的来看，组织动员构成合法性动员的基础，参与性动员则构成合法性动员的归宿。不同动员方式遵循着特定的逻辑，三种动员类型的平衡是维持动员链条连续性和动员结构稳定性的条件，从而形成村庄动员的最大合力。

（一）组织动员

组织动员即通过组织设置和组织安排吸纳村庄中的“赋闲精英”，调动他们参与老年人协会建设的积极性。W 村老年人协会成立初期设置了比较合理的组织制度框架和人员职能分工。协会的主要负责人都是在村支书的推荐下产生的。协会共有理事会成员 13 人，包括名誉会长（村支部书记）、会长、副会长、会计、出纳，以及 6 个功能小组的正（副）组长等。每个村民小组都在理事会有其代表。会长、副会长均不拿工资，具有较强的公益性和服务性。

由外而内的资源动员具有不可持续性，这意味着老年人协会难以对精英进行利益动员。老年人协会并非经济组织，其内部的利益存量和增量均不足以支撑高成本的利益动员方式。然而，老年人协会所处的制度环境是具有熟人色彩的村庄社会，并不同于一般意义上的组织所面对的陌生人社会和市场环境。当地人讲“面子”、重名誉，对村庄生活仍然存在较长的预期。因此，老年人协会通过组织建设吸纳精英的方式形成对“赋闲精英”的动员。

案例 1。协会一名干部讲道：“SDQ 以前是常年不到会的。后来他当上了副会长，现在只要有空，他就到老年人协会去玩，觉得还不错，他们老两口都过来。”在入户访谈时，偶然碰到了他的老伴，问及她对老年人协会的看法，她说：“我自己也要积极一点，毕竟我丈夫是副会长，自己也要带头。”

以精英为对象的组织动员的有效性基础在于村庄内部现有的文化网络[①]。组织动员的目的是通过老年人协会凝聚地方性精英，重建已经失去中心地位的权力文化网络。老年人协会通过凝聚精英，并以公益性和公共性的身份现身，成为新型文化网络的权力主体和网络节点。借助村庄中的文化网络，老年人协会所具有的能量和信息可以得到有效释放。

（二）合法性动员

组织如果想要在它的社会环境中生存下来并兴旺发达，除了需要物质资源和技术信息之外，还需要得到社会的认可、接受和信任。老年人协会获得村庄社会的制度系统认可与接受的过程就是其合法化的过程。乡村社会的复杂性表现为权力结构的多元性和地方性规范的自主性，形成了区别于"大传统"的"小传统"[②]。资源动员并不能将合法性资源直接深入到村庄社会的"肌理"，只有通过"小传统"对老年人协会的合法性加以确认，才能激活和发掘村庄中现有与潜在的资源，老年人协会才能获得可持续发展的深层基础。

合法性动员涉及组织与制度系统的关系。W. 理查德·斯科特综合不同社会理论家的观点，认为制度有三大基础性要素，即规制性、规范性和文化认知性[③]。这三大基础要素构成了一个连续体，不同的制度要素支撑着不同的合法性基础。当然，在实际生活的大多数制度形式中起作用的并非某一单独的制度基础要素。村庄是规制性要素、规范性要素和文化认知性要素的结合体，呈现出异常的制度复杂性。

1. *以规制性要素为基础的合法性动员*

在村庄制度环境中，规制性要素主要通过村级正式组织得以表达和

---

① 当前，这种文化网络主要以碎片化形态存在。杜赞奇所提出的"权力的文化网络"是一种具有中心性和主体性的秩序机制，因而具有价值生产能力和治理能力。但是，随着乡土传统的弱化，残存的文化网络难以围绕既定的富有伦理色彩的权力中心凝结，"文化治理"因而失效。

② 罗伯特·芮德菲尔德. 农民社会与文化——人类学对文明的一种诠释[M]. 王莹，译. 北京：中国社会科学出版社，2013:99.

③ W. 理查德·斯科特. 制度与组织——思想观念与物质利益(第三版)[M]. 姚伟，王黎芳，译. 北京：中国人民大学出版社，2012:58.

呈现。因此，以规制性要素为基础的合法性动员涉及民间组织与村级正式组织的关系问题。驻点单位赋予老年人协会一定的体制性身份，但老年人协会并未被纳入政府常态化管理的轨道。作为国家政权的代理人，村级组织是老年人协会首要的合法性来源。

老年人协会的精英动员所建构的新型权力文化网络成为与村干部所依赖的权力组织网络和利益网络①相并行的一股力量。随着基层政权日益悬浮②以及村庄的去政治化③，村干部与农民之间原有的“公”的关系逐渐转化为“私”的关系，形成了以利益为中心的治理格局，由此导致村级组织动员能力和治理能力的弱化。老年人协会作为新型文化网络中的权力主体可以转化为治理主体，与村干部一起形成“复合治理”的格局。

W村老年人协会为动员村干部支持老年人协会的建设，向村级组织进行了权力让渡。首先，村支书HDC以“名誉会长”的身份被纳入老年人协会的组织架构之中，参与老年人协会重大事务的决策，由此形成了老年人协会形式上由村委会领导的格局。例如，老年人协会的理事会成员人选都是在村支部书记的推荐下产生，在一些重大事项上，如重阳节活动，老年人协会也会协同村支部书记一起开展活动；其次，老年人协会积极介入村庄治理领域，协助村干部的工作，如计划生育、纠纷调解等工作都会请老年人协会参加。权力让渡降低了老年人协会的姿态，从而将自身工具化为协同和配合村级正式组织的力量，而非挑战既有权威。

2. 以规范性要素为基础的合法性动员

村庄社会具有熟人社会性质，熟人社会中的长久预期是村庄规范的生成基础。这些规范因无既定的组织依托而弥漫于村庄社会，成为一种无形的规训力量。以规范性要素为基础的合法性动员意味着，老年人协会不仅要融入这种规范，而且要承接这种规范并成为规范的有力担纲者。

---

① 贺雪峰. 乡村治理一百年[J]. 天涯，2007(3)：43-47.

② 周飞舟. 从汲取型政权到“悬浮型”政权——税费改革对国家与农民关系之影响[J]. 社会学研究，2006(3)：1-38.

③ 贺雪峰. 乡村的去政治化及其后果——关于取消农业税后国家与农民关系的一个初步讨论[J]. 哈尔滨工业大学学报(社会科学版)，2012(1)：30-41.

具体来看，这种规范主要表现为对协会的公共性的期待。在中国文化传统中，以维护特定群体利益为目标的组织往往很难具有正当性，这是“利益集团”在中国很难光明正大存在的主要原因。老年人协会是社区老年人互助组织，其宗旨是维护老年人合法权益，提升老年人的社会福利水平。[①] 但官方的这种“狭隘”定位显然不符合地方文化传统对组织的公共化定位。相对于村庄社会这一“公”的单位，老年人协会无疑是一个“大私”[②]的单位：作为组织，它有相对固定的边界，即只有超过60岁才能成为会员，享受协会的福利。当前村庄虽然呈现了原子化的态势，但村民对一个外生的组织仍然具有公共化的心理预期，老年人协会的村庄动员因此也涉及如何获得群众认同与理解，使他们意识到协会并不是“邪会”[③]。

村民对协会的公共性期待实际上构成了规范性的制度要素，并产生了普惠型福利供给要求。因此，以规范性要素为基础的合法性动员主要通过再造村庄公共品的方式实现，以此证明，老年人不仅能够有所为，而且能够超越老年人群体本身形成面向村庄整体的福利增量，承担起社会责任。老年人协会在其组织架构中设置的卫生组、龙灯队，均直接关涉全村的福利。腰鼓队起初虽是以老年人为主，但成立不到两年，便开始向村庄中的中年妇女转移，显示了老年人协会对于村庄文化需求的开放性和包容性。

限于其文化组织的功能定位和社会资本的资源依托，老年人协会无力提供诸如水利、道路等物质性公共品。文化性公共品的优势在于可以通过较低的成本实现较高的福利效应，且相对于物质性公共品而言具有更高的开放性。老年人协会的龙灯队、治丧队、腰鼓队的活动均对整个村庄形成了有效动员，建立了群众对老年人协会的认可。

---

① 摘自百度百科乡村老年协会词条。详情见 http://baike.baidu.com/view/2256495.htm?fr=aladdin。

② 关于村庄中“公”“私”关系的进一步辨析，可以参考：贺雪峰．公私观念与农民行动的逻辑[J]．广东社会科学，2006(1)：153-158.

③ 在协会成立初期，个别村民认为村里的一群老人聚集在一起搞“小动作”，排斥其他村民参与，因此将老年人协会称为“邪会”。

案例2。舞龙灯是当地的历史传统，但在“文化大革命”之后消失。老年人协会成立的第二年，会长与本村的一个“玩角”①讨论，戏说村里农户水产养殖亏本是因为没有“敬神”，应该搞个什么活动。村支书提议玩龙灯，于是，老年人协会出资2000元扎了龙灯，并成立了龙灯队，在春节期间，到各家各户去玩龙灯，不仅在本村，还被请到周边几个村庄，为村民带去吉利。玩龙灯使得老年人协会打出了名声，为村庄争得了名誉，老年人也由此出了风头。

案例3。W村所在地区颇有厚葬之风。如今，当地最低的葬礼花费也在3万元以上。丧葬活动有两个环节花费颇大，一是请乐队，得花费几千元；二是送葬时请“丧夫”，该环节花费甚大②。出于对老年人的尊重，同时，也为了减少孝子的家庭负担和烦恼，老年人协会成立了乐队，购置了锣、鼓、钹，免费为本村去世的老人送葬。起初，老年人协会也试图替代丧夫的角色，由老年人协会派人，免费“抬杠”，减少孝子的负担，但可能因老年人年纪较大，并无孝子来请，此事便不了了之。

与针对村级正式组织的合法性动员相比，这种针对村庄社会的合法性动员所面对的是更不规则的环境和更为多元化的偏好。老年人协会在动员过程中综合运用各种方式，不仅激活并借用了传统力量，而且以自己力所能及的方式增加村庄的整体福利，譬如改善村庄环境、减少仪式性花费、丰富文娱活动以及增加村庄的“面子”等。

3. 以文化认知要素为基础的合法性动员

在村庄的制度系统中，文化认知要素指的是村民习以为常、理所当然的“自然态度”③，它以无意识的方式框定了主体对事物的判断，构成了一种很难被触动的认知图式。在村庄中，老年人的边缘处境已经进入“无意

① 当地方言，指好玩、且有一定组织能力的人。

② 在W村调研期间，笔者亲眼看见了该村一场送葬仪式。送葬的队伍刚行至村口，队伍便停了下来。正好奇中，肖会长跟笔者解释，说是“丧夫”开始要钱了。“丧夫”要钱的方式并不文雅，几乎等同于“抢”。在场的孝子都要出钱。女儿要的尤其多，一般在千元以上。儿子一般几百元就足够了。总之，具体要多少金额，端看“丧夫”的能耐。

③ 阿尔弗雷德·许茨. 社会实在问题[M]. 霍桂桓，索昕，译. 北京：华夏出版社，2001：284.

识"层次,以至于老年人自身也对其处境感到理所当然。合法性动员的目标是建构一套重新理解老年人的身份与角色的认知图式,从而扭转既有的习惯性认定。

村庄对老年人的既有认知表现在两个方面。首先是对于老年人"老无所用"的预设以及老年人应该退出村庄公共生活的共识。协会筹备之时,村庄中曾经出现"协会如果能办成,我把(自己的)脑袋砍了"之类的负面话语。在一些人看来,老年人无力组织起来,也办不成什么事情。其次,在"恩往下流"的代际关系模式下,老年人对子代的付出具有村庄规范层面的应然性,老年人闲暇因而不具有正当性。

在这个意义上讲,以文化认知性要素为基础的合法性动员在整个合法性动员结构中具有根本性作用。只有打破既有的认知图式,才能构筑老年人协会合法性的坚实基础,进而为后续的参与性动员做铺垫。具体来说,这种动员从以下两点切入:首先,通过组织各种活动,赋予老年人主动性,证明"老有所为",实现对老年人身份的重新定义;其次,借由组织的引导,形成具有规范性和价值性的闲暇文化,平衡老年人的代际责任与主体闲暇,以赢得子代对老年人闲暇以及老年人协会的支持,例如,老年人协会对日常活动的性质与时间节奏的约束,以及对活动时间(上午 10 点到下午 4 点)的控制。

因此,老年人走出家庭并不意味着与劳动分离,而是对劳动的互补。协会对老年人的福利再造实际上是对闲暇时间的塑造。如此,通过发掘闲暇的意义并加以利用,可以扭转老年人在村庄中的消极角色,同时,通过协会对闲暇的引导和规范,又维系了代际关系的稳定性。[①]

(三)参与性动员

老年人协会是社会文化组织而非经济组织,其核心机制是通过"组织起来"的方式将有限的经济资源转化为社会效益与文化福利。因此,老年

---

① 老年人协会的目的并非要否认村庄中现存的"恩往下流"代际模式,从某种意义上看,老年人协会主要是顺应。协会并不需要创造闲暇,只是需要赋予当地老年人的个体化闲暇以社会性和价值性。只有当子代不承担养老责任,对老年人过分苛刻,协会才会介入代际关系的调解。

人协会再造福利的实践建立在老年人主动参与和经验共享的基础之上，老年人的参与度是评价老年人协会成功与否的基本指标。

从供给结构来看，老年人协会的福利供给与老年人群体的福利需求之间具有内在契合性。但由于社会结构与地方规范的约束，供给与需求的对接并不一定完美。需求不一定能够得以表达，供给因而不一定能找到对象。按照协会的规定，凡是年满 60 岁即自动成为老年人协会会员。然而，从“隐身”会员到积极会员的转变并不是一个自然而然的过程。参与性动员的目的是推动“隐身”会员向积极会员的转变，解决供需难以有效对接的问题。具体来说，参与性动员主要通过以下三种方式进行。第一，以特定个体为对象的参与性动员。例如，老年人协会介入家庭纠纷，改善老年人生活境遇，使老年人能够从家庭的过度羁绊中解放出来；探望生病的老年人，给予精神关怀；为过世的老人送葬；帮助患有血吸虫病的老年人筹集资源进行治疗等。老年人协会的福利行动促进了老年人福利需求的表达。第二，以特定群体为对象的参与性动员。协会从老年人的需求出发，组织集体活动，探索健康有益的活动形式，诸如成立象棋组、腰鼓队、乐队、龙灯队等，赋予老年人的闲暇生活以正当性。第三，以重阳节为契机，建构了一套普遍化的仪式性动员机制，且通过普惠性福利发放的方式鼓励老年人参与到协会活动中，推动老年人的身份转变。参与性动员在具体的实践中表现为差别化的动员方式，即以不同方式将不同类型的老年人纳入老年人协会的福利供给范围之中。

（四）动员型组织的制度化形态

经由村庄动员，老年人协会不仅建立了立足于村庄的基础——精英结构、合法性和参与主体，而且形成了一套与动员结构相匹配的组织形态，本文将其定义为动员型组织。从组织的功能定位和运转效率考虑，老年人协会本应该将自己的活动范围限制为村庄中的老年人。但是，出于村庄动员的需要，老年人协会通过吸纳村庄制度系统的要素，产生了结构增生、功能溢出和规则妥协的现象，从而实现了组织的制度化。结构增生主要表现在老年人协会组织设置的复杂化，例如，村级组织的领导作用必须由协会内部“名誉会长”的职位设置表达；功能溢出意味着老年人协会一定意义上成为整个村庄的协会，协会组织运作过程中的诸多功能超出了老年人协会正式目标的设定；规则妥协主要指老年人协会运行中的时空安排和活动规范等与地方性共识的妥协与融合。

在中国村落社会研究的传统中，村庄往往被视为一个共同体。共同体的本体论范式仍然影响着当下学者的村庄性质研究[①]。村庄作为一个独立认知对象，提供了认识农村乃至认识中国问题的总体性现象，其要义在于对村庄整体主义的方法论自觉。组织作为村庄中的行动主体，一旦嵌入总体性的村庄制度系统，便不得不面向村庄总体，很难以特立独行的方式运行。在此意义上，老年人协会的功能外溢是其组织适应与演变的必然后果。协会的村庄动员实际上就是老年人协会吸收村庄资源、融入村庄结构以及定义村庄规范的过程，这种动员具有深深的嵌入性，动员的过程同时也是组织被村庄的制度系统重新塑造的过程。

四、动员型组织的转型动力与演变逻辑

（一）动员型组织的转型动力

制度学派的组织研究由于始终未能超越自发秩序的前提性条件，因而未能将“动员”纳入研究视野，制度化过程始终发生于日常化或常规化的系统之中。组织的生成被视为前提，忽视了组织初创阶段的特殊性，进而忽视了组织变迁路径的复杂性和波折性。动员本质上是一种积极扩张的具有建构性的社会行动，外生主体只有依靠动员的方式才能进入相对封闭和静态的村庄制度系统。但是，村庄制度系统又尚未形成一个模式化和正规化的结构，制度系统内主体间关系并非和谐统一，村干部、普通老人、民间精英以及非老年人之间的关系波动投射到动员结构内部，导致动员结构维持的高成本和动员型组织的不稳定，从而构成了动员型组织

① 李国庆.关于中国村落共同体的论战——以“戒能—平野论战”为核心[J].社会学研究，2005(6)：194-213.

的转型动力。

1. 动员型组织中的精英整合困局

动员型组织有效性的基础在于精英的各就其位和各得其所，这意味着老年人协会必须能够满足精英的多元诉求。老年人协会下设的兴趣小组，如书法组、象棋组、评书组等，主要基于村庄中"赋闲精英"自我实现的诉求。然而，现实问题是，精英与精英之间的偏好和观点往往存在差异，一些精英的偏好并不一定能得到其他会员的认可。评书组、书法组由于响应者寥寥，无形之中便遭到了排斥，动员型组织赋予精英的效能感随着一些兴趣小组的边缘化而遭到稀释。

案例 4。XCQ，如今已经 84 岁。在老年人协会成立之初，他非常积极，担任评书组的组长以及书法组的副组长。因为读过 10 年古书，颇有文化。在协会成立之初，他负责讲评书，但讲了一个多月后便不再讲了。他的解释是："干部不重视了，对你不闻不问，会长有一班人，可以排除你。"如今，XCQ 已经淡出了协会，前两年还去玩，这两年，他感觉在协会越来越难受，就不再去了。

动员型组织的张力主要来自精英之间的差异和紧张。老年人协会自我管理、自我服务的民间组织性质，意味着组织具有灵活的调试能力。纳入老年人协会组织框架之中的精英也要受到其他精英的竞争以及普通会员的评估与反馈，与此同时，有限的组织资源和空间资源，进一步凸显了张力，构成了对部分精英的挤压和排斥。精英整合的困局在一定程度上降低了动员型组织的成效，从而弱化了老年人协会的动员结构。

2. 合法性动员的类型冲突

制度环境具有复杂性。如前文所述，与制度的三大基础要素（规制性要素、规范性要素和文化认知性要素）相联系的合法性基础也具有实质性区别，并且彼此之间可能发生冲突，如此便可能导致组织陷入合法性困境。合法性动员的内在紧张主要源于规制性要素和规范性要素的承载者——村干部与村民之间的关系。

当前农村社会正处于剧烈的转型之中，村庄中多元化的利益主体正不断离析着村庄的共同体意义。伴随着国家治理转型，村干部“当家人”的色彩弱化，“代理人”的角色强化，村干部日益脱嵌于村庄社会。因此，老年人协会以村干部为对象的合法性动员可能导致村民失去对老年人协会的信任，村干部的信任危机通过合法化过程传递到老年人协会。调查中一些村民就认为：“老年人协会的干部都是村干部定的，换届不换届，都是由村书记说了算！”如此一来，老年人协会所重建的权力的文化网络可能萎缩，协会试图塑造的以村庄整体利益为本的公共性形象受到侵蚀，最终影响到其规范性要素基础上的合法性。

3. 参与性动员的成本

老年人是协会的主体，老年人协会的最终目标是再造老年人福利，形成“低消费、高福利”的生活方式，实现这一目标的关键在于组织运作本身的“低成本、高福利”特性。老年人协会福利再造的重点是文化再造，其特点是不会因参与者增加而导致福利体验的递减，个体的参与本身反而会生产和放大福利。因此，广泛的参与将强化老年人协会“低成本、高福利”的属性，实现组织效益的最优化。

但是，参与性动员也需要成本，如果动员的成本大于成员进入带来的福利增量，则参与性动员将耗损组织的资源存量，最终影响组织的福利供给能力。为了了解老年人参与协会的情况，笔者以 W 村的两个村民小组为单位，对两个小组内共 53 位老年人参与协会的情况进行了细致统计。统计发现，老年人群体参与协会的情况因为生命周期的差异而呈现出一定分化，并主要沿着两个维度展开，分别是量的差异——年龄、质的差异——家庭完整性。老人群体的分化加大了动员的成本和难度。

首先，根据年龄可以大致将老年人划分为两个群体，以 70 岁为界，70 岁之前为低龄老年人，70 岁以上则为高龄老年人。60～70 岁的低龄老年人，因为体力较好，尚未完全脱离生产，因而处于这一年龄段的老年人到协会休闲的时间较少。经常参与老年人协会活动的主要是 70 岁以上的群体。其次，从家庭完整性来看，对于家庭结构不完整的单身老年人，他们固然具有迫切加入并融入老年人协会的愿望，试图在组织中找到情感归属以及身份认同。但是，对于家庭完整的老人而言，老年人协会只是作为满足需求的替代性方式，因而尚未形成对老年人协会的迫切渴望与需求。

老年人的分化必然影响到老年人协会动员型组织的效率。协会并无能力解决一些老年人所面临的现实需要，例如赚钱以维持基本的生计，也不一定能照顾到每个老年人的具体感受和需求。事实上，从腰鼓队的主体转换便可以看出，老年人协会针对特定个体或群体的差别化动员方式的限度。

案例5。腰鼓队成立于2003年，起初成立的缘由主要是“老年人协会办起来了，总要办点出色的东西”。腰鼓队的成员最开始都是年龄在60～70岁的女性，一共有18人，开始的时候，成员的积极性很高，晚上也都在训练。随后，因为有人中风，有人病故，有人身子吃不消，老年人开始逐渐退出。2005年，有7位老年人主动退出。于是，只好增补中年妇女进来，到了2010年左右，老年人的腰鼓队彻底变成了中年人的腰鼓队。

除了以特定老年人群体为对象的差别化动员之外，老年人协会针对全村老年人的普遍性动员主要是重阳节时以福利性为基础的仪式性动员。老年人协会复兴了重阳节在当地的文化意义，并以此为基础构造了新会员的进入仪式，但这种以个体化的福利发放为基础的无差别的动员方式渐渐成为组织日益沉重的负担。

4. 动员链条中的冲突

动员的限度不仅存在于每种动员方式的内部，同时也存在于不同的动员方式之间。

第一，动员型组织与村干部的合法性冲突。动员型组织的目的是建构以老年人协会为中心的权力的文化网络。但是，这套网络与村干部所立足的权力的组织网络具有一定的重合。W村全村共有25名党员，其中有10名属于老年人协会的会员。经由动员型组织，这些本来由村级组织掌握的权力资源被吸纳到老年人协会，老党员成为支撑老年人协会发展的骨干力量。老年人协会固然需要寻求村级正式组织所赋予的合法性要素，但动员型组织形成的精英结构在一定程度上又可以反制村级正式组织。

案例6。村支书HDC在成立老年人协会时，本来比较积极。最初，他之所以响应工作队的号召支持成立老年人协会，主要的考虑不是“老有所乐”，而是“老有所为”，希望协会成立以后帮村干部做些事情。但是，当老年人协会没有达成收税、化债这些目标的时候，村支书就觉得老年人协会没有意义，试图限制老年人协会的活动。会长听到风声之后，便开始动员老年人协会中的党员改选书记，得到了老党员的积极响应。HDC闻讯之后，便与会长、老党员等多次沟通，如此才化解了改选危机。

基层社会中村级正式组织与民间组织关系的复杂性由此呈现。一方面，作为民间组织的老年人协会需要村级组织的合法性认可以及其他相关的实际支持，从而主动接纳村级组织权力的引导。另一方面，一旦老年人协会经由动员型组织建立了权力运作的主体性，反而为朝向村干部的合法性动员设定了边界：老年人协会不可能无原则地依附于村级组织。在双方博弈和调试过程中，村级组织与老年人协会之间形成了微妙复杂的关系。

第二，动员型组织与参与动员之间的冲突。这两种动员均发生于组织内部，二者的张力体现在有限的组织资源在精英与普通会员之间的分配。动员型组织以精英为对象，但是协会对精英的组织吸纳，确实可能造成一定的负面效果，影响了普通会员的主体性和积极性。譬如，不少老年人对于只有协会干部在生病之后能够享受补贴心有不满，认为“协会成为了这些干部的协会”。而普通会员对大众文化活动形式的偏好以及有限活动空间的挤压可能使得一些精英的才能无用武之地，导致部分精英退出。精英的动员型组织与普通会员的参与动员之间的张力需要平衡。

第三，合法性动员与参与性动员之间的冲突。在动员链条中，合法性动员的核心意义在于其激活了村庄的多元主体和微妙规范，强化了村民对老年人协会的信任。但是，作为制度系统的村庄并不能替代作为福利主体的老人，弥漫在村庄中的福利只能视为老年人协会的溢出效应。从腰鼓队的命运也可窥视到参与性动员与合法性动员之间的潜在紧张关系。成立腰鼓队本来出于参与性动员的需要，但腰鼓队参与主体的转换却赋予其合法性动员的功能，呼应了村民对老年人协会公共性的期待。老年人协会难以满足老年人群体的差别化需求固然为这种转变提供了契机，但是参与对象的扩大化又赋予这个转变以规范性要素基础上的合法性。如今，腰鼓队的活动仍然打着老年人协会的旗帜，但腰鼓队实际上已经基本独立运作了。

（二）动员型组织的演变逻辑

老年人协会并不能始终维持较高成本的制度化形态，组织的"去制度化"具有一定的必然性。新制度主义者认为"去制度化"是制度弱化与消失的过程，它强调的是开放性制度场域结构中功能的、政治的以及社会的要求对既有制度化形态的压力和冲击。[①] 与之不同，老年人协会所面对的村庄制度系统具有相对的稳定性和维持性特征，因此，动员型组织的演变逻辑并非外部力量作用下对村庄制度系统的脱嵌，而主要与老年人协会自身的属性有关，并最终体现为老年人协会组织对村庄制度系统的深层嵌入和有机融合。

第一，组织目标的本体性。老年人协会的主要目标是为老年人提供公共活动空间，服务于老年人的福利再造，实现老有所乐。换句话说，将村庄中原来在家庭中孤立的老年人组织起来便是老年人协会的重要功能。组织起来的目标并非将组织异化为实现其他外部目标的手段。从老年人协会的原始定位来看，它并非村庄中积极的能动主体和工具性组织。老年人协会的本体性意味着其对外在的利益、目标和压力具有较低的敏感性。因此，其组织演变的逻辑具有较强的自主性，难以被外部的政治和经济系统裹挟，遵循了组织演变的基本目标。

第二，组织内容的文化性。老年人协会属于农村中的文化性组织，组

① W. 理查德·斯科特. 制度与组织——思想观念与物质利益(第三版)[M]. 姚伟，王黎芳，译. 北京：中国人民大学出版社，2012：204-206.

织内容主要聚焦于文化公共品的供给。在动员型阶段，老年人协会较多地制度化了地方文化内容和地方性规范。然而，在制度变迁过程中，文化要素具有一定的稳定性和滞后性，表现为“文化堕距”[①]。老年人协会的运作实践不断地再生产了地方性规范，对地方文化使命的坚守奠定了组织演变的基本方向和组织运行的基本逻辑。

因此，老年人协会的本体性目标和文化性内核是理解老年人协会演变逻辑的基础。村庄动员阶段的老年人协会之所以超出原有规定，回应村庄内部其他主体的需求，主要是为了实现在村庄的合法性生存，一旦达到这个目的，老年人协会自身的属性逐渐被激活，动员型组织的维持成本和结构张力孕育的转型动力受到老年人协会自身属性的规定和引导，从而形成了较为独特的“去制度化”过程，本文称之为老年人协会的日常化。

五、日常化组织的运行逻辑与福利效果

经由资源动员和村庄动员，老年人协会具有了组织实体、合法性基础和参与性支持，完成了组织的制度化过程。制度化过程是村庄的资源、主体与规范向老年人协会转移的过程。当然，动员型结构所维持的制度化状态是不稳定且难以持续的，组织的日常化则以较低的成本延续了老年人协会的村庄动员成果，实现了组织的可持续发展。

（一）日常化组织的内涵和表现

组织的日常化是指组织深度嵌入村庄日常生活的过程，老年人协会的能动性淡化，逐渐进入相对平稳与持续运行的阶段。按照会长的说法：“现在一切都是顺其自然。”“顺其自然”并不是一种消极状态，它恰恰反映了农村老年人协会的组织演变所达到的一种理想状态。日常化以制度化为基础，是对组织制度化成果的延续，并超越了组织的制度化阶段。在这个意义上，动员型组织的日常化呈现出来的并非组织的裂变式演化，而是

① 威廉姆·奥格本. 社会变迁——关于文化和先天的本质[M]. 王晓毅，陈育国，译. 杭州：浙江人民出版社，1989：84.

动员型组织的目标实现;并非是对既有的村庄制度系统的脱嵌,而是更高层次的融入与嵌入。

日常化组织指的是组织彻底融入村庄制度系统,组织与村庄之间的距离逐渐消除,组织运行因而不再受到村庄制度系统束缚和制约的组织形态。相比而言,原有的结构增生、功能外溢和规则妥协或多或少是刻意为之的产物。因此,日常化组织不用再考虑其合法性问题,相反,它本身就成为村庄合法性的界定者和维系者。

首先,老年人协会组织结构的正式色彩逐渐淡化,功能小组逐渐精简。老年人协会的组织功能与活动内容经过长时间的筛选开始定型化、常态化,沉淀为有限的几个日常项目(如打牌和看戏)以及两项带有仪式意味的活动——老年人过世后的送葬活动和重阳节活动。老年人对于活动空间扩大化的需求超越了活动形式多样化的需求。空间本身开始具有意义,集聚的老年人对空间产生了归属感,因此,主体参与形式简单化的同时并没有伴随着价值与意义的流失。即便是少数淡出老年人协会的精英,虽然对老年人协会的个别干部有怨言,但是出于对老年人协会本身的认同,他们也并未构成老年人协会的反对力量。

其次,老年人协会与村级组织关系渐趋稳定,在与村级正式权力组织的互动中也更显主体性和自主性。“老有所乐”也成为村级组织对老年人协会功能的基本定位。2015 年,W 村两委举行换届,村支书发生了变动,原来作为老年人协会名誉会长的村支书 HDC 不再担任书记。但根据 2015 年底笔者的跟踪观察[①],老年人协会并未受到村“两委”换届的影响。在 2015 年的重阳节大会上,新书记表态,一定要将老年人协会继续办好和延续下去。在这个意义上,老年人协会已经从与村庄规制性要素的动员关系中独立,获得了自主性,使得老年人协会的运行状态并不因 2015 年的村级组织换届而发生波动。

再次,老年人协会从长期的实践过程着眼建构和呈现其公共性。具

① 2015 年 9 月,笔者曾赴 W 村老年人协会进行了跟踪调查,了解老年人协会最近一年的状态,为期 2 天。

体来说，老年人协会基于个体的生命周期进行的会员资格认定，意味着村庄中每个超过60岁的人自然都是老年人协会的会员。随着老年人协会的日常化，村民形成了对协会的长远预期，因此，协会的活动是否一定在当下回应了其他群体的需求，不再具有重要意义。如此，老年人协会不用再将有限的精力和资源直接扩散至村庄其他群体，因而避免了合法性动员与参与性动员的冲突。颇为有趣的是，老年人协会在公共活动中话语范式的转换。以舞龙灯为例，2004年第一次舞龙灯的目的主要指向村庄的"吉利"和协会的名声，"成立了协会，总要有点出色的东西"，因此，舞龙灯的目的是获得他人的认可。现如今，舞龙灯的话语更为细腻微观："年轻人一年到头辛苦，我们也是为了慰问年轻人，给他们拜个年。"经由代际的时间纽带，老年人协会以更为自然的且更富主体性的方式建立起与村庄社会的关联。年轻人也以一种日常性的方式被纳入老年人协会福利再造的对象中。从生命周期的视角来看，每个人都将成为老年人协会的会员和受益者。在W村调研时，一些50多岁的中老年人在谈及老年人协会时充满了期待，"还有几年，我就可以去老年人协会玩了！"村民对老年人协会的期待也说明，老年人协会已经在村庄社会扎根。

（二）日常化组织的运行机制

老年人协会的日常化实际上是结构简化和功能收缩的过程，这与动员型阶段所呈现的结构增生、功能外溢形成鲜明对比。然而，并不能就此认为日常化意味着老年人协会的倒退或者衰落。从动员型到日常化体现的是老年人协会的运行机制之变。老年人协会通过与村庄制度系统的调试，形成了依托文化治理而达成的简约治理，从而形成了组织运行的"低成本、高福利"模式。

村庄制度系统具有稳定性，即使在市场化和理性化的当下，村庄社会之于城市社会仍然表现出较多的熟人社会特性。因此，村庄制度系统并非多种力量竞争和角逐的开放场域，场域结构的稳定并非来自利益主体之间的暂时性均衡，而是地方性规范和村庄内部面向的产物。因此，制度系统的稳定性意味着老年人协会不用面临反复的制度化过程。相反，老年人协会通过制度化而嵌入了村庄的文化网络与社会系统，并构成了村庄文化网络的节点，由此，老年人协会通过文化再造的方式生产和强化了地方性规范。作为制度系统中的节点，老年人协会运行机制表现为依托文化网络展开的文化治理[①]。

文化治理强调的是基于规范、习惯和信任而进行的治理，它以主体的自觉为基础，文化治理具有“简约治理”[②]的色彩。由此，老年人协会的运行逐渐呈现为一种自发状态：老年人自发参与协会活动，协会干部一般不用出面，其他村民对老年人协会也形成了普遍认同。目前，协会干部的日常工作主要是管理协会经费，及时更新戏曲的碟片，为活动中心的老年人提供基本的场地、茶水等服务。总体来看，老年人协会由以前充满波澜的动员型结构状态转化为平稳和缓的状态。简约治理不仅指老年人协会组织内部的治理结构，而且也强调了老年人协会再造老年人福利的机制。

（三）日常化组织的福利效果

以外部资源促内部发展的关键在于作为中介者的老年人协会组织的转化能力。在此，转化不仅意指将有限的经济资本转化为社会资本，还在于通过社会资本的运作进行文化再造。人的首要需求并非生存而是生活，即如何从边缘进入中心，走出家庭、进入村庄，找回失落的身份认同与意义世界。因此，老年人协会再造福利的实践绝非简单的物质福利供给（在缺少外部大量且持续资源供给的情况下，物质供给很难持续），而是精神福利与文化福利供给。日常化的老年人协会逐渐扭转了老年人的边缘处境，建立了老年人的身份认同，赋予老年人晚年的闲暇生活以丰富的社会性和价值性，老年人协会逐渐成为村庄舆论的引导者和价值的生产者，成为地方性规范的定义者和维护者。

1. 闲暇文化的确立

老年人协会在与村庄社会的磨合中逐渐生成了一种闲暇文化，它构

---

① 赵晓峰，付少平．通过组织的农村社区文化治理：何以可能，何以可为——以农村老年人协会为考察对象［J］．华中农业大学学报（社会科学版），2013(5)：93-98.

② 黄宗智．经验与理论——中国社会、经济与法律的实践历史研究［M］．北京：中国人民大学出版社，2007：430.

成了当前村庄老年人生活方式的内核。所谓闲暇文化，强调的是闲暇与生产的统一性，闲暇的伦理本位并非消费主义，闲暇是社会性的，而非个体化的。老年人协会改变了闲暇的性质，实现了从个体化的消磨时间向公共性的主体参与，从消极闲暇向积极闲暇，从个体化闲暇向公共性闲暇的转变。在村庄中，老年人闲暇形成了自我规范性，并获得了村庄社会的认可。在现有村庄舆论下，对于子女来说，关心老年人就应该鼓励他们参与协会活动。

闲暇文化并非基于个体捉摸不定的偏好和情绪，而是具有价值导向和伦理内容。享受快乐而不放纵，敢于消费但不为物欲所主导，取悦自己但也要兼顾家庭责任，轻松自在但却内心充实。因此，闲暇文化具有价值生产能力，并赋予闲暇生活以意义感。“去老年人协会，图个娱乐，图个清闲，有这个协会，他(老人)才能休闲!”在闲暇文化的笼罩下，“想得穿、看得开”理所当然地成为当地老年人的普遍心态。

闲暇文化一旦形成，便很难被老年人这一身份边界阻隔，也不会局限在老年人协会的框架之内。事实上，闲暇生活不仅成为老年人的生活习惯，而且也渗透到中年人群体中，老年人的闲暇文化形成了对整个村庄的辐射，成为村庄闲暇的引领者。首先，中年人不仅成为老年人闲暇的支持者，也由此建立了对于自己老年生活的期待，进而形成了对村庄生活的期待。调研过程中，一些50多岁的人表示，他们会时不时地去老年人协会看看，觉得很好，就等着自己到60岁的那一天了。其次，老年人协会作为一个组织，也辐射、带动着村里年轻人的活动。村里以中年人为主的象棋协会、篮球协会，老年人与之均保持着友好往来。在此基础上，村庄内部不同群体围绕闲暇形成了较为密切的互动。

2. 自我实现的载体

老年人协会定义了老年人的身份，赋予60岁以特定的仪式性意义：满60岁即为会员。而重阳节的仪式赋予老年人以正式的会员资格，可享受协会的福利。此外，老年人协会通过治丧活动表达对会员离开的悼念和尊重。老年人协会标定了老年人生命的起点和终点，形成了一个封闭完整的生命仪式周期。仪式的完整性强化了老年人的身份意识和身份认同,激发了老年人的主体性,表现为老年人对自我的尊重、对子代的体谅、对村庄公共事务的参与以及对晚年生活的希望。“有了老年人协会后,走在大路上,老年人也有了一股豪气”。在这种主体性的支撑下,老年人的情感归属实现了由家庭向协会的转换,这种归属层次的转换也意味着老年人对自我的一种超越。

老年人协会为老年人提供了一套以社区参与为媒介的自我实现的框架和路径,赋予老年人的生活状态以社会性,从而建构了“我们感”的群体认同。“我们感”实际上是一种自由感,老年人摆脱束缚,获得分享、参与交流的空间和对象。一位老年人谈道:“在(老年人协会)这里,你就是个老年人。和老年人在一起,更舒服一些,更自然一些,和年轻人在一起,限制就多些了。”

3. 村庄风气的净化

随着老年人协会的日常化,老年人协会对村庄秩序的定向也表现得日益明显。以老年人为中心,老年人协会在一定程度上实现了村庄社会风气的净化,具体表现在两个方面。首先,老年人协会重塑家庭关系,恢复家庭以“尊老”为核心的伦理秩序。在访谈中也发现,老年人协会成立初期,虽然参与过几次家庭纠纷的调解,但是,近七八年来,村庄中少有与养老有关的家庭纠纷。这说明,日常化状态下的老年人协会并非通过直接调解来维系家庭秩序。协会一个副会长的说法颇为有趣:“调解一次,等于调解数次。”老年人协会的能量依托具体的调解事件和熟人社会机制而迅速传播,在“面子”作用之下,事件性调解获得了超出调解事件本身的教化性规训力量。其次,老年人协会主动发掘传统文化活动。舞龙灯正是依靠老年人协会才得以在当地复兴,并引起了周边几个村庄的跟进。更值得一提的是,老年人协会对送葬的坚守,颇令人动容。在这个意义上,老年人协会不仅赋予老年人有尊严的晚年生活,而且也赋予其有尊严的死亡,老年人协会通过倡导生命的尊严而维系了村庄的正义。

六、结语:日常化组织的政策启示

中西部农村地区因为社会基础条件的缺失,决定了老年人协会进入村庄过程的曲折性和迈向日常化的必然性。村庄动员所引起的波澜在日常化的过程中得以平息,动员结构内在的张力得以释放,老年人协会以更为细腻和自然的方式在村庄扎根。日常化的归宿凸显了老年人协会的非正规性,呈现出与正式的理性化与科层化组织不同的演变路径和运行逻辑。老年人协会的非正规性主要源于以下两个要素:一是村庄制度系统本身的不规则性决定了老年人协会不可能正规化运作;二是老年人协会依托于价值生产能力达成的文化治理使其自身可以摆脱对组织治理结构的过度依赖。

认识到老年人协会非正规性的特质,对于当前的老年人协会建设具有重要意义。政府在推广老年人协会的过程中,要充分赋予老年人协会运作的自主性。老年人协会只有通过村庄动员的过程,才能成为村庄价值的生产者,进而成为有主体性且有内容的日常化组织。因此,老年人协会并非一个慈善机构,更非一个分利组织,资源的输入贵在持续和适量,重在以资源动员的方式调动村庄社会的内生力量。同时,老年人协会的理念也非基于发展主义,毋宁说具有一定的维持性色彩,正如协会的会长所言:“钱多了也不好……摊子大了,可能就收不回来了。”因此,老年人协会的建设需要一定的时间周期,政府应该注重细水长流,在发展老年人协会这件事情上,应该从文化建设的长期战略着眼,稳步推进,切忌运动式推广。

致谢:感谢一同参与调研的郑晓园,调研中的讨论对于本文观点的形成具有重要启发。

供求契合:组织持续有效运作的生存逻辑

——基于鄂中H村老年人协会经验阐释

陈文琼[①]

摘要　在农民市民化、农村市场化、人口老龄化、打工经济等背景下,村社传统的防老机制——养儿防老、养老纠纷的调解机制、村社规范等一一断裂,进而老年人缺乏照料、老年人边缘化、老年人自杀或意外死亡等问题日益突出,村庄老年人产生了照料、空间、社会交往、文化、意义感等福利需求。资源匮乏的鄂中H村老年人协会的经验显示,外来资源注入H村后将其潜在的内生资源激活,使得老年人的生活境遇有了较明显的改观,并且这种改观是以老年人自身为主体,在较轻的经济负担下通过向老年人提供与其需求相契合的福利供给来实现的。

关键词　老年人协会;资源匮乏;福利需求;福利供给

一、引言

(一)综述

学界不乏对农村老年人协会的研究,这些研究大致可以用以下两类研究进路来概括。

第一类从农村老年人协会是作为国家权力撤离村庄之后兴起的众多民间组织的一种视角出发,侧重于对这种组织进行功能主义的分析,强调这种组织的发展对乡村社会乃至整个国家所起到的作用:如黄乾、原新认为,老年人协会组织的发展对建设和谐社会具有承接政府老龄工作职能、

① 陈文琼(1989—),湖北荆门人,华中科技大学公共管理学院博士研究生,研究方向为公共政策与基层治理。

促进民主建设与促进良好社会秩序的形成等功能[①];再如王习明、申端锋等人在乡村治理的框架下,将老年人协会的功能意义延伸至其对乡村社会的治理中去,认为老年人协会可以通过参与纠纷调解和介入村庄公共事务等方式促成乡村治理的善治状态[②③];还有,赵晓峰、付少平强调从文化建设上来剖析老年人协会所具有的滋养农村社区的公共性、恢复村庄价值生产能力、增强农民社区认同感等意义[④],等等。这一研究进路对于求证老年人协会的意义及其重要性起到了非常重要的作用,让老年人协会的存在和发展得到了更广泛的合法性。但是,这一研究进路忽视了老年人协会作为一个组织本身的研究,它何以存在、如何运作等基础性问题没有得到重视。而且,这样的研究进路将老年人协会最根本的功能——提升老年人晚年的幸福感模糊化了。

另一类以农村老年人协会组织自身的生命过程为视角,剖析既有老年人协会组织强盛、衰落或内卷化的内在原因和机制。例如,马良灿对农村社区内生性组织内卷化的成因分析非常好地把握了制度资源与组织的自主性等核心要素;[⑤]谢小芹将老年人协会参与村庄治理的能力作为区分边缘与中心的标准,对黔中J村老年人协会从"边缘"到"中心"到"再边缘化"的完整生命历程进行呈现,并将资金来源的不足或丧失作为限制老年人协会发展的根本因素。[⑥] 这一研究进路强调对老年人协会组织本身进行研究,补充和完善了对老年人协会的研究,引起了学界的深刻反思。

---

① 黄乾,原新.构建和谐社会过程中的基层老年群众组织作用研究——以老年人协会为例[J].人口学刊,2006(3):24-28.

② 王习明.乡村治理与老人福利互动模式研究——河南安阳吕村调查[J].中州学刊,2006(2):94-97.

③ 申端锋.论农村社区NGO的发育和成长——以洪湖渔场老年人协会为例[J].山东科技大学学报(社会科学版),2004,6(1):28-31,42.

④ 赵晓峰,付少平.通过组织的农村社区文化治理:何以可能,何以可为——以农村老年人协会为考察对象[J].华中农业大学学报(社会科学版),2013(5):93-98.

⑤ 马良灿.农村社区内生性组织及其"内卷化"问题探究[J].中国农村观察,2012(6):12-21.

⑥ 谢小芹.组织发展的历史境遇及生存逻辑——基于黔中J村"老协会"的生命历程考察[J].民俗研究,2014(5):129-137.

但是，在这一进路下的既有研究或过分强调制度资源对于老年人协会保持生命力的重要性，或过分强调经济和社会资源对于老年人协会保持生命力的重要性。究其原因，这种过分强调背后有着和第一类研究进路同样的误区，即将放大后的老年人协会的功能视为其常态，而模糊了老年人协会的基本功能，进而导致了对作为组织的老年人协会的运作以及老年人的切实需求本身的忽视。

华中科技大学中国乡村治理研究中心(下简称“中心”)于 2004 年在鄂中 G 镇的 H 村成立了老年人协会。在创立之初，老年人协会是在农村公共品供给的实验中同复兴集体水利的实验一并进行的，可以说，当时研究中心并没有关于老年人协会清晰的定性。但是，老年人协会竟在中心每年 5000 元的赞助下不知不觉维持了 10 多年的时间，更值得一提的是，这个老年人协会不仅没有因为资金、资源少而办不下去的迹象，反而因为它极大地契合了这 10 多年来日益严峻的老年人的养老问题，因此被老年人和村庄需要、被政府重视而前景愈加光明。

这个老年人协会经历了如此“微妙”的 10 年，其持续运转的内在机制让它的创办者都有些疑惑，因此认真审视老年人协会的性质、定位、理念，以及它是如何与村庄社会发展相契合而被老年人和村庄需要，如何与中部农村老年人实现老有所养的命题相呼应，又是如何在发挥影响力并显得极为重要和迫切。本文的目的在于，机制性地还原 H 村老年人协会在运作的这 10 多年中，在物质和文化资源都匮乏的背景下，通过其行为系统进行福利供给，来有效契合老年人的切实需求并保持协会顽强生命力的这个过程。

(二) 研究进路与分析框架

本文试图在第二类研究进路下继续推进，将老年人协会组织的功能回归到提升老年人晚年的幸福感，为老年人提供福利中去，然后以资源匮乏的鄂中 H 村老年人协会成功运作 10 多年的经验为基础，通过对老年人的福利需求和老年人协会的福利供给进行分析，提出老年人协会的另一生命力之源，即作为福利供给手段的组织自身行为系统的运作与老年人的切实需求之间的契合，并对这种契合进行机制性的还原。

本文总体上采用需求—供给的分析框架，但需求和供给产生的机制是截然不同的，因此需要分别对需求和供给做出分析，然后再回归到讨论供求之间的契合中去：老年人的需求产生于村庄社会本身，由其现实生存状态与理想状态之间的断裂而产生，要准确把握老年人的切实需求，就必须回归村庄社会的一些基础性问题中，完整把握老年人的实际生存状态和理想生活状态；老年人协会的福利供给行为需要一些基本的前提条件：一是一定的组织资源，二是相对完整的组织机构设置，三是具体实施福利供给的行为系统。事实上这些条件就是组织运作的全过程。从某种程度上讲，老年人的切实需求具有一定的客观性，对其认识和把握遵循一个发现的逻辑，而福利供给则相对是一个组织发挥主观能动性的过程，遵循一个创造性适应的逻辑，因此供求契合的过程主要体现为供给对需求的适应过程。

（三）调查个案总体情况介绍

H 村是位于鄂中丘陵地区的普通农业型村庄，村民的收入来源主要有两块，分别是在家务农的收入和外出务工的收入，村庄的内生性资源非常匮乏，空心化程度也比较高。2014 年，H 村总人口为 1705 人（户籍人口），其中 60 岁以上的老年人口有 318 人，H 村 18.65％的老年人口比重显然说明其人口老龄化已成为不争的事实。若将 H 村中青年人外出务工的现象考虑进来，以 H 村的常住人口为基数，那么 H 村的人口老龄化率还远不止 18.65％。

H 村 60 岁以上的老年人除了老龄化率高之外，还具有两个重要的结构性特征：60～70 岁的老年人和 70 岁以上的老年人有一个本质差别，因为 60～70 岁的老年人基本上还算得上是壮劳力，他们的劳动能力远远强于 70 岁以上的老年人，他们不仅有足够的能力养活自己，还在代际接力式城镇化的过程中起到后卫的作用；并且，60～70 岁的老年人因为创造财富的能力还较强，故还没有真正边缘化；另外，60～70 岁的老年人因为自身的劳动能力还很强，故没有闲暇，而 70 岁以上的老年人则相反。

二、村庄视域下老年人的福利需求

（一）老年人边缘化

H村一位78岁的老人家LJS说："这个时代，你看这附近有哪个老年人是跟着儿子吃住的？你想去哪家转？没人给你捡板凳（坐），人家看到你只会嫌你脏，关门都来不及。那些年轻人，他们只有在有事相求的时候才会来找我们，没事的时候尿都不会朝我们老年人这个方向撒。"

在H村，老年人的边缘化程度非常高。这种高度边缘化具体的产生机制与三个过程紧密相关：约束孝行的道德规范丧失约束力与高度市场化的社会评价标准的建立，使老年人传统的地位丧失了村庄社会结构的保障；敬老的文化在丧失了村庄社会结构保障时，就变成单个家庭的个体化行为，这种个体化行为极不稳固，容易被中断，中断的力量首先来自妇女地位的上升和家庭权力结构中老年人地位的下降，中断的第二个力量来自镶嵌在村庄社会竞争中的代际接力式的城镇化，它与核心家庭资源的集中和向下传递紧密相关，家庭的这种压力极易转移到地位低下的老年人身上①，因此无法为此贡献力量的老年人在村庄与家庭中被忽略，而老年人也能够理解这种现象；最后，老年人在村庄和家庭中无地位、无价值的现象被老年人自身所感知，如果继续进入村庄公共空间，他们会遭到嫌弃，如果继续参与子代的家庭生活，会导致"不必要"的家庭矛盾和生活的不愉快②，所以理解子代的老年人从村庄和家庭生活中退了出来，老年人的边缘化就此形成。

（二）老年人缺乏照料

1."单过"：孝文化衰落

据统计，H村几乎所有的老年人都没有和儿子住在一起，当地人管这

① 杨华，欧阳静．阶层分化、代际剥削与农村老年人自杀——对近年中部地区农村老年人自杀现象的分析[J]．管理世界，2013(5)：47-64．

② 贺雪峰．农村代际关系论：兼论代际关系的价值基础[J]．社会科学研究，2009(5)：84-92．

一现象叫“单过”，它主要包括分开居住和分灶吃饭两个内容。“单过”的现象是随着老年人的边缘化进程和孝道衰落进程一同发生的。“单过”的老人是孤独而寂寞的，他们没有办法享受完整的家庭生活，无法像过去那样从家庭儿孙绕膝的热闹和温暖中来获得精神上的愉悦；“单过”的老人也是高风险的，他们在生病难以自理的时候容易因为无人照料而发生意外。

(1)“单过”与对家人的期待。

78岁的LJS虽然是一个人住的，但也算住的儿子的屋，比起其他老人住的小破屋来说，他觉得很满足。虽然要帮儿子干点小活，“能显示点能量就显示点能量”，但儿子对父亲也尊敬，媳妇也不给脸色，儿子还给父亲提供着比较稳定的生活来源。在邻里的老人家看来，LJS是真的享福，因为老人家的儿子是这么孝顺。听到邻里的羡慕，LJS也很得意，但却又叹气说儿子毕竟心粗，要是有女儿就好了，烟酒也有人买给他，平时零花钱也多一点。

这个质朴的案例透露出老年人对家人关怀的渴望，虽然这种渴望仅限于一些很小的细节，如“媳妇的好脸色”“儿子给吃的”“女儿回娘家的探望”等。在H村，因为老年人在家庭中的边缘化，儿子的关怀成了一种偶发性的事件，很多长期孤独的老年人都视女儿回娘家的探望为非常温暖的事，这让没有女儿的人好生羡慕。老年人虽然不敢奢求来自家庭的温暖，但却无时不透露着对来自家人的关怀的渴望，但这种渴望却受制于孝文化的衰落而无法获得满足。

(2)“寻短”与照料的需求。

“单过”的老年人，尤其是生病与丧偶的老年人，他们在日常生活中缺乏照料，若老年人丧失了基本的自理能力，连一日三餐都没有保障，这种境况下老年人的“单过”就存在很多安全隐患。

H村九组，有一位瘫痪在床的老人家自己一个人住在小儿子家，一天晚上，瘫痪的老年人因为被子掉在蚊香上，最后被活活烧死了。

老年人都相信“久病床前无孝子”，他们平日里最害怕的事情就是生病，生病了不仅要花钱，还会对子女产生依赖，但老年人却并不对子女抱有希望，因为“老年人生病无人管”几乎已经成为常态。

LJS 说：“哪天，我要是生了什么不好治的病，我就寻短，反正我活着也没什么盼头了，老年人都是这样，只有一条路了。村里很多老年人都是这样走的，自己一个人已经过不下去了，有什么办法？也不能让儿子为难，老年人哪个都不怪。但总归，老年人走这条路，还是有口气（勇气），儿子媳妇的一个眼神就足以促成这口气了。”

在孝道衰落、老年人无地位的当下，老年人对子女在床前尽孝的期待已经薄弱到只需要他们的一个“眼神”就破灭的境地，因为对子女期待的薄弱，老年人自己一个人已经无法继续生活下去的时候，他们除了“寻短”别无选择。但是，在自己一个人无法生活与“只有去死”之间可以加入“对老年人的照料”来改变“只有去死”这个选择。承担这个照料的主体，可以是通过孝文化的重建以子代的赡养来达到，也可以由一定的社会组织来为老年人提供照料服务。

2. 苦闷的生活与“寻伴”和打发时间的渴望

无奈的是，拥有很多闲暇的老年人没事的时候就坐在自家门前孤独又苦闷地发着呆，这个现象源于老年人的闲暇生活内容极度匮乏，这种极度匮乏不仅体现在缺乏社会交往的对象以及容纳交往的地域空间上，还体现在打发闲暇的具体娱乐活动形式单一上。

（1）交往圈层的缩限与“寻伴”需求。

老年人在作为居住单元的村民小组中的社会交往出现了一种圈层的结构特征，即老年人的社会交往不仅受制于地域上的圈子结构，这个圈子随着年老过世变得越来越小；还受制于老年人边缘化的社会地位，受制于社会地位的社会交往具有一定程度的层次特征，这个层次难以跨越。

边缘化的老年人是不会和中青年人玩的，那是自讨没趣，他们甚至都不会和60多岁"香一些[①]"的人玩。到年龄相仿的人家里玩，老年人担心会遭人家媳妇的嫌弃；到人多的地方玩，老年人又担心会受到中青年人的排斥。

LJS说："一个人在家里坐着剥棉花的时候会觉得很苦闷，剥一会儿之后就想出去走走，到田地里走一圈再回来接着剥；偶尔家里来几个老年人，帮忙一起剥，时间好像过得快一点，也能坐得久一点。"

边缘化的老年人受制于圈层化的社会交往特征，随着老年人交往的圈层中的同伴越来越少，很多老年人最后只能以坐在自家门前发呆来打发一天的时间。但是他们仍然渴望同伴之间的互动：自己一个人在家里待久了会觉得苦闷，但来几个人陪着一起坐坐、聊聊天也觉得开心，至少时间过得快一些。老年人在圈层化的交往结构下，有很强的"寻伴"渴望，但这种"寻伴"的渴望受制于边缘化老年人社会活动的空间紧缩而无处释放。

(2) 大量的闲暇与单一的内容。

70多岁的老年人受制于自身的身体状况，从日夜操劳的生产活动中"退休"了，除了维持自己生存所用的少量劳动时间，"退休"老年人大多数时间都属于他们的闲暇。但是，村庄少得可怜的娱乐方式无法与老年人的大量闲暇对接。如看电视，电视上的大多数节目和老年人的生活经历相差甚远，他们不感兴趣；不少老年人喜欢打麻将，但是村里的麻将(输赢)越打越大，没钱的老年人根本玩不起，而且还有不少老年人根本不喜欢玩麻将，最后，以至于很多老年人只有在自己门口苦闷地坐着来"熬"日子。

(三) 村庄视域下边缘化老年人的福利需求

董海宁将满足老年人需求的社区老年福利分为物质经济福利、生活

① 在H村里，60多岁的老人都会认为自己比70多岁的老人"香一些"，因为他们还是壮劳力，还可以为子代做很大的贡献：他们不仅有足够的能力养活自己，还可以帮外出务工的儿子媳妇照顾小孩，在儿子媳妇回家过年的时候给他们口粮。

关怀福利、文化娱乐福利和权益保障福利四种类型。① 邢成举根据村庄场域中老年人自身对“福”的理解，将老年人的福利内容分为文化娱乐型福利、物质供给型福利、意义寄托型福利、社会交往需求满足型福利和家庭和睦期待型福利五种类型。②

普遍说来，老年人的福利需求可简单分为三大类，即物质类福利需求、服务类福利需求和精神类福利需求。在当前农村老年人养老的社会和制度背景下，老年人的物质类福利需求主要有以下三个来源：国家养老津贴、子代对父代的物质输送和老年人自己的劳动所得。在这样一种供给条件下，老年人虽然抗风险能力差，但能从物质上维持自己的生存。服务类福利需求是指老年人因为缺乏照料和身体的残弱而产生的需要向其提供服务的需求，如生活照料和定期医疗卫生检查等。老年人的精神类福利需求是指老年人在家庭生活、社会交往等环节中所获得的价值感和意义感。而老年人在家庭和村庄中的边缘化地位使得后两类需求的满足成为问题。

本文根据 H 村老年人边缘化的生存状态与其所具有的结构特征，综合其在日常话语中表述出来的需求，将老年人产生的服务类和精神类福利需求，以及不同年龄段对各类福利需求的程度进行统计，具体如表 4 所示。

表 4　老年人福利需求程度

福利		精神类福利			服务类福利	
年龄	配偶状态	文化福利	娱乐福利	空间福利	照料需求	医疗卫生需求
60～70 岁	—	中	弱	弱	弱	强
70 岁以上	丧偶	强	强	强	强	强
	有偶	强	强	强	中	强

注：以上分类并不是完全相互独立的，仅做分析用。

① 董海宁. 现代农村社区福利的产生和促进——对浙江宁波 L 村老年协会个案的考察[J]. 社会，2003(11)：9-12.

② 邢成举. 社区组织：老年人社会福利再造的探索——从兰考老年人协会建设实践切入[J]. 社会保障研究，2012(1)：58-63.

其中老年人的文化福利需求产生于村庄传统价值和文化的丧失，主要指支撑家庭养老的孝文化和保障老年人获得尊重的敬老文化。老年人的娱乐福利需求首先产生于村庄娱乐活动的匮乏，其次产生于老年人因身体状况无法长期参与劳动而拥有的因边缘化而无处打发的大量闲暇时间，最后还产生于老年人无法适应当下的电视等文化娱乐活动[①]。老年人的空间福利需求主要产生于其在村庄社会生活中地域空间上的紧缩。照料需求则产生于家庭生活的不完整和身体状况的每况愈下。因医疗卫生需求主要取决于国家医疗保障制度，所以此处不讨论。

三、H 村老年人协会的运作

2004 年，H 村老年人协会在华中科技大学中国乡村治理研究中心的赞助下办了起来，创办的时候投入稍微大一点。老年人协会后续运转的资金很少，平均到每人每天也不足 1 毛钱。但正是在这样的条件下，老年人协会竟也维持了 10 年之久。

（一）“连带性吸纳”：组织资源

从资源的来源来看，组织资源可以分为两类，即外来资源和本土资源。在 H 村，外来资源主要表现为中心每年 5000 元的赞助，这种赞助可以算作罗兴佐所说的“第三种力量”[②]；本土资源主要表现为人才资源，即“五老”资源（老党员、老干部、老教师、老军人和老技术人员）和其他积极分子以及他们的村庄生活体验。总体来看，H 村的资源虽然比较匮乏，但是足够组织能动性地调动和运作，组织的运作就在于充分利用外来资源对村庄本土资源进行“连带性吸纳”[③]，将内外资源整合起来。

（二）独立：组织的自主性

H 村老年人协会的这种独立性主要是相对于村“两委”而言的，主要

---

① 王德福. 乡村建设的文化使命[J]. 绿叶，2014(8)：35-40.

② 罗兴佐. 第三种力量[J]. 浙江学刊，2002(2)：24-25.

③ 邓燕华，阮横俯. 农村银色力量何以可能？——以浙江老年协会为例[J]. 社会学研究，2008(6)：131-154.

体现在三个方面：一是空间上的独立性，二是管理上的独立性，三是财务上的独立性。

空间上的独立性让老年人协会更有力地规避村庄的主流价值，从而能保证边缘化的老年人更从容自如地进出老年人活动中心；管理上的独立性可以更加充分地调动熟悉村庄、有着丰富村庄生活经验的老年人自身的主观能动性，集中体现和满足老年人自身的需求，提高他们的积极性，让老年人协会真正属于老年人，避免"行政化"趋向；最后，老年人协会财务上的独立性可以更好地保证老年人协会所获得的每一分钱都更有效地花在老年人的切实需求上。

（三）组织机构设置

H 村老年人协会有简陋但宽敞明亮的两间大瓦屋，两间大瓦屋之间还有一个水泥场地作为活动基地，即老年人活动中心。老年人活动中心中并没有专门的办公室，因为没有什么必要。H 村老年人协会的组织机构中设有会长、副会长、出纳、会计等职位各 1 个，还有 2 名文艺顾问，还在 H 村全村 11 个村民小组中各挑选了 1 名理事组成了老年人协会的理事会，其中有 2 个理事分别是会长和出纳兼任的，还有 1 名理事兼任老年人协会的专职值班员。对于 H 村老年人协会的运作而言，最为关键的职位是会长、专职值班员和文艺顾问这 3 个。

会长是有时间也有能力的组织者。H 村老年人协会的现任会长 HCD，现年 75 岁。有文化、有精力、有时间也有号召力是他作为老年人协会核心组织者的关键且不可或缺的特征。

专职值班员是真正把老年人协会当自己的家一样在看管。9 年来，他都住在老年人协会，哪儿都不去，保证老年人协会每天都在开敞、干净的环境中迎接每一个愿意来玩的、在"寻伴"的、边缘化的老年人。

文艺顾问负责在会长的协助下解决好老年人协会文艺活动的两大资源问题，即人和节目。文艺顾问通过动员村庄中的文艺积极分子来解决人的问题，通过自创、学习、模仿等方式解决节目的问题。

(四)实施福利供给的组织行为系统

老年人协会以通过向老年人提供其所需要的福利来提升老年人晚年的幸福感为组织目标,这个目标不是随随便便就能实现的,它需要组织立足于客观现实、调动村庄内外资源,在一定的行为系统中反复采取行动。目前,可以从H村老年人协会正在做的事情之中将其行为系统用三种行为机制呈现出来:老年人协会作为主体参与村庄人情,每年一度地操办属于老年人的重阳节庆典活动以及为老年人提供一个满足其"寻伴"需求的专属于老年人的活动场所。

四、供求契合:行为系统对老年人福利需求的能动性适应

老年人以70岁为分界线,对文化福利、娱乐福利、空间福利、照料福利等具有不同程度的需求,老年人协会以其福利供给的行为系统及其调试能力来能动地满足老年人的需求:通过操办重阳节庆典以及在老年人活动中心提供多样化的娱乐活动等方式来为老年人提供娱乐福利;通过在重阳节庆典上进行有价值导向性的文艺表演活动来为老年人提供文化福利;通过老年人活动中心的开放性和保护性来为老年人提供空间福利;通过探望的形式来为老年人提供照料福利等。

(一)福利的边际效用最大化:适应资源匮乏和老年人结构特征的现实

如前所述,老年人协会的资金平均下来,每人每天还不到1毛钱。但是老年人协会每年却要用这点钱去办很多事情:支付专职值班员工资,每年1500元;操办一年一度的重阳节庆典活动,并于当天给所有本村的老年人发小礼物(每年差不多都是毛巾、袜子及香皂等),整个预计花费2500元左右;老人过寿、去世时,老年人协会送礼、送葬,随着老年人越来越多,累积起来也是一笔不小的开支;还有老年人协会的水、电费用以及需要的工具设备的购置等。要想把老年人协会切切实实地办下去,前两项开支就是必要的,是硬性的。在每年5000元经费的前提下,老年人协会必须找到开源节流的办法,才能使后两项和其他一些需要用钱的地方

有钱可用。

因为前文所提及的老年人所具有的结构性特征，60～70岁的老年人对老年人协会的需要程度就不如70岁以上的老年人，老年人协会在提供福利的时候必须认识到这个差别。H村老年人协会利用了这个差别，即老年人协会从老年人60岁、70岁的祝寿人情参与中退出来了，集中剩余财力参与80岁、90岁甚至更高龄老人的祝寿，最大化福利供给的边际效用。

（二）空间福利的供给：满足老年人的社会交往需求

空间福利指的是老人所需要的独立而相对封闭的活动场地，具体来说，空间福利包含了活动场所和这个活动场所之中必要的活动设备。①

老年人“寻伴”需求的满足以一定的地域空间为载体，途径主要有三种：一是进入同伴所属家庭的私人领域；二是大家一起去村庄的公共场所，如小卖部、村委会等；三是进入一个专门为老年人搭建的公共场所。前两种满足途径是与老年人的边缘化处境不相称的，而后一种则需要一点资源，为老年人搭建一个能够规避村庄主流价值的真正属于老年人的场所，并且这个场所不能排斥老年人的进入。

老年人协会以老年人活动中心为载体，老年人活动中心的大门对所有老年人都是开放的，它就是专门为老年人协会而建的，它规避了村庄的主流价值对老年人的“另眼相看”，也即老年人活动中心将中青年人对老人的嫌弃排除在外，让参与其中的老年人相互为伴、不再孤单，让老年人在交往的过程中获得价值感、意义感和幸福感。

（三）娱乐福利供给：满足老年人打发闲暇的需要

除了在农忙季节之外，H村老年人协会专职的值班员能保证老年人活动中心的大门每天都是开的。虽然里面的设备简陋，但电视、影碟、图书、报纸、象棋，还有老年人普遍钟爱的麻将和麻将桌都有，基本上能够很

① 资料来源于印子2014年工作报告《中国老年人协会的建设实践及其乡村公共文化使命——“低消费、高福利”模式的可能》。

好地满足老年人的需求。老年人打麻将一般也不会打(输赢)大的,运气最差的时候也就输二三十块钱,所以输赢和麻将都只是为了满足老年人的娱乐需求。在凑成一桌麻将和老年人打麻将的整个过程中,大家相互嬉笑怒骂,也是一种缓解苦闷的趣味。

每天来老年人活动中心玩的老年人最少也有将近 20 人,打麻将的都有五六桌。逢下雨的时候,人就更多了,光打麻将的 9 桌都不止,老年人都很骄傲地说:"下雨的时候,活动中心的人前前后后都是满的,打牌的、跳舞的、下棋的、看书的、看碟的,非常热闹。"老年人们每天早上 8 点左右来到这里,到下午 1 点的时候就会回家自己做饭吃,吃完就在家里搞搞劳动,老年人们管这个叫劳逸结合。

(四)照料福利供给:满足老年人的照料需求

老年人协会还组织老年人去探望那些因病无法通过分享老年人协会提供的空间福利进而获得来自社会交往的价值和意义感的老年人。老年人协会以探望的方式,让老年人感受到来自组织的关心,来自组织的温暖可以化解老年人内心的苦闷,为他们提供一种精神上的归属。有所欠缺的是,H 村老年人协会未能将这种专为不能照料自己的老年人提供的照料服务制度化,因此老年人的照料需求还有待老年人协会继续在低成本的基础上,调动老年人自身的闲暇资源,鼓励老年人之间的互帮互助,更充分地满足老年人的照料需求,以免他们生病之后觉得自己只有"死路一条"。

(五)文化福利供给:宣传和鼓励敬老文化,为老年人争取家人的关怀

谭同学曾设想过,在这样一种缺乏民间敬老文化传统的农村建立老年人协会,并动员广泛的群众参与老年人协会组织的文化娱乐活动中,会达到怎样的效果。[①]

① 谭同学. 老年人协会、村庄生活与民族精神——乡村建设视野中民族精神的培育与弘扬[J]. 华中科技大学学报. 社会科学版,2006(2):7-10.

在H村，随老年人边缘化一同发生的是敬老文化、孝文化的衰落，而这些文化恰恰是让老年人得到家人关怀的结构性保障，H村老年人协会在其文化娱乐活动中植入敬老文化与孝文化的宣传，试图为老年人争取家人的关怀。

H村老年人协会在每年的重阳节都会举办一次节日庆典，这个庆典的主要内容包括三个，分别是村“两委”及老年人协会的会长先后对老年人表示慰问；文艺演出活动，主要节目包括腰鼓、舞蹈、相声、小品等；最后是给所有到场的老年人发礼物，礼物虽小，但老年人收得开心。文艺表演者和节目的编排者有着丰富的村庄生活经验，他们可以发挥创造力，将一些敬老文化语境下的正面或反面故事，以轻松诙谐的相声或小品的形式呈现出来；他们还在大会上公开对村里的孝顺媳妇进行表扬，甚至“特发此状，以资鼓励”。通过这样一个在具有公共性的平台上，对敬老文化进行宣传，对敬老行为进行鼓励，并在长期的运作中将这种宣传和鼓励变成老年人协会的制度性行为，再造敬老文化并非不可能。正如赵晓峰、付少平所认为的，老年人协会通过嵌入式吸纳和连带性扩散机制，为文化重建提供了可能的路径。

五、供求契合：老年人协会可持续运作之根基

（一）H村老年人协会的成功

近10年来，H村老年人协会已经渐渐成为部分老年人的一种生活方式，也已经通过参与村庄人情、办重阳节庆典和为老年人提供打发时间的去处等方式不知不觉地获得了整个村庄的认可。老年人协会因为运转成功，并确实为老年人提供了他们所需要的福利，所以它在村庄里是堂堂正正的，丝毫不会因为老年人地位的边缘化而遭受村庄的冷嘲热讽。

因为老年人协会办得有声有色，媒体也来围观，政府也予以重视并且提供物质上的帮助和支持，这些认可、围观和鼓励让老年人协会收获了切实的存在感。这种切实的存在感是老年人协会持续下去，不断地为提升老年人晚年的幸福感采取行动的保障，是老年人协会的组织者越干越有

劲的精神动力。

（二）供求契合：老年人协会可持续运作之根基

H 村老年人协会的成功并没有如东部发达地区那样拥有充足的物质资源作支撑，也没有如部分南方地区那样拥有丰富的地方性文化资源作支撑，同样也没有来自国家完善的制度保障。H 村老年人协会成功的根本原因在于，它将村庄内外资源较好地整合起来，充分发挥组织的能动性，使老年人协会的福利供给与老年人的福利需求相契合，通过这种契合，吸引了大量的老年人参与老年人协会创办的各种活动中去，让老年人协会办得有声有色。

这种供求契合的关键就在于，它充分正视老年人也有生活的积极性，也有追求福利的参与感，他们不是等着被人照料的病人。只要福利供给真正与老年人的需要相契合，他们的主体性和参与能力就能充分地被调动并显示出来。

（三）扎根于供求契合的低成本高福利：一种可推广的经验

最重要的是，H 村老年人协会的成功始终只以少量的物质资源为前提，本文认为这便是它在自发发展过程中逐渐形成的，也是与村庄社会甚至是整个国家的经济状况和老龄化问题失衡相适应的低成本、高福利的理念，因而是可以推广的。

总的说来，这种低成本、高福利得以实现的经验在于：首先，它充分尊重组织自身所处的环境，认识到老年人的切实需求；其次，它充分发动村庄的“五老”资源和文艺积极分子，让老年人协会得以在少量资金注入的条件下实现自我运转；再次，它通过在运转过程中对组织自身行为系统的调试，来为老年人提供他们所需要的福利；最后，在这种供求契合的过程中，充分调动老年人自身的主体性和参与感，让老年人真正参与到以老年人协会为载体的乡村建设实践之中。

致谢：本文问题意识源于与印子、杜姣一同在鄂中 H 村的经验调查，文中的一些观点受到他们的启发，在此对二位表示感谢。

贺集村老年人协会的村庄实践

杜　姣

贺集村位于湖北省沙洋县高阳镇内，贺集村老年人协会于 2004 年在贺雪峰教授等人的资助下成立，已走过 10 多个年头。作为外来资源输入性的社会组织，它经历了同村庄熟人社会相磨合和适应的过程。发展至今，不论是老年人协会组织本身，还是依托于组织开展的各项活动，都进入了常规化的运作轨道，并已深深地嵌入村庄老年人及村民的思想意识和生活之中。本文主要基于 2014 年 9 月 24 日至 10 月 2 日为期一个星期的对贺集村老年人协会的观察以及相关人物的访谈，结合村庄老年人的生存处境，来分析老年人协会与村庄老年人之间存在的供需关系，以及老年人协会的村庄适应逻辑，以此来解析老年人协会在村庄老年人群体，乃至整个村庄层面的作用及其作用产生机制。

一、城市化背景下农村老年人地位的边缘化

（一）进城压力的代际传递

在西方现代化的叙事话语和历史的经验中，城市化既是观念的必然，也是实践的必然。人类历史的发展似乎也印证了这一必然。城市和农村一直都是作为二元话语的存在，进步与落后、现代与传统，成为人们想当然地对城市和农村的感性认知。向上和渴望进步的人们，城市自然成为他们追求的目的地。新中国成立后的前三十年，是为后来的城市化积累资本的阶段。改革开放以来，我国的城市化进程全面铺开。在改革开放的浪潮下，相对封闭的村庄逐步向城市打开。土地联产承包责任制的实行，更是为农民向城市的自由流动提供了制度上的可能。城市化，从某种意义上说，即为农民的城市化，体现的是农民身份向市民身份的转变。

向城市生活的奋斗，具体到村庄中的各个农民家庭，则表现为家庭经

济资源的不断积累。在城乡二元结构及我国特色土地制度的前提下，农民家庭普遍采取以代际分工为基础的半工半农的家计生产模式，以充分发挥家庭劳动力的优势，最大限度地实现家庭经济收益的最大化。在农民家庭内部，经济资源呈现出从父代向子代的传输，以达到资源向子代手中的积聚，进而实现进城的目的。与经济资源向子代的传输相反，进城压力在家庭内部通过代际关系实现向父代的传递。在父代无法进城的情况下，进城的希望转嫁到子代身上。在大部分农民以打工和农业为主要经济增收渠道的客观条件下，只有通过两代甚至两代以上的努力和付出，才能暂时性获得在城市安家落户的货币收入。与资源的集聚相伴随的，是对家庭消费的抑制。

一般来说，农民进入城市，实现向上流动且最有效的渠道主要有三种：一是教育，二是当兵，三是经商。依赖这三种方式实现向上流动并在城市安家的可能性较大，他们在城市中具有更大的获得稳定就业的可能性。但就农村的现实而言，通过以上渠道实现向上流动，并在城市落户的占极少数，大部分依然是依靠以代际分工为基础的半工半农的生计模式实现货币资源的积累，来进入城市。这部分农民即使是进入城市，但由于在城市中难以获得稳定的就业和增收方式，因而很容易沦为城市中的底层。为了维持在城市中的生存，这些农民对在村老人开展了新一轮的、持续性的剥削。这便是在城乡二元结构下，城市对农村剥削在农民家庭中的微观化表现。

进城的压力在农民的日常生活中主要表现在以下三个方面：一是孩子的教育投入，二是城里买房的投入，三是婚姻彩礼的投入。其中教育投入是农民渴望子代实现向上流动并在城市落户定居的重要方式。但于村庄中的普通农户，尤其是对处于四五十岁这一年龄阶段的农民而言，为子代在城里买房和结婚彩礼的投入占据生活开支的最主要部分。同时，城里是否有房成为女方嫁入男方的重要条件。据了解，当地很多村民都在荆门市区、沙洋县城等地买房了。荆门市区的房子一般价格为每套三四十万元，加上婚姻彩礼的十来万元。在短时间内支付五十多万元的货币开支，这对普通的农民家庭来说，不是个小数目。为了获得这笔收入，农民家庭便需要进行高效的劳动力配置，以代际分工为基础的半工半耕的家计模式是其重要的策略性选择。

以个体的生理年龄为界，在笔者所调查的沙洋县农村，普遍表现为五六十岁的人是农业种植的主体，三十岁乃至更年轻的人则常年在外打工，每年仅在过年时回到村庄。五六十岁的村民在当地仍被称为青壮年劳动力，这意味着虽然他们在劳动力市场上处于就业的边缘性地位，但在以土地耕作为主的村庄，他们并未退出劳动，而是尽可能地将其劳动力的价值发挥到最大，以更多地实现资金积累，支持子代进城，并维系城里的生活。

五六十岁的村民在村庄分化为三类：一类是耕种自家的 10 来亩土地，农忙时务农，农闲时务工，务工的地点大多在高阳镇附近，以打零工为主；一类是耕种自家的 10 来亩土地，附带承包 20 来亩的鱼塘；一类是流转村民的土地，土地种植规模在 30 亩左右。因此，五六十岁的村民依然是村庄中较为忙碌的群体，他们的闲暇时间受到极大的压缩。与法律在年龄上对老年人的划定不同，村庄的语境以劳动能力的强弱作为界定老年人群体的标准。在子代进城的压力之下，五六十岁的老年人仍然要进行资源的代际转移。与此同时，为了减轻子代的压力，五六十岁的老年人除了对子代给予资源支持之外，还要承担自身的养老责任，儿子的养老功能弱化。村庄中 70 多岁的老年人，由于身体状况及体能的下降，以及儿子在村的耕种需求，其不得不退出农业生产。这一年龄段的老年人，一般只种几分口粮田供养老之用。农忙时，他们以家庭附属劳动力的身份存在。这一年龄段老年人的儿子在其子代进城的压力之下要不断进行资源的积累，在家庭资源相对匮乏的情形之下，便对其父辈的养老资源进行挤压。养老资源的挤压包含两个方面：一是对养老物质资源的挤压；二是对养老时间的挤压，养老时间主要是指儿子对父代的日常照料时间。此种养老资源的挤压方式表现了子代进城压力通过代际关系的二次传递。也就是说，孙子的进城压力通过代际关系传递到了爷爷辈，这种压力在爷爷辈身上的表现形式即为养老资源的相对匮乏，尤其是日常照料的匮乏。

在入户走访时，我们遇到一个87岁的老年人正在锄地种油菜，看起来非常吃力。他有3个儿子，都50多岁。他老伴去世，住在小儿子村中的房子里。二儿子做了上门女婿，大儿子和小儿子都在荆门市区打工，并在荆门市区买了房子。儿子每年给他的只有200元钱和200斤大米，然后就是靠国家的养老保险。他说："儿子也要谋生活，有他的负担。"为了节省开支，他每次买菜都只买土豆，以至于他自己都说吃腻了。他也尝试过种菜，但没有种成功。食用油靠自己在屋前屋后的园地上种点油菜。家里的承包地在儿子的主张下流转给别人耕种，也没要租金。大儿子到中秋节、端午节会来看看他，但往往都是吃完饭嘴一抹就走了。其他两个儿子每年就回来一次。

（二）老年人生命价值的功利化及其文化意义的消解

进城的压力是城市化背景之下村民所面对的外向性竞争压力，是现代理性发展的必然结果。随着村庄的对外开放以及村民生活面向日渐向外，现代理性及市场经济中的功利性观念进入村庄，冲击着村庄的伦理规范以及村民的价值观念。国家力量从村庄全面退场，进一步弱化了村庄内生性价值伦理规范抵御与市场力量相伴随的经济理性价值的力量，村庄既有的价值伦理规范为市场价值所替代，并成为衡量村民在村庄社会结构中地位和威望的最为重要的指标，"为富是尊"成为主导村庄价值的话语。

"富"展现的是个体或家庭生产经济价值的能力，具体到家庭内部，家庭成员个体的价值则体现为创造经济价值的能力。这种话语或观念的出现，从某种程度上即意味着孝文化的解体。老年人的生命价值沦为功利性的且被物化的经济价值，其生命所承载的传统文化意义被消解。于代际关系之中，则表现为子代对父代劳动所赋予的经济价值的极度剥削和占有。一旦父代劳动能力丧失，赡养父代的义务直接被冠以子代的负担之名。子代在进城这一外向性的竞争压力之下，理性地选择压缩养老资源，以实现资源的积累。随着女性在家庭权力地位中的崛起，直接构成了对老年人权威地位的挑战，老年人在家庭权力结构中处于不利的地位。

于是,老年人,尤其是丧失劳动能力的老年人便陷入无人供养(或仅有少量的养老资源)、日常照料和精神匮乏的境地。一位78岁的老年人这样说道,“(老年人要尽力)给儿子做事,显示自己的能量”,否则就会遭到嫌弃。

老年人的生命价值直接与其经济生产价值相挂钩。笔者早前在沙洋县T村调查时发现很多老年人自杀的案例。这部分选择自杀的老年人有两个共同点:一是生病或长期卧病在床;二是老伴去世,生活缺乏照料。对老年人而言,生病意味着劳动能力及自理能力的丧失,在子女日常性照料缺乏的情况下,老伴成为老年人最重要的生活和精神上的支撑。此时,老年人往往会因为难以忍受病痛的折磨,以及在自己成为儿子负担的意识之下,无奈地选择死亡。死亡成为老年人逃避残酷现实的方式,很多老年人都说,“老年人得了病就过得不好”,“老了没有出路了,都遭业(难受)。只有死,死了都安逸了,儿子也安逸了”。即使不选择自杀,生病的老年人也会因为无人照看而遇到各种危及生命的风险,此次调查期间就听说一位老年人因为没人照看被活活烧死的案例。

某年6月份,一位80多岁的老年人,因为家里着火被烧死了。这位老年人有两个儿子,两个儿子及儿媳都在比较远的地方打工。这位老年人瘫痪了10多年,以前老伴身体还可以的时候,都是由老伴照顾,女儿有时也会回来照看一下。这位老年人住在小儿子家,由于小儿子的房子小,其老伴就搬到了大儿子家。这两年,老伴个人都自身难保,行动十分不便。

(三)老年人行为逻辑的自我调整

在进城压力及村庄孝道文化消逝的背景之下,儿子(或家庭)的养老功能逐步弱化。在家庭权力向儿媳转移的情形下,在儿媳眼中,老年人是其所在核心家庭资源的争夺者,代际冲突或紧张关系便通过婆媳矛盾的形式表现出来。随着儿媳在子代家庭中地位的日益凸显,老年人能明显地感受到自身地位的下降以及在家庭中的边缘性角色。以至于有老年人说:"(现在是)'老子天下第一',年轻人就是老子,接媳妇就是接祖宗。"很多老年人通过对其他老年人的行为方式所形成的处境的观察或自己在前期同儿媳相处过程中经验的感知,会适时地调整自己的行为,以尽可能地避免婆媳或代际之间的冲突。"老年人要自觉","老年人都变聪明了","老年人自动退步,让媳妇过得好一些",就是其进行行为调整的重要表现。

老年人对自身行为的调整主要体现在以下几个方面。

首先,是家庭财产的全面退出,家庭财产主要包括房屋和土地。此种退出,即当地所说的"净身出户"。退出是在儿子结婚之后的分家时刻。如果儿子在村生活,老年人则仅留下少部分口粮田,供自己的日常生活。

一对60多岁的夫妇,有两个儿子,大儿子在家种田,老年人只留下点口粮田,其余都给了大儿子。农忙的时候还帮忙儿子打理。农闲时,这两位老年人就去捡废品、打零工。

在笔者早前调查的沙洋县村庄,有些老年人甚至将土地丝毫不留地全部交由儿子,自己就在小路边开点荒地。如果儿子选择在外打工,则土地依然由老年人耕种。老年人耕种所获得的收入往往会通过各种方式向子代进行转移。同时,儿子随时都有要回土地的权利。

调查中遇到一个案例。一位60出头的老年人,之前因为儿子在外打工,自己耕种着家里的10多亩土地。儿子一回来,这个老年人就将土地全权交给了儿子耕种,自己平时给儿子打下手,帮帮忙。

老年人在家庭财产方面的全面退出,最大限度地减少了其同子代之间的财产纠葛。

其次,是居住空间的退出。村庄中经常发现宽敞、豪华的楼房旁边或是道路的旁边坐落着一间小屋子,这些小屋子就是老年人居住的地方。这边的老年人普遍都选择单过,自己开灶吃饭。就如他们自己所说:"现在老人都是各立门户,互不干扰。"按照他们自己的说法,之所以选择单过,主要是因为老年人和年轻人的生活习惯不一样,"年轻人要吃硬的,老年人要吃软的","自己过,自由些"。老年人所寻求的此种自由或自在,正是对家庭矛盾产生因素的规避。同儿子儿媳住在一个空间之内，难免会因为一些日常的琐事而产生冲突和不快。老年人的一言一行都要看儿媳的脸色，其日常的言行都将受到极大的制约。更为重要的是，老年人会成为儿子与儿媳关系不和的诱因。老年人从儿子居住空间的退出，最大限度地减少了家庭矛盾（夫妻矛盾、代际矛盾）的产生。

最后，是最大限度地自我承担养老负担，这一点可以看作是第一点的延伸。首先对五六十岁的村民来说，“现在 50 多岁，还能赚 20 多年的钱，老了就不用儿子给”。他们一方面要对子代进行资源的供给，一方面也要为自己未来的养老做准备；且对 70 多岁的老年人而言，他们也会尽可能地种少许口粮田，尽量减少对子代的依赖。养老负担的自我承担，一方面反映了儿子（或家庭）养老功能的弱化，一方面也是老年人面对儿子（或家庭）养老功能弱化的一种策略选择。老年人在不希望成为子女负担的同时，也不希望自身的养老问题成为儿子所在家庭不和谐的因素。

于是，家庭内部资源的紧张所引发的代际之间的张力，便在父代的消极退让及自我施压之下得到了缓和。但其所带来的一个后果就是子代对父代所承载的养老责任的断裂以及子代家庭同父代的疏离，在尚有劳动能力的情形下，老年人是子代的附属工具。于是，父代从子代的家庭中，一方面只能获得很少的养老资源供给，一方面几乎不能获得子女的日常性照料和关心。家庭的养老和精神慰藉的双重功能趋于弱化，甚至消失。老年人则成为村庄中最孤独的群体，也是最需要关照的群体。

（四）老年人潜在的需求与村庄供给

若以法律年龄为老年人划定的标准，那么，在村庄中，60 岁以上老年人群体的生活状况是分化的。据调查了解，70 岁是一个分界点。70 岁以前，老年人还是家庭经济生产的重要劳动力，他们或是种上家里的 10 多亩田，农忙务农，农闲务工；或是种上 10 多亩田，顺便租赁 20 来亩鱼塘；或是种上二三十亩田。机械在该村的推广性使用，极大地降低了老年人的耕种负担，使其能承担起一定亩数的土地耕种量。因此，60 多岁的老年人和其他青壮年劳动力一样，在村庄中显得异常忙碌。

70岁以后，老年人逐步从家庭经济生产中退出，平常就种几分或一亩口粮田，供自己日常之用。这部分老年人群体相对来说具有大量的闲暇时间。

需要说明的是，此处的60岁或70岁，并不是硬性的年龄标准，其表现的是一个人所处的人生阶段。在这一人生阶段中，他们有其特有的生理特点（尤其是身体健康状况）和人生任务。因此，年龄只是人生过程的具体表征，不具有现实运用的绝对性。

劳动是个体生命的本质特征，闲暇是个体劳动之外的时间剩余。如上所说，60多岁的老年人群体，依然是以增收为生活的主要任务和目标，承载着较为严峻的生活压力，劳动占据其绝大部分的生活时间，闲暇于其而言是相对稀少的。村庄中真正的有闲群体是那些逐步退出家庭经济生产的老年人，少许土地的耕种，花费不了太多时间。如果算上农忙时帮忙儿子打理农活的时间，那么其真正比较忙的时间就三个月左右。如何高效或有意义地度过闲暇，便成为能否增加其生活福利的重要问题。处于此种生命周期的老人，无法从家庭中获得日常照料和精神慰藉，主要是由以下原因促成的。

首先，子代都在忙于自身家庭的生计，照料老人需要花费极大的机会成本。在进城此种外向性的竞争压力以及以“孝”为核心的伦理责任观念为市场理性所取代的情形之下，子代往往是不会作此牺牲的。他们会尽可能地赚取收入，甚至跑到远处获得务工的机会。父代，尤其是丧失劳动能力的父代，纯粹化为子代的负担。父代在家庭中的处境，亦随着其劳动能力的丧失而恶化。他们无法从家庭中获得足够的物质，尤其是精神上的保障和庇护。闲暇于他们而言，只是无意义和苦闷的时刻。

其次，无法在家庭中获得精神慰藉的拥有大量闲暇的老年人，同样也无法从村庄层面获得精神慰藉。以往村民共度闲暇的公共场所和公共空间在市场经济的冲击之下已经瓦解，闲暇在市场经济的裹挟之下，走向了专门化和消费化的趋势。比如说，专门的茶馆、麻将馆以及KTV等娱乐场所，这些场所的消费性直接将物质生存资料相对缺乏的老年人排斥在外。在公共娱乐场所之中，年轻人会自发地对老年人的参与产生排斥。于是，此种专门化、消费化以及为年轻人所主导的公共娱乐空间对老年人是封闭的。访谈中，就有老年人提到："老年人看到年轻人要绕道走，年轻人看到老人也要绕道走。"村民的家庭已经成为高度私人化的场所，其公共交往功能已经丧失。同时，在家庭私人空间为子代所主导的情况下，其他老年人为了避免被嫌弃，不会随意进入。老年人说："去哪里转？别人看到你，嫌脏，哪会给你捡板凳(坐)。"这也是老年人之间很少串门的重要原因。

通过以上分析可知，家庭和村庄都无法满足老年人有效度过闲暇和获得高福利生活的需求。在村庄无法自发产生改善老年人生活境遇和提升老年人生活福利的现实之下，外力的注入和引导便成为不可或缺的方式和手段。

二、老年人协会与熟人社会

2014 年，贺集村有 1705 人，共 11 个村民小组。农民以水稻种植为主，属于中部的农业型村庄。2014 年 9 月，贺集村老年人协会对该村的老年人口进行了统计，年满 60 岁及以上的老年人有 318 人，老龄化率为 18.65%。2007 年，该村 60 岁及以上的老年人为 258 人，2008 年为 259 人，2009 年为 251 人，2010 年为 261 人，2011 年为 280 人，2012 年为 290 人，2013 年为 309 人。总体上老年人数量呈上升的趋势，贺集村已经进入了老龄化阶段。

(一) 熟人社会资源的撬动

属于熟人社会范畴的村庄，村民之间相互熟识，对村庄生活有共同的认知。村民之间通过人情纽带相互连接在一起，就村庄整体而言，其表现为紧密相连的社会关系网络。贺集村老年人协会的成立是作为外部资源输入和推动之下的存在，10 多年的运作和发展，使其深深扎根于乡土熟人社会中，并适应了熟人社会的基本运作逻辑。外来资源输入的性质同村庄熟人社会性质达到了紧密的契合和适应，同时，与村庄的客观现实情况相呼应，反映和践行着农村老年人的客观需求。以上都是贺集村老年人协会发展至今并得到有效运转的根本原因和生命力所在。

1. *乡土精英资源的吸纳*

乡土精英包括政治精英、文化精英以及经济精英，属于村庄社会中具有一定威望的人群，且具有一定的公心，在老年时依然有发挥自身能量的欲望和期待。

老年人协会对政治精英的吸纳体现在其组织班子成员的构成上。老年人协会的组织架构包括两部分：老协干部和理事会。老协干部有会长、副会长、会计、出纳四人；理事会成员从各村民小组中产生，每个小组一名。此外，还有一名长期居住在老年人协会的值班人员。老年人协会干部及理事会成员一般都是由原来的大队干部或小队干部及老党员来担任，首先他们对村庄或各小组情况的了解较之于普通村民更加深入；其次，他们具有相应的组织工作经验，可以将该经验向老年人协会迁移；最后，村民对他们都有一定的熟悉度，在村民中享有一定的威望，村民对他们都较为尊敬。以乡土政治精英为主体的领导班子以及以村民小组为管理单位的组织架构，一方面有利于老年人协会影响渗透和辐射到各村民家庭之中，另一方面也有利于老年人协会快速、有效地掌握各小组老年人的信息，及时作出行为的调整或执行相关决策。整个村庄通过老年人协会的组织被联结为紧密的关系和信息网络。

与此同时，部分文化精英也被吸纳进老年人协会的组织班子之中，文化精英包括退休教师以及文娱活动的积极分子。有些文化精英虽然没有进入老年人协会的组织班子，但在日常活动及常规活动（重阳节）中发挥着带头作用。经济精英的利用体现在对老年人协会的资金支持上，贺集村老年人协会在成立之初以及之后的运转中，有积极组织本村外出有为之士进行募捐，也包括在村经济精英中进行募捐，之前在黄荡湖经营渔场的村民也有向老年人协会进行捐赠的。

表 5 为老年人协会管理及组织人员的基本信息。

表 5 老年人协会管理及组织人员的基本信息

姓名	老年人协会职务	年龄	身份
贺常道	会长、理事会成员(四组)	76 岁	原大队会计;党员
贺家贵	副会长	64 岁	原大队副书记;党员
吕启昌	会计	60 岁	党员
吕启宏	出纳;理事会成员(七组)	72 岁	原小队会计、队长;党员
覃炎庭	理事会成员(一组)	70 岁	原小队会计
周童亲	理事会成员(二组)	76 岁	原小队队长;党员
周振宏	理事会成员(三组)	70 岁	原小队干部
王万九	理事会成员(五组)	72 岁	原民办教师
贺家真	理事会成员(六组)	73 岁	原民办教师
吕义才	理事会成员(八组);值班员	78 岁	原小队队长
邓德重	理事会成员(九组)	80 岁	原小队会计
贺常真	理事会成员(十组)	79 岁	普通村民
贺泰兴	理事会成员(十一组)	72 岁	原小队会计

注:三组理事会成员周振宏于 2013 年去世,至今还未选出新的成员。

2. 村庄行政资源的吸纳

行政资源的利用表现在老年人协会与村级行政组织的关系上,尤其体现在村级组织对老年人协会日常工作的支持上。村级组织作为国家治理的末梢,具有国家所赋予的行政合法性,且为村民所认可。村级组织对老年人协会的支持,间接地向老年人协会传递了行政合法性,而为村民所默许。

贺集村村级组织对老年人协会日常工作的支持主要有两方面:一,任命老年人协会的领导班子;二,积极参与老年人协会举办的相关活动。2004 年,贺集村的村级组织是该村老年人协会成立的参与者和见证者,老年人协会的领导班子亦是在其主持和组织下成立的。之后,领导班子的更改或变动,都主要是由村级组织来主持,同老年人协会理事会成员一同商定。就后者而言,则表现在老年人协会每年常规性活动的开展上。

每年，老年人协会共有两次常规性的活动，一次是三八妇女节，一次是九九重阳节。严格说来，三八妇女节主要是由村妇女主任发起，同老年人协会合作，开展相应的仪式性活动，现在的妇女主任还是老年人协会文艺活动班子的一员。九九重阳节这天，老年人协会都会邀请村里的主要干部来出席。该村的书记、主任由同一人担任。笔者调研这年的重阳节，老年人协会邀请了村里的书记、会计和妇女主任，三人分别表达了对老年人的祝福，并就村里相关事务做了发言。

总体说来，村级组织对老年人协会日常工作的支持更多体现在其象征意义上。村级组织是国家权力的代表，它的支持和参与，便是对老年人协会存在意义和价值的认可。

3. 传统及乡土文化资源的吸纳

组织的运作以活动为载体，并通过活动传递组织的能量和效应。老年人协会对传统及乡土文化资源的吸纳表现在活动的开展上。老年人协会的活动包括两部分：一是日常性的活动，二是常规性的活动。

日常性的活动由两部分组成，一部分是老年人协会作为一个物理空间，供老年人休闲的各种活动。活动内容有打麻将、看影碟、跳广场舞、打腰鼓，还有最朴素的闲聊；另一部分是给老年人祝寿或进行送葬活动。给老年人祝寿时，老年人协会会长作为代表参加，并带上文艺班子为老人表演。快进入主人家时，会长会提上一挂鞭，边走边放鞭炮，文艺班子紧跟其后。听到鞭响，主家就知道老年人协会过来了。现任会长2006年上任，2004—2006年，协会规定：只要是80岁及以上的老人过生日，老年人协会都会派代表（一般是会长和副会长）去送匾，并带上纪念品。但到后来，80岁以上的老年人越来越多，而协会经费又有限，于是现任会长规定：年龄满90岁及以上的老人过生日，以会长和副会长为代表的老年人协会带上纪念品和鞭炮去表示祝贺。老年人去世后的葬礼，会长和副会长都会去参加，表示慰问。

每年的常规性活动主要包括妇女节和重阳节活动，其中尤以重阳节活动为甚。重阳节活动作为中华民族的传统节日，是专属老人的节日。

老年人协会将这一节日进行了实践，并通过节目的形式宣扬老年人的意义和价值。这对提高老年人的自我认知和自信，具有不可忽视的重要意义。于村庄的青年人来讲，老年人通过重阳节活动这一窗口向他们昭示了“我们是不可忽视的存在”。

以上所述包含两种性质的活动：一是带有普遍性质的中华民族的传统活动，比如老人的生日、葬礼，还有带有强烈传统文化特色的重阳节；二是带有地方性的具有村庄特色的活动，比如说打腰鼓、打麻将等。与此同时，他们还综合运用和吸收了现下国内较为流行的文化形式，比如广场舞。老年人协会活动通过吸纳中国传统文化资源、乡土文化资源以及吸收和引进当下流行的文化元素，使活动在村庄老年人群体乃至整个村庄村民的意识中具有极强的接受性。老年人群体及村民的接受性为其进一步的延续奠定了群众基础，这也是老年人协会的各项活动能够得以维系至今的重要原因。

总之，身处于村庄熟人社会中的老年人协会，自发地实现了村庄内部各项资源的整合和利用，这也是老年人协会充分发挥其主动性并带动村庄老年人发挥其主体性的重要表现。

（二）老年人协会的低成本实践

老年人协会在充分调动村庄内部资源的同时，开启了一条低成本的实践之路。老年人协会的运转成本可分为三个部分：一是资金投入成本，二是管理成本，三是老年人的参与成本。下面将分述。

1. 低资金投入成本

贺集村老年人协会自 2004 年成立之日起，每年的固定运转资金为贺雪峰教授每年捐赠的 5000 元。虽然有时老年人协会会得到民政部以及社会上热心人士的捐赠，但这部分资金的变动性极大，因此只能作为老年人协会的灵活开支部分。协会的硬性开支包括以下内容。

(1) 值班员的补贴。

贺集村老年人协会在 2006 年之前采取的是分班制，也就是说，协会干部及理事会成员轮流值班，值班半天象征性地给 5 元的补贴。由于采取此种值班方式出现了很多问题，比如说老年人协会活动场所的卫生得不到保证、财物设备管理不善，且一年下来总的值班补贴也是个不小的数目。2006 年，协会就开始采取一人值班制，一年补贴 1500 元。2006 年至笔者调研时一直都是一个人在值班，已有近 9 年的时间。这位老年人当时已有 78 岁，他吃住都在老年人协会，以老年人协会为家，做事细心负责，经常得到会长及来老年人协会活动的老年人的赞誉。会长说，固定为一人值班，不仅开支变小了，而且老年人协会的卫生及器物的管理更加有序，出了问题也很容易找到责任人。同时，也保证了老年人协会的敞开性。每天早上不到七点半，协会就开了门，一直到晚上五六点。笔者在调研期间，几乎每天早上不到八点就会到老年人协会活动中心转一圈。此时老年人协会的地面都已经过打扫，麻将桌上一尘不染，书架摆放得整整齐齐，桌椅板凳有序放置在房间里。据该值班员说，每天等来活动中心娱乐的人离开后，他都会进行收拾，并形成了每半个月都要清洗一次麻将的习惯。整个老年人协会活动中心在值班员的精心打理下，显得是那么的井井有条。

(2) 电费、水费、维修费等日常性开销。

(3) 活动费用开销。

活动费用主要包括给老年人祝寿所需的购买匾及鞭炮的费用、老人去世时送花圈及鞭炮的费用、重阳节时发放礼品及鞭炮的费用。一块匾或一个花圈的费用在四五十元。重阳节活动当天，老年人协会会购置礼品，礼品包括一条毛巾、一双袜子、一块香皂，共花费 10.5 元。

据会长多年来的工作经验，每年的 5000 元正好可供上述开支。虽说资金相对紧张，但只要会计划和安排，基本上能保证老年人协会正常的运作。5000 元平均到每个老年人的头上也就是一人每天 0.1 元。5000 元维持一个老年人协会的运作，无疑是很低的资金投入。

2. 低管理成本

老年人协会日常的管理极为简单，除了每天坚持开门、关门之外，其他方面没有特别的事情需要处理。若有老年人过生日或是过世，各村民小组的理事会代表会及时向会长汇报。除了在重阳节等大型活动前夕比较忙碌之外，其他时间都没有过于繁杂或烦琐的事务。老年人协会从理论上讲，是一个制度齐全的社会组织，但在村庄的具体实践中，其表现出一定的随意性。比如说，老年人协会干部及理事会成员聚在一起开会的次数极少，遇到重大的事情，往往电话联系就能解决。总体说来，老年人协会的事务相对比较简单。

需要指出的是，协会的管理者尤其是主要负责人都是70岁以上的老年人。贺集村老年人协会日常管理中最重要和最核心的两个人物为会长和值班员。会长已有76岁，负责老年人协会的统筹和安排工作，他每天上午都会来老年人协会，下午主要是干干农活。值班员已有78岁，就住在老年人协会。这部分老年人正是上文所说的属于村庄中有闲的老年人，对老年人协会的管理工作本身就成为他们度过闲暇的一种重要方式。更为重要的是，他们能从中体会到自身人生价值实现的乐趣。老年人协会的会长说："不搞老年人协会是玩，搞老年人协会也是玩，都是玩，没有什么累不累的。"

这里所提到的管理成本，主要是指管理时间的投入成本。老年人协会是为老年人从事家庭经济生产和生活之外的剩余时间提供度过的场所和媒介，是老年人在家庭经济生产和生活之外的重要补充。它附属于或服务于老年人个人的家庭生活，并不剥夺或占据老年人个人从事家庭经济生产和生活的时间。因此，不论是对老年人协会的管理主体还是对老年人协会的参与主体来说，他们对老年人协会所投入的时间是无经济效益的时间，也就是说，这段时间是无经济成本的。相反，他们从这段时间的投入中能够切实感受到老年人协会带给他们的闲暇福利。若是站在老年人协会管理者的角度来说，且不说投入到老年人协会管理的时间长短与否，他们在参与的过程中确实没有付出任何成本，反而获得了更多幸福的体验和感受。

3. *老年人的低参与成本或无参与成本*

如上文所说，老年人协会本身是附属于或服务于老年人个人的家庭生活,并不剥夺或占据老年人个人从事家庭经济生产和生活的时间。老年人参与老年人协会的活动,进入老年人协会的活动空间,是对其毫无经济成本或价值可言的时间投入。将这种时间投入到老年人协会活动以及与其他老年人的交往中,体现的是他们生命丰盈的一种姿态。通过在老年人协会的空间内与具有相同处境的人群的交流和互动,能够产生强烈的情感共鸣。因家庭琐事所引发的苦闷一到这专属于他们自己的场所,就豁然消解。

另外,就老年人协会这一空间而言,它是向村庄中的老年人无偿敞开的,免费提供活动器材及饮水。即使是带有消费性质的打麻将,也是在老年人能够承担的范围之内,娱乐性、消遣性超越了消费性,此种消费本身服务于娱乐性和消遣性的功能。

老年人协会对村庄中的老年人而言,不是强制性的组织机构,其以增进老年人的福利为宗旨。老年人可以根据自己的劳作和生活安排,自发、随意且以最有利于自身感受的方式参与到老年人协会中来。因此可以说,老年人参与老年人协会几乎是无参与成本的。

三、老年人协会:老年人公共空间的再造

(一)家庭及村庄对老年人的空间排斥

在城市化背景下,村庄以进城为核心的面向外部的竞争压力,使得各农民家庭忙于挣钱,形成一种以核心家庭为单位的高度个体主义化的生产和生活方式,传统乡土社会中农民基于土地劳作及日常生活的互帮互助的连接纽带被割裂,同时,加速了村庄公共空间的解体。与此相伴随,村民缓解生活压力的方式也发生了改变,呈现出专门化和消费化的倾向。专门化指娱乐休闲空间是专门的场所,比如麻将馆、茶馆以及 KTV 等场所;消费化指休闲娱乐需要一定的资金支付。此种休闲娱乐方式并不适合经济条件不太好的老人。而且,在这些以年轻人为娱乐主体的空间,老年人会自发地选择退出,以免遭到年轻人的嫌弃。

在村庄公共空间及其他娱乐空间为年轻人所把持的情形之下,家庭

的公共交往功能趋于弱化，家庭空间表现为彻底的私人化。这是当今村民之间很少串门的原因。具体到家庭内部的成员关系，老年人整体上附属于子代家庭，表现之一即为私人化的家庭空间亦由子代所掌控。在这种情形之下，老人相互之间也并不会串门或来往，以避免造成儿媳或子代家庭的不悦。于是，具有大量闲暇时间的老年人根本无处可去，只能蜷缩在自己的小窝外面懒懒地晒晒太阳，或看看电视。

经上述可以发现，性质发生变化的村庄公共空间以及以子代（或儿媳）为主导的家庭空间对老年人都是封闭的，形成对老年人的空间排斥。访谈中，很多老年人提到，在没有老年人协会时，根本无处可去，只能窝在家里，苦闷、孤独得很。也就是说，老年人无法从家庭和村庄层面获得休闲的场所，其精神需求得不到满足。

（二）老年人协会：老年人公共空间的再造

老年人协会以一群处境相似、年龄相当的老年人为主要服务对象，是供老年人专门休闲和娱乐的场所。因此，老年人协会首先是一个专属于老年人的物理空间。在这个空间之内，他们遇到的和交往的对象是与其具有高度同质性的群体，能够产生强烈的情感共鸣，进而增进相互之间的认同。在村庄及家庭空间对老年人造成双重排斥的情况下，老年人协会为其提供了最基本的去处保障。对老年人而言，“有了老年人协会，就有了去处”，是其最切实的心理感受。在老年人协会的空间之内，老年人的优越感和自主性意识得到了最大的激发，“这是我们老年人的地盘”。老年人协会通过人为的组织化手段将村庄中存在一切不利于老年人生活的状况抛弃于外，构造了一种对老年人的保护机制。以至于有些老年人协会干部跟我们说，他们就是一群战士，一定要守护好自己的家园。

老年人协会构造的是专属于老年人的公共空间，其对老年人群体而言，不具有排他性。只要是年满 60 岁，就自然成为老年人协会的会员。同时，它具有敞开性，不分节假日地向所有老年人敞开，老年人在其中可以自由地进出。以至于很多老年人都说，“集体的地方，活动起来比较自由，是老年人的天地，来去自由”，“办了老年人协会，老年人幸福。年轻人不要你(玩),以前老年人都没地方玩,(这里)是老年人的家”。对很多老年人而言,感到苦闷或不开心,“到这里打一下牌,聊一下天,调节一下心情。不来,很安静,不开朗,来这儿打牌,看一下跳舞,心情舒服一些”。

而且,老年人协会作为针对老年人的敞开性的公共空间,其对有闲老年人群体有自发的选择性。也就是说,来到老年人协会的老年人,都是在这一时间段有闲的老年人。这极大地降低了老年人寻求伙伴的机会和时间成本,减少了老年人相互之间搜寻信息的过程。特别是对近 80 岁甚至更大年纪的高龄老年人群体来说,同其属于一个自然湾的并在集体时期一起出工的老年人相继去世,其伙伴范围迅速缩小。访谈中,一位 80 多岁的老年人就跟我们说到,以前和他年纪一般大以及经常一起玩的老人有 100 来人,到现在,仅剩下 5 人。年纪越大,很多老年人的老伴也相继去世。老年人协会作为一个固定的物理空间,能起到将散落于村庄各处的老年人汇集到一块的作用,只要来到老年人协会,就有朋友和伙伴。笔者调研时,正是村里的农忙时间,即使在这个时候,老年人协会每天都能来二三十人。农闲或下雨天,老年人协会更是热闹,最多能达到 100 来人。在老年人协会中,老年人能充分享受到交往和互动的乐趣。

一位老年妇女,81 岁,老伴去世八九年了。儿子都不在身边,家里的 7 亩田全都给别人耕种,现在她就种点院子里的田,没事干,就到老年人协会打打牌。她说以前还觉得孤单,现在有了这个地方(老年人协会),人多、热闹。她上午就在协会玩,下午在家里种点菜,看看电视。

老年人以空间为载体,会参与各类休闲活动。贺集村老年人协会日常的休闲活动主要有打麻将、看影碟、跳舞、下象棋以及看书等,来到这里的老年人根据自己的兴趣爱好进行选择。即使这些活动都不喜欢,老年人也能找到属于自己的消遣方式,比如找人闲聊,或是坐在旁边看别人打牌,或是跳舞。在这种热闹的氛围中,他们亦能排遣孤独,找到乐趣。

调研期间,在老年人协会经常看到坐在一起打麻将的老年人以及观看他人跳舞的老年人,有时有些老年人还会拿来零食同在场的其他老年人一同分享,不亦乐乎。在入户走访中,听到很多老年人都谈论到,每天早上吃完早饭后都要到老年人协会去转转,即使不玩,只是待上半个小时,心里也舒畅。每天去老年人协会转转对很多老年人而言,俨然成为习惯,常常是"风雨无阻地往那儿走"。

老年人协会给村庄老年人提供的是一种空间福利,这种空间福利随着老年人参与程度的上升而增加。

四、老年人协会:乡村文化的重建

(一)以老年人为主体的乡村文化建设

乡村文化包括道德文化和精神文化两个部分。乡村道德文化是指村庄内部的一系列价值和评价体系,关涉对某些事务或言行是非对错的判断;乡村精神文化则包含一系列的休闲、娱乐文化,其以具体的文化形式或活动形式为主要部分,传递的是村民的精神生活面貌。

改革开放以来,随着村庄边界的开放,一方面,市场理性价值渗透进村庄,村民以经济理性或算计的心态来行事,冲击着村庄原有的传统道德及价值观念。在笔者所调查的沙洋县农村,尤其表现为孝道或敬老、爱老文化的衰落和解体,老年人生命的文化意义丧失,被物化为经济价值,附属于子代家庭经济的生产。一旦老年人的经济价值丧失,其又很难从子代获得相应的回馈,儿媳打骂老年人的情形时有发生,老年人自杀问题突出,老年人成为村庄中事实上的边缘群体。另一方面,农村劳动力大量外流,导致了家庭的空巢化,村庄只剩下老弱病残群体。在农民通过教育来实现向上流动的意识刺激之下,他们异常重视子女的教育。为了给子女创造更好的教育环境和条件,很多村民选择将子女带在身边,在其务工的地方接受教育。于是,村庄中剩下的绝大部分都属老年人群体。

以各种文化形式或活动形式来孕育的村庄精神文化,需要以一定的人群和空间为载体,并在人与人之间的互动和交流中产生并形成。中青年人,甚至更加年轻人群的流出,削弱了精神文化产生的人力条件。与之相伴随的另一后果,即村庄公共空间的消逝。年轻的农民家庭都为自家的生计在外忙碌奔波,而老年人则孤零零地散落于村庄的各个角落,村庄没有丝毫生机。从某种程度上说，人力的流失所带来的村庄公共空间及活动的解体，意味着村庄精神文化发育基地或源头的瓦解。

老年人协会的建立应对了这一局势，其通过为老年人提供一个公共空间，并以相对组织化的方式将在村的主要群体——老人集中，开展各种轻松活泼的文化娱乐活动以及公开性的具有教育意义的文化活动（如重阳节表演的展现代际关系的小品类节目）。这不仅丰富了老年人的闲暇生活，而且，老年人作为村庄的重要组成部分，其开展或进行的各项娱乐活动也丰富着村庄的文化活动形式，渲染了整个村庄的文化氛围，同时也影响着村庄道德价值的走向。依托于老年人协会，老年人成为乡村文化建设的主体，这顺应了当前村庄大量青壮年外出务工的客观现实。甚至可以说，在村庄出现文化危机的当下，老年人承载了乡村文化建设的使命。

（二）老年人协会乡村文化建设的实践范本：以重阳节为例

重阳节作为中国传统的节日，是专属老年人的节日。贺集村老年人协会自成立之日起，每年都会在农历九月初九举办重阳节活动，至今，已践行了十余年。村庄老年人一起在老年人协会度过重阳节，已经成为老年人的习惯和期盼。在村庄的其他村民看来，重阳节也成为他们所习惯的存在。重阳节活动的影响便在潜移默化中产生。在本部分，笔者主要从文化建设的角度来分析老年人协会举办重阳节活动的意义。

1. 重阳节的文化意义

重阳节是中国传统中属于老年人的节日，贺集村老年人协会成立之后，将此节日以仪式性的形式表现出来，并将之作为老年人每年必须开展的活动。老年人协会的此种行为可称为一种文化实践。重阳节一旦以文化活动的形式呈现出来，就有了避免重阳节的意义为人们所淡忘的可能，其敬老、爱老意义就能通过老年人协会这一组织性的窗口传递开来。对老年人而言，开展重阳节活动本身便是对其地位的宣扬，显示老年人存在的重要性。此种重要性的表达，有利于老年人感知到自身存在的文化价值感，不是日常生活中年轻人的言行所表达出来的价值上的“无用”，从而提升了老年人对自身生命的文化意义体验。同时,重阳节活动以老年人协会为载体,对村庄而言,带有一定的公共性。尤其是在村庄熟人社会的场域中,重阳节活动极易扩展为一种村庄性的事件,而对所有村民具有开放性。村庄中没有人不知道重阳节活动的存在,重阳节活动已经进入到他们的思想意识之中,重阳节活动所传递的敬老、爱老价值便通过村庄熟人社会的传递,为村庄中其他人所感知,并让他们知道,老年人是不可忽视的存在。这种意识会在潜移默化中影响其他村民对老年人的态度和行为。因此,重阳节,尤其是开展重阳节活动的文化意义,最根本的还是在于拾起和宣扬中华民族敬老、爱老的文化传统,让其重新进入村民的意识和观念之中,同时让老年人重新发现自身的意义和价值。

2. 重阳节活动内容的文化价值传递

贺集村老年人协会举办的重阳节活动具体分为三个步骤:首先是村"两委"代表及会长做开场讲话,其次是正式文艺活动的表演,最后是向全村年满60周岁的老年人发放纪念品。全程活动都围绕老年人而展开,宣扬敬老、爱老的文化价值成为重阳节活动的主旋律。重阳节活动虽说参与的主体是老年人,但实际上其对全村都是开放的,只要愿意,谁都可以参加。不论是村"两委"代表还是会长发言,都会强调或重申重阳节活动的重要意义以及老年人当天的主人翁地位。每年重阳节活动的会长发言都会包括表扬好儿媳妇等内容,将村庄中典型的好儿媳妇案例通过会长这一公共角色的代表进行宣扬,以之作为村庄年轻人的道德范本,传递敬老、爱老的文化价值。也许村庄中的好儿媳妇仅仅只是零星地以个案性质呈现,但通过重阳节活动这一公共平台以及通过会长这一在村庄具有一定权威且有公共性的代表传达出来时,会产生一种扩大效应。这向村民展示了敬老、爱老不仅在观念上是正确的,同时也有实践的可能,从而起到矫正村庄风气的作用。

此外,正式的文艺活动表演中,同样也掺杂了敬老、爱老的道德元素,尤其是像小品或相声等语言类的节目,更是鲜活地展现了这一点。听贺集村老年人协会会长及相关人士介绍,以前每年的重阳节活动都会有小品和相声类节目。这些节目都是由村里的老年人自编、自导、自演，题材内容来自村庄现实中鲜活的素材和案例，通过创作进行艺术化的表达，以轻松、幽默、诙谐的表演形式展现出来。题材的内容包含婆媳关系或婆媳矛盾等内容，都是由老年人来表演，分别饰演婆婆和媳妇的角色，借助语言和肢体来展现婆媳关系的典型样态。每到精彩之处，台下便是一场场欢乐的笑声，笑过之后，亦能发人深思。相对于对敬老、爱老价值的抽象化表达，此种将日常生活中困扰老年人并带有苦涩意味的婆媳关系样态经过艺术的改造，将生活中的沉重转化为表演台上那一抹诙谐和幽默，并在此种轻松的氛围中传递着教育意义和价值，这是对即将消失的敬老、爱老文化的巧妙性挽救。

贺集村老年人协会的重阳节活动通过结合当地老年人的生活处境和状况有效地践行了重阳节的本质意义和内涵，进行着敬老、爱老等文化价值的宣扬和传递。

3. 村庄精神文化的塑造

精神文化在村庄中主要表现为闲暇文化，其展现的是闲暇有效及健康的度过方式，村民从这种方式中能够体验到生命的充盈。闲暇文化的塑造需要以活动为载体，老年人协会日常运作过程中的各种活动，都会选择性地在重阳节当日得到集中的展演，具体以丰富多彩的节目展现。每年的重阳节，节目基本都包含跳舞(广场舞)、打腰鼓、舞长龙、小品、相声等多个形式。

就平时来说，跳广场舞主要是作为健身的方式对待，但同时，它在正式或专门的场合还具有观赏性价值。广场舞是近年来在中国广为流行的大型舞蹈，带有强烈的流行性元素，节奏清晰、明快，舞步简单易学，且动作幅度不大，在广大农村都有极大的接受度和欢迎度，同时一般的老年人都可以参与。老年人协会将此种大众的文化形式引进来，不仅充实了村民的精神文化生活，同时丰富了村庄的文化形式。老年人协会在积极分子的号召下，专门组建了一支近 20 名人员的相对稳定的舞蹈队伍，以四五十岁的中青年妇女为主体，同时有少量的 60 岁以上的老人加入。这支队伍作为老年人协会固定的文娱班子存在，但其班子成员具有开放性。由于跳舞具有较强的运动量，比较耗费体力，70 岁以上的老年人由于身体的限制，基本都没有参加，60 多岁的老年人也在少数。这支舞蹈队伍依托于老年人协会而存在，免费运用协会提供的设备和器材，在老年人协会内部学习和锻炼，这为在场的老年人提供了观赏性价值。每次，这群四五十岁的妇女来跳舞的时候，其周边都有不少老年人来围观。

舞长龙、打腰鼓则是对地方性传统文化的复兴，保证了地方性传统文化的延续。小品、相声内容则是就地取材，结合当地实际情况和现象，将老年人生活中比较突出的问题艺术化，在传递教育意义的同时，也构成了与村庄语境相契合的文化形式。

因此，在重阳节活动当天，老年人协会以公开的方式向老年人及村民集中展示其文化建设的成果，并依靠老年人自身的智慧实现本土文化资源的挖掘，以及将现代流行文化同村庄特征实现完美的结合。这不仅充实和丰富了村庄精神文化内容，同时也潜在地感染着村庄中的其他群体，村庄也因此充满着活力。

五、助人自助与老年人主体性的激发

在城市化背景下，村庄老年人的地位在家庭和村庄中经历了双重下降，老年人成为名副其实的村庄边缘群体。在村庄经济资源缺乏以及没有将老年人组织起来的力量的情形之下，借助外部资源在村庄中成立老年人协会便应对了这一形势和要求。贺集村老年人协会于 2004 年在贺雪峰教授等人的支持和赞助下成立，成立之后，贺雪峰教授每年都会按时捐赠 5000 元作为老年人协会的运转资金。老年人协会的具体组织和运作，全都是依靠村里的老年人自主进行，不曾有任何外来的干预。以贺雪峰教授为代表的热心人士或机构践行的是一条助人自助之路。助人自助是社会工作领域的核心理念，其相信求助者或被帮助的对象具有领悟力、自决力和创造性，只要给予正确的引导，他们一定能充分发挥自身的独立性和自主性，实现自我的挽救。

在村庄中，看似处于弱势和边缘的老年人，只要给其恰当的平台，他们依然可以充分发挥生命的能量，来树立自身在村庄中的地位。老年人在村庄中的弱势或边缘地位的形成并不来自老年人自身，而是社会结构及社会文化变动的结果。在这种社会结构和社会文化之下，老年人无法通过个体的力量实现局面的扭转，而是需要一个平台提供一种相对组织化的力量来与这种社会结构和社会文化相对抗，并突破这种社会结构和社会文化，实现自身地位的翻转。老年人协会就是这样一个平台，其所针对的不是某个老年人，而是具有相似处境的老年人群体。老年人借助老年人协会这一平台，其通过一定的空间和运作理念将村庄中的老年人组织起来，来实现老年人自我感知和村庄社会地位的整体性提升。

老年人协会最直接的目标是使老年人"老有所乐、老有所为"，要实现这一目标，需要老年人的全方位参与。这种参与体现在老年人协会管理上的参与以及对具体活动的参与。这种参与并不需要每个老年人都有所作为，即使是作为活动的旁观者和欣赏者，也能起到参与的效果。所有老年人形成一种自然且默契的配合和合作方式，共同营造属于老年人轻松、愉悦、活泼的氛围。老年人从中不仅能健康地度过闲暇，而且还能感受到自己生命的存在感和价值感。这种存在感和价值感，是在老年人协会的空间内所形成的社会交往和互动中生发出来的。在这一空间之内，老年人可以自在地享受属于自己的生活。

平常，有闲的老年人会早早地来到老年人协会，这些老年人要么是冲着老年人协会的活动项目，比如打牌、看书、看影碟来，要么是仅仅来老年人协会散散心，和其他老年人聊聊天，或是坐在旁边看别人打牌。不论是基于何种目的，他们都是来老年人协会消遣时间或是解解心里的闷气。就像很多老年人所说："来到老年人协会，心情舒畅些。"在老年人协会中，老年人不再是孤独的个体。老年人与老年人之间通过活动或语言的交流，内心的情感和情绪得到了表达，相互之间由于处境及生命阶段的相似性而产生共鸣。老年人从中体验到的是一种舒适和愉悦的感受。老年人这种情感的体验在重阳节活动当天得到了最切实的传递，任何一名旁观者都会为这种情感或情绪所感染。

老年人能从老年人协会中获得自我主体性的感知，这种主体性首先体现在他们能从对老年人协会的日常活动及仪式性活动的参与中感受到生命的存在和力量；其次，它体现在老年人通过对老年人协会相关事务的管理或参与，体验到自我实现的愉悦，从"所为"中体味"所乐"。

调研当年笔者有幸参加了贺集村老年人协会举办的重阳节活动。活动当天，早上7点40，笔者就来到了老年人协会。此时，会长及值班员正在准备活动器材和道具，村里的书记也早早过来帮忙。快到8点，要表演节目的演员陆陆续续赶来，穿上表演服装，调整音响设备，紧张地进行排练。平常供打牌使用的外屋已经零星地坐上了几位老年人，并都坐着两把椅子，他们的年龄都在80多岁。询问之后才知道，这几位老年人因腿脚不便，平常很少来老年人协会，但是每年重阳节活动他们都会参加，来感受这热闹的气氛。近10年重阳节活动的实践已经在他们的心底打上了深深的烙印，成为一种习惯，成为生命中不可或缺的一部分，这是专属于他们的狂欢。这几位老年人之所以早早赶来，主要是想为自己以及同伴谋个好位置，占把好椅子，这便是他们会坐两把椅子的缘故，而住在附近的老人则索性从家里搬椅子过来。

老年人协会大门正对着大路，活动前两天刚铺上水泥，路上的灰尘再也扑腾不起来了。一眼望去，路上的行人比平常多了很多，都在朝老年人协会走来。有些行动不便的老年人坐着儿子的摩托车，驶向老年人协会的大门。此情此景，就如朝圣一般。当这些老年人踏进协会门口的那一刻，脸上都洋溢着灿烂的笑容。遇到熟人，像多年未见的老友，相互打闹和逗趣，你拍我一下，我拍你一下，成为他们最朴素的问候方式。这些老年人有些是因为腿脚不便或是生病，很少来老年人协会，相互之间也鲜有走动。在中华民族的传统节日重阳节当天，老年人协会通过举办活动的方式，将平常不方便走动的人集中在了一块。这无疑成为这部分老年人日常生活的点缀，供他们品味和回味。之后，他们就三三两两地簇成一团，谈笑着，似乎有永远都说不完的话，直到活动开始，仍意犹未尽。衰老的躯体及布满皱纹的脸颊丝毫不影响他们笑容中所透露出的那份美丽。

到9点的时候，屋子里以及院落的周围已经挤满了人，目测至少有二百来人。坐着的、蹲着的、站着的，熙熙攘攘，好不热闹。此时，燃放起了鞭炮，活动开始，来观看的老年人渐渐安静了下来。之后，敲锣打鼓声的响起，揭开了重阳节活动的序幕。随后，村支部书记兼主任、妇女主任、老年人协会会长依次发言，节目正式上演。据会长说，以前负责创作小品、相声的老年人，当年去城里帮忙儿子带孙子去了，时间仓促，没有新人员接替，所以当年没有这类创作型的语言类节目，这一年的节目以舞蹈为主，活动略显单调。到第二年，等有新人员接替，活动形式就会丰富一些。虽然场上活动形式较少，但场下的老年人们依然笑得合不拢嘴，每到精彩之处，都会"哈哈"地笑出声来。台上的表演者都是本村人，老年人们都比较熟悉。看着熟悉的人在台上表演，台下的人也忍不住点评一番："你看，某某跳得真好"，"某某这一步没站稳"。在众多父老乡亲的围观之下，表演者也是跳得异常起劲。

不知不觉中，两个小时就过去了，重阳节活动接近尾声，也到了给老年人发纪念品的环节。当年的纪念品和往年一样，是一双袜子、一条毛巾和一块香皂。礼品虽轻，但老年人在领取的过程中，心里仍是觉得甜蜜蜜的。因为他们觉得"礼轻情意重，这代表组织关心我们，还有人记得我们"。

六、结论：保持老年人协会的自主运作

贺集村老年人协会作为外来资源输入性的社会组织，其自身的管理和日常运作都是依靠村庄内部以老年人为主体的各方力量和资源，同资源（主要指经济资源）输入方以及村级组织保持着相对独立的位置。资源输入方及村级组织只是作为辅助性或支持性的力量存在，并不干预老年人协会的自主运行。这种相对独立的地位，是老年人协会充分发挥村庄内部老年人积极性和主动性的重要前提。老年人协会的管理者和组织者同时也是老年人协会影响的辐射对象，他们产生于村庄，同村庄的其他老

年人处于相似的家庭或村庄环境之中。因此，他们能切实地了解村庄的特点及老年人的需求，并根据村庄老年人的实际情况进行行为或策略的调整，真正实现与村庄的融合以及同老年人需求之间的对接，而不会落入想象或不切实际的形式主义陷阱。因此，要想老年人协会具有长久的生命力，在保证老年人协会具有稳定且持续性的资金来源的前提下，就需保持它的自主运作，这也是老年人协会建设应该坚持的理念和方向。

农村文化重建的路径

——以官桥村老年人协会的文化实践为例

仇　叶

摘要　面对现代化与市场化的冲击,农村文化日益式微,具体表现为文化活动的缺场、文化规范的松动和文化价值的衰败,因而文化重建有其必要性与迫切性。本文以一个典型老年人协会的运作为切入口,发掘其成功经验,探讨农村文化重建的可能途径。研究表明,农村文化的重建必须通过外部力量进行引导并提供基础性的资源配置,这是文化重建的先导条件。村庄作为文化重建的主体,必须要发挥农民的主体性,完成文化从外援向内生的转变,这是文化重建的中介与组织条件。最后,文化重建必须依托具体的文化形式与背后的文化意涵,本文强调文化的形式与内容的并重,指出缺乏适当形式的文化与缺乏价值的文化都无法顺利进行文化传播。

关键词　农村文化;文化重建;自组织;文化传播

一、问题的提出

随着现代化与市场化的深入,农村文化遭遇到前所未有的冲击。贺雪峰[①]指出,强烈的消费主义与个人主义观念进村,使得原本封闭的村庄开始解体,传统文化与价值信仰体系被严重挤压,难以获得生存空间。深层次文化价值体系的解体带来的是农村的一系列乱象。一方面,寄托于价值之上的村庄规范弱化,村庄舆论体系解体,村民对文化的认同弱化,其行为越来越没有是非标准,缺乏底线与原则。另一方面,共享价值观的

① 贺雪峰.乡村建设重在文化建设[J].小城镇建设,2005(10):10-11.

丧失使得农民缺乏精神上的寄托，出现了普遍的信仰危机，其本体性价值受到冲击，生命变得缺乏意义[①]。农村出现了严重的伦理危机，乡村的行为失范与主体的价值动荡均滋生于此。由此，农村文化的重建被提上日程，并引起了学界与政府的高度关注。

（一）文献梳理

从现有文献来看，对于农村文化重建的探讨主要集中在三个层次：一是对农村文化的现实生态进行总括式的分析，二是考察农村文化建设的实践情况，三是针对现状与文化建设中的问题提出相应的建设性意见。农村文化的缺场与式微基本成为学界的共识，诚然研究的侧重点有所不同，但基本都集中于对文化活动、文化规范、文化价值这三个文化表征的探讨，并指出在文化活动上，社会公共文化日益萎缩，农民的精神文化匮乏[②]；文化规范上，公共规则与是非标准模糊，公共舆论对村民行为的规范力量弱化，道德领域出现矛盾冲突[③]。文化价值上，乡村文化不断被现代文化压迫，逐渐边缘化，丧失了自我界定的能力[④]，农民普遍陷入了价值的焦虑感与无根感，本体性价值受到冲击[⑤]。这些研究表明，农村文化正面临着严重的危机，指明了文化重建的意义与迫切性。大部分研究将国家作为文化建设的主体，来分析文化建设的方式与存在的问题。当前国家主要以短期性的文艺表演、展览等文化下乡的方式与物质性的建立

---

① 贺雪峰. 农民价值观的类型及相互关系——对当前中国农村严重伦理危机的讨论[J]. 开放时代，2008(3).

② 潘泽泉，卞冬梅. 我国农村社区公共文化的缺失与重建[J]. 郑州航空工业管理学院学报，2008，26(4)：22-26.

张世勇. 电视下乡：农民文化娱乐方式的家庭化[J]. 华中科技大学学报(社会科学版)，2008，22(6)：106-110.

③ 张良. 浅析农村公共文化的衰弱与重建[J]. 调研世界，2009(5)：31-33.

杜玉珍. 重建乡村和谐之基——伦理道德[J]. 前沿，2009(7)：26-29.

④ 赵旭东. 文化认同的危机与身份界定的政治学——乡村文化复兴的二律背反[J]. 社会科学，2007(1)：54-62.

⑤ 贺雪峰. 中国农民价值观的变迁及对乡村治理的影响——以辽宁大古村调查为例[J]. 学习与探索，2007(5)：12-14.

图书室、文化活动室等文化设施的方式进行文化重建①。但文化建设的效果不尽如人意，存在着农民主体参与性差，文化的总体供给不足，供给与需求结构性失衡等问题②。针对农村文化的现状与文化建设中的问题，学者提出要从三个方面入手：其一，改变国家"重经济轻文化"的思路，加大农村文化建设的力度③；其二，充分调动村庄的内生资源，尤其要利用传统文化保证文化的个性与延续性；其三，提高农民的参与意识，使农民成为文化重建的主体④。

综上所述，现有文献对农村文化的现状、建设实践以及存在的问题都做出了较好的研究，但仍然存在一定的不足：其一，大部分研究偏重于宏观层面的一般性论述，因而还停留在逻辑层面的推演，缺乏在更加微观的村庄领域进行实证性的研究；其二，基于第一点，大部分研究将国家作为文化建设的主体，虽然对社会的参与性有所认识，但仅作为国家视角的补充，未能对国家与社会之间的互动关系作出进一步的考察；其三，将具体的文化观念和抽象的文化规范与价值做分割式的理解，有的学者只注重物质性文化载体的投入，有的学者则过分强调精神的层面，没有看到文化载体必须由文化价值作为支撑，文化价值也必须依托于文化载体；其四，缺乏对成功案例的分析与探讨，导致大量的建设与意见停留在想象层面，无法进行经验性的考证，进而真正提出建设性的意见。

---

① 财政部教科文司，华中师范大学，全国农村文化联合调研课题组. 中国农村文化建设的现状分析与战略思考[J]. 华中师范大学学报(人文社会科学版)，2007，46(4)：101-111.

② 郑风田，刘璐琳. 新农村建设中的农村文化：现状、问题与对策[J]. 中南民族大学学报(人文社会科学版)，2008，28(1)：112-115.

司芳琴. 新农村文化建设的若干思考[J]. 郑州大学学报(哲学社会科学版)，2007(4)：59-61.

吴理财，夏国锋. 农民的文化生活：兴衰与重建——以安徽省为例[J]. 中国农村观察，2007(2)：62-69.

③ 何兰萍. 关于重构农村公共文化生活空间的思考[J]. 学习与实践，2007(11)：122-126.

朱春雷，杨永. 重构农民的公共文化生活空间——以鄂、豫、皖三省农村文化发展为例[J]. 甘肃理论学刊，2007(2)：79-82.

④ 司芳琴. 新农村文化建设的若干思考[J]. 郑州大学学报(哲学社会科学版)，2007，40(4)：59-61.

吴理财，夏国锋. 农民的文化生活：兴衰与重建——以安徽省为例[J]. 中国农村观察，2007(2)：62-69.

（二）研究思路

针对现有文献存在的问题，本文试图通过对一个典型个案的考察，在更加实证与微观的层面研究文化重建的问题。以下对个案进行基本介绍，并阐明其典型意义。

本文以一个典型的老年人协会为切入口，进而总体性地考察文化建设的可行路径，其合理性在于：首先，老年人的文化需求满足及以老年人为核心的一整套农村伦理价值体系的重建是农村文化建设的一个重要组成部分；其次，本文选取的案例具有典型性。官桥村老年人协会成立于2004年，至今已顺利运行十余年，它在丰富老年人的文化生活，提高老年人的地位，塑造村庄良好的文化氛围等方面都产生了积极的影响。近年来更是得到了政府的认可，成为湖北省老年人协会的优秀典型。老年人协会的成功不仅仅对老年人意义重大，事实上它代表着乡村文化重建的一种可能的途径，对其经验的总结具有重大的现实意义与理论意义。

在具体的研究思路上，本文以老年人协会为观察与分析的基本对象，主要从三个方面展开具体的论述与研究：第一，以官桥村老年人协会为典型，分析老年人协会的基本组织架构与运行机制，将其看作是进行文化重建的中介与载体，主要关注外部资源如何嵌入乡土社会中并完成自身的组织目标；第二，从老年人协会组织的具体活动入手，进一步分析文化活动背后的价值意义，主要关注文化从形式化的载体走向内容化的价值的过程；最后，基于以上分析，进一步超脱老年人协会本身，探讨文化重建的意义与可能途径，对整体性的乡土社会的伦理与文化重建提出一点思考。

二、外部力量：文化重建的培育与赋能者

官桥村老年人协会并非完全的社会自生组织，它的成立与维持都借助于外部力量的推动与资源的输入。可以说，外部力量是文化重建的先导性条件和必要条件。

（一）官桥村老年人协会的建立

官桥村老年人协会创建于2004年，该年，华中科技大学乡村治理研

究中心的贺雪峰教授与日本友人阿古智子希冀以老年人协会的方式提高老年人的生活质量，在通过村委会的同意后，初期投入4万元，主要用于场地建设，购买音响、腰鼓、舞龙等娱乐设备与器材。此后，华中科技大学乡村治理研究中心每年为老年人协会提供5000元作为协会的维持经费。近年来，因官桥村老年人协会影响力扩大，能够非常规性地获得省老龄工作委员会办公室等政府机构的资金支持。

除了资金上的支持，创办者与当地老年人推选的老年人协会的骨干成员共同制定了老年人协会的目标、基本的组织架构与组织原则。老年人协会的服务群体为60岁以上的老年人，并以丰富老年人生活、提高老年人地位为基本目标与价值。在组织上则建立起了委员会与理事会的两级结构，负责老年人协会的基本运转。其中，委员会的成员为5名，设会长1名，副会长4名，分管文艺、会计、财务与文档；理事会的成员为8名，从中选举出理事长1名。这二者是老年人协会活动开展的基本组织依托。委员会与理事长负责老年人协会的决策与日常事务，包括日常的值班，维持老年人协会的开放与清洁卫生。理事会的成员参与重大决策，每年参与两次常规会议，如果有重大事件则另外组织，常规会议主要总结协会一年的工作，同时对账目进行审查，发挥监督与信息传递的功能。同时，保证每个村民小组都有一名委员会或是理事会的成员，他们负责信息的传递与输送，以及文化的传播与对村民的动员。

此后，创办者与政府基本不介入老年人协会的运作，创办者只提供资金并在重阳节的时候到场参与老年人的庆祝活动。

（二）外部力量的角色与作用

由于以现代化和市场化为取向的外来文化的冲击，乡村文化处于混杂状态，各种思想和价值观念良莠不齐、相互震荡[①]，其结果是乡村的伦理价值与本土文化被压制萎缩。但乡村社会本身很难进行文化上的判

① 杨慧.从文化实践解读文化生态村建设[J].云南民族大学学报(哲学社会科学版)，2004,21(02):38-41.

断，更没有能力进行文化重建的工作。因而，外部力量的推动就具有极为重要的意义，它是推动农民价值自觉与调动农民主动性的积极力量。

从官桥村老年人协会的经验来看，外部力量主要从四个方面进行文化推动与资源的注入。第一，文化价值观念的输入。发起者对组织有明确的定位，即以提高老年人的精神福利为基本目标，其背后是一套以"尊老"为核心的价值观念的输入。第二，合法性的输入。发起者具有一定的社会威望并且与政府关系良好，正是发起者的权威以及由此带来的政府认可，给予了老年人协会行政体系内的合法性与村民认可的社会合法性。第三，资金的输入。文化实践与文化传播都需要一定的形式与物质载体，必须有一定的场所与运转资金的支持，而资金是基础性条件。外部资源既提供了启动资金也提供了维持性的资金。第四，基本组织架构的设立。成立初期，发起者设定了基本的规范与人员结构，并进行了选举，这些成为组织运作的基本框架。这四者具有一定的联系，其中文化价值观念代表着文化重建的终极目标，是文化建设的基本内涵，后三者则是文化价值观念实体化的基本条件，是文化建设的载体。

进一步分析我们发现，外部力量在这个过程中完成了三个重要的任务。首先，价值观念的输入将被经济理性所压制的以"尊老"为核心的文化价值解放出来，使其显性化与合理化。由此造成的文化上的自觉，既是老年人的自觉也是整个村庄的自觉，也就是在这个过程中，文化重建成为一种议题，进入整个村庄的视野当中。其次，提供文化实体化的依托性条件，包括物质性的资源与观念上的合法性资源。这一资源的输入事实上也是为老年人赋能、为村庄赋能的过程。只有通过这些基础性的资源输入，才有可能进行文化的重建工作。老年人协会由此成为一个有价值理念和物质基础的公共平台，村庄的力量是依托于这一公共平台展开的。最后，提供一定的制度规范，包括组织架构与组织原则。社会力量是需要一定引导的，制度规范与组织框架既意味着发起者对老年人协会的指导，建立起其行动的基本框架作为方向性与粗线条的引导，同时，制度规范也是一套约束体系，可对社会力量进行一定的规范。

诚然，外部力量的推动极为重要，但无论是从发起者的理念还是事实状态而言，其对乡村的介入程度都是极为有限的。一方面，社会力量所提供的物质资源极为有限。初期投入几乎全部用于基础设施的建设，后期虽然每年有5000元的投入，但投入的资金也只能维持协会的日常运转，仅重阳节活动为每个老年人提供价值10元左右的礼品就要耗资上千元，协会的管理者每人只能获得5元一天微薄的值班经费。另一方面，发起者只制定了最为基本的组织原则与框架式的组织架构，并不涉及具体的运作、活动项目与细致化的制度规范，更不对人员进行安排。更为重要的是，发起者在完成创建以后，就基本退出了组织建设，完全由村庄进行自主运作。也就意味着，外部力量只提供了基础性的资源和框架性的制度，其为乡土社会预留了极大的自主空间与活动的弹性。也正是从这个角度而言，外部力量是在为村庄的文化建设进行赋能。

综上所述，外部力量在文化重建中扮演着文化启蒙、资源输入、制度设计者的角色，但它并不高度介入村庄内部，而是为村庄内部动员与主体参与提供了足够的空间，因而与其说它是资源的输入者，不如说它主要起调动村民积极性，并为村庄赋能的作用。

（三）外部力量介入的必要性与限度

大量研究强调农民的主体作用，本文亦对此表示认同。问题在于，主体地位的发挥必须有一定的基础，文化重建中的外力介入与引导有其重要性与迫切性。申端峰[①]（2003）指出，中国的社会远没有进入公民社会的阶段，没有完成社会整体的理性化。也就是说，社会的发展仍然具有相当的惰性，缺乏发展的自我意识，针对文化则意味着社会缺乏文化上的自觉性。尤其是在当下农村，村庄由封闭走向开放，家庭的个体化、原子化现象加剧，村社内部的文化规范、文化认同不断弱化，“村庄共同体意识及

① 申端锋.论农村社区NGO的发育和成长——以洪湖渔场老年人协会为例[J].山东科技大学学报(社会科学版),2004,6(1):28-31,42.

其经验的缺失使集体文化表达行动遭遇了困境"[①]。对老年人协会的建设而言，作为建设主体的老年人，其本身处于弱势地位，从村庄整体的文化状态来看，在缺乏公共文化的村庄内，处于弱势地位的老年人本身被困于个体家庭内部，无法形成公共性的共识，促成其进行文化重建的自觉性。同时，从现实角度来看，处于弱势地位的老年人资源极其匮乏，不可能具备丰富的资源开展文化重建的工作。也就是说，社会本身是缺乏自觉意识与文化行动能力的，不可能主动、自发地完成文化重建的工作。农村文化重建依赖于外部价值观念的输入并提供一定的实体化条件。

强调外部力量的重要性不意味着忽视村庄内部的力量，因而关键问题就在于外部力量介入的程度问题。每个村庄都具有一定的差异性，其文化的现存状态，村庄内部的集体行动能力都不同，对外部力量的依赖程度具有差异。但是，外部力量介入限度问题的提出，则在原则层面上要求外部力量的自律以及角色的重新定位。从官桥村老年人协会的经验而论，外部力量的介入以不破坏农民参与的积极性与主体性的发挥，以尽量调动村庄内部的资源为原则，同时外部力量需要转换角色定位，由文化的灌输者向文化的启蒙者转变，由资源的输送者向赋能者转变。

三、组织建设：文化重建的主体与中介

文化的落地必须依托于一定的承接载体，以作为文化重建的中介与推动者。另一方面，文化实践的持续性有赖于村社内部的主体参与文化活动、进行文化建设的能力。大量文化建设的失败均在于未能调动农民的主动性，从而造成文化传播中的断裂现象[②]。究其根本，关键性问题在于如何树立起文化传播中的中介组织，以及如何调动村庄的内部力量，使文化传播从外援向内生转化，形成村庄内部自身的文化实践，最终达到文

① 陈楚洁，袁梦倩. 文化传播与农村文化治理：问题与路径——基于江苏省J市农村文化建设的实证分析[J]. 中国农村观察，2011(3)：87-96.

② 陈楚洁，袁梦倩. 文化传播与农村文化治理：问题与路径——基于江苏省J市农村文化建设的实证分析[J]. 中国农村观察，2011(3)：87-96.

化重建的目的。官桥村老年人协会的组织可以看作两个层次:一是以委员会与理事会为主的有形的组织机构,二是以乡土社会为基本场域,将所有老年人囊括在内的乡村文化网络。通过这两层结构,村庄完成了自组织与主体式的参与。

(一)精英吸纳与组织机构的建构

老年人协会运作的第一步就是组织机构的建立与运作,它是老年人协会发挥作用的核心,也是外部资源注入调动起村庄力量的第一步。通过组织机构,外部资源与内部资源完成了交融会合,这一过程主要通过精英的吸纳得以完成。

老年人协会吸纳的精英主要来源于老党员、退休干部、退休教师和具有大队或小队干部经历的村民。统计具体数据,在官桥村老年人协会的5个委员会成员中,有1人是退休干部,其余都曾担任过大队干部,5个人中就有3人是党员。8名理事中的7名理事,1人是退休民办教师,5人曾担任过小组与小队的干部,仅1人没有任何任职经历,但为人有责任心。精英的个人禀赋与他们和社会的关联决定了其与组织的匹配性和与乡土社会结构的契合性,组织、精英、社会形成互动。由此,组织在乡土嵌入的过程中实现了自身的功能,并推动外部资源与乡村社会的互动,以下从三个方面进行具体分析。

首先,以精英吸纳的方式完成了组织的社会性赋权[①]与社会精英的组织性赋权。老年人协会若要在村庄落地生根,必须能够得到村庄的认可,并进一步展开各种组织行为。精英吸纳在事实层面上完成了组织的社会性赋权,他们是"比其他成员能调动更多社会资源、获得更多权威性价值分配如安全、尊重、影响力的人"[②]。因而,当精英被吸纳进组织时,他们的社会地位以及由此产生的非正式的影响力将成为组织的影响力,使得组织与组织行为具有合法性,能够得到村民的认可。另一方面,组织

① 吴春梅,石绍成.文化网络、科层控制与乡政村治——以村庄治理权力模式的变迁为分析视角[J].江汉论坛,2011(3):73-77.

② 仝志辉.农民选举参与中的精英动员[J].社会学研究,2002(1):1-9.

将其吸纳也意味着这些乡土精英既可以借助这个公共平台利用组织资源展开活动，同时也必须受到组织规范的一定规制。

其次，精英吸纳将村庄潜在的资源调动起来并组织成为一个综合的功能体。对老年人协会来说，村社内部成员的个人禀赋都是村社的潜在资源。组织一方面要调动、利用起这些潜在资源，另一方面则必须将这些资源进行有效的配置，即精英的个人禀赋必须与组织运作的功能相匹配。从官桥村老年人协会的实践来看，被吸纳的精英是一个总体性的功能集合单位，每个人都具有相对差异性的个人禀赋与组织中的角色相匹配。委员组织起到中枢性的作用，功能综合体的特质尤为明显，会长负责统筹，几个副会长分别主管财务、文艺与外部交流，而这些职责与他们个人的禀赋高度契合。一般而言，理事会成员都是在小组内有一定威信且工作比较负责任的人。每个职务都强调不同的功能，因而吸纳的精英也具备不同的禀赋，但又可以成为一个整体功能单位。可见精英吸纳组织不仅利用了个人禀赋性的乡土资源，而且有选择、按照组织的目的进行了优化配置，使之成为一个可以运作的综合功能体。

最后，吸纳老年乡土精英意味着老年人进行主体式的自我参与、自我服务，文化重建者、传播者与受益者相一致。精英吸纳是一个双向的过程，即精英吸纳与运作的过程本身也是精英主体选择与参与的过程。因而，老年人协会组织的特殊性与活力在于：精英吸纳是在限定性的范围内选择，即在老年人群体中进行选择，由此组织主体与服务主体高度契合，老年人协会成为一个完全由老年人自我组织、自我运作的机构。更为重要的是，老年人精英运作组织的过程也是为自我服务的过程，从组织角度而言的工作与从自我而言的个体需求是高度契合的。老年人精英既是老年人，同时其精英的身份相比普通老年人有更强的实现自我才能，获得公共认可的需求。协会内部的角色与其原来的社会角色高度拟化，这既是他们能够担当起组织者的原因所在，也是其愿意被吸纳，愿意参与其中的原因。也正是因此，老年人协会的组织者具有极高的积极性与主动性，以及对老年人协会的高度认同感，并能够在其中体验到自我满足、自我实现的心灵满足。

总而言之，组织不过提供了框架性的作用，社会精英的吸纳、精英自身的禀赋及背后的结构性力量与村庄语境才是其发挥效力的关键点。组织吸纳精英是对村社内部资源第一层次的调动。外部资源通过精英吸纳的方式，构建起了文化重建中的依托性载体，这一载体深度嵌入社会内部，能够调动社会资源，完成自身的组织功能。可见，由被吸纳的精英所形成的组织，是文化实践由外生向内源转变的交叉点与结合部，是外部资源与村社内部资源的互动点。

（二）文化网络建构与村社自组织

组织机构是村庄依托老年人协会这一公共平台完成的第一层次的组织，其背后是更广泛的整个村庄的互动与文化网络的建构。由此可见，组织机构处于文化网络内部，它不仅不超然于文化网络，反而恰恰是调动起这张文化网络的结点。而整体性的文化网络则是村庄文化行动能力与文化共识形成的必要条件。

委员会与理事会并不是简单的职位设定，而是撬动社会网络的一个差序式的组织构造，它镶嵌于社会结构中，并能最终完成社会的整体动员。委员会、理事会与普通成员之间形成一张差序的网络，其中以委员会成员为核心的组织与决策中心，具有明确的文化价值追求，委员会与理事会成员共同形成网络中的信息传动与社会动员的中介点。这些中介点以两种方式连接起整个村庄。首先，结构点的设置与社会自身的构造相一致。每个村民小组都有理事会与委员会的成员，也就是说，一个村民小组设置一个组织的中介点，而每一个小组又都是一个熟人社会的基本单位[①]。熟人社会内部的关系网络密布，既有血缘性的又有地缘性的，交往的密度很高，彼此之间互相熟识，内部信息高度畅通。老年人协会的干部作为熟人社会内部的一员，可以用最低的成本获取村民的各种信息，并且利用私人性的关系调动老年人的参与积极性。其次，作为中介点的乡土

① 贺雪峰．新乡土中国[M]．北京：北京大学出版社，2013．

精英，其本身就是各类关系的密集交界点。这些精英的关系网络密集，并且具有一定的威望，村民对他们的信任程度很高，因而他们的信息采集活动与文化传播活动都落脚于这些关系网络，并依靠非正式的关系渠道能够快速完成信息的上下疏导，同时调动村民的参与积极性，将大多数村民网罗进组织内部。在老年人协会组建的村庄，就是主要依靠这些精英鼓动老年人去活动中心参与活动，每年重阳节的时候协会干部也要到每家每户去说明情况并动员大家参与。

因而，从这个角度看，老年人协会并不是一个独立于村庄的组织，也不是由少数人进行运作的机构，相反，它镶嵌于社会之中，与社会的结构耦合，以网状的形式网罗所有的老年人群体，形成协会自身的文化网络。同时，这张网络具有差序性，委员会为中枢，理事会为中介，普通老年人是网络所延伸包含的群体。老年人不同的禀赋与动员能力以及闲暇的时间，都影响着其在差序结构中的位置，因而也是匹配性的位置，并通过一些结点性位置的设置最终撬动起整张网络。

文化网络的本质即村庄内部老年人的结构性互动关系，代表的是村庄整体的文化行动能力。其原因可以归结为三个方面：一是乡土资源依附于这张网络；二是文化重建的主体，即老年人处于网络之内；三是网络本身处于乡土背景之内。因而以老年人协会的委员会为中枢，能够迅速调动起村庄内部的资源，能够保障主体的高度参与性，其文化实践与乡土本身相符合。由此，文化重建能够与农民的日常生活相匹配，与农民对文化的供需相匹配，与现实性之间产生的张力最小。

四、文化输出：文化重建的形式与内涵

组织的建设本身不是目的，组织是文化传播的中介，以文化重建为最终归属意义。而文化的重建则必须借助于有形的文化载体，以此为基础才能进行进一步的价值传递。张良[①]指出公共文化的重建必须先从文化

---

① 张良. 浅析农村公共文化的衰弱与重建[J]. 调研世界，2009(5)：31-33.

物质基础开始，然后是各类文化活动，进而才能完成内部文化规范与文化价值的渗透。官桥村老年人协会从创立以来组织了各类文化活动，这些文化活动不仅仅具备消磨农村闲暇的消遣性功能，其背后更加是文化符号创造、文化塑造，并最终走向文化重建的过程。本节分析老年人协会的文化输出行为，解析其背后的文化意义，指明文化的传播必须将形式化的文化活动与作为内容的文化价值相结合。

（一）老年人协会活动介绍

官桥村老年人协会的活动较为丰富多彩，主要有以下五类。

第一类是常规性活动，主要是维持老年人协会的日常开放，并提供基本的休闲活动设备，例如音箱、麻将桌、电视、板凳等。一般而言，老年人协会活动中心每天至少都有 20 人，人多的时候可以达到 40～50 人，老年人主要参与打牌、跳舞、聊天等活动。

第二类是在老年人重要的时刻提供福利，这些重要时刻包括过生日、死亡等。受限于经费，只给每个上了 80 岁的老年人过生日，协会在征求其家人同意后都会去给老年人送祝寿牌匾，组织腰鼓队表演，截至 2014 年 10 月，共计 31 人次。70 岁以上的老年人去世则前去吊唁，送上花圈与鞭炮，表达对老年人的追思，共计 73 人次。

第三类是看望孤寡或是生病的老年人。如果村里有老年人长期卧病在床或是诊断出来了不治之症，协会委员会的成员就会组织探望老年人，一般都会购买水果，送 50～100 元的经费，和老年人说些体己话。截至 2014 年，官桥村老年人协会共探望老年人 31 人次。

第四类是大型的重阳节活动。重阳节被协会看作是一年中最重要的日子，当天委员会成员邀请发起者、村干部共同参与，汇报协会一年的工作情况，表演各类节目以庆祝节日，并给老年人发放礼物，一般价值在 10 元左右。以 2014 年重阳节为例，当天，村主任与华中科技大学乡村治理研究中心的代表出席发言，老年人一共表演了 17 个节目，协会送给老年人一人一块香皂和一条毛巾。

第五类是好媳妇评选，这一活动是近年才刚刚开始的。村里通过委员会与理事会的推举，一起推选出 3 个好媳妇，老年人协会在重阳节的时候对这些好媳妇进行表彰，送上奖状。

（二）文化活动的形式化特征

可以看到，老年人协会并不满足于组织老年人开展日常休闲活动，它试图在更加高的层次上进行文化的渗透，从而实现文化重建。我们将这些富有文化价值观念的活动转化称为价值型活动，以区别于一般的纯粹消遣型的文化活动。

从价值型活动的表现形式来看，老年人协会的经验表明，价值型活动并不是刻板的文化观念的输送，相反它有自身独特的有形载体，正是这些有形载体才使得文化观念以文化消费品的形式顺利传播，为村庄所消费，并最终在消费过程中实现文化的渗透，“使之转化为消费主体的精神传播活动，从而开启新的文化实践过程，完成文化的重建工作”①。在尊老文化本身式微的情况下，村庄内部是很难形成规范的，作为边缘者的老年人更加难以进行直接的规范家庭内部的行为，也很难进行直接的文化价值传播，它必须寄托于相对柔和与隐形的形式进行文化传播。由此，价值型文化活动产生了以下特点。

第一，价值型文化活动以文化福利的形式进行传播，文化福利包含两个方面：一是物质性的礼物形式，包括探望老年人的物品，重阳节时发放的礼品；二是以文艺活动形式，包括老年人生日时候的表演，重阳节的节目等。以福利的形式最大化地促成了文化产品的可接受性和快速传播性，村民们都乐于接受礼物，享受欢乐的氛围。

第二，价值型文化活动与村庄的语境高度一致。面对现代性的打击，村庄的传统文化受到挤压，但它仍然作为文化记忆在村庄内部有一定的认同性。村庄的价值型活动没有重新创造自身的载体，而是灵活地在村庄的语境中重新利用这些资源。例如，农村有给老年人做寿、大办丧事的习惯，重阳节也是传统的中国节日，老年人协会就在这些本身蕴含着尊老

① 郝立新，路向峰. 文化实践初探[J]. 哲学研究，2012(6)：116-120.

价值的领域进行价值型的文化活动。因而其文化输送是与村庄的日常生活相一致的,与村庄的语境保持高度的连续性。

第三,价值型活动有很强的现实性,但将现实以"隐藏文本"的形式隐藏在"公开文本"之下。例如以小品、诗歌的表演形式表现媳妇虐待老年人、老年人生活艰苦的现实情境,例如以评选好媳妇的方式作为公开的颂扬,其本质则是对不孝媳妇的批判。"公开文本"通常都是现实的艺术化表达,通过这种相对虚假的形式价值得到了最大程度的彰显。

文化是一种整体性的生活方式,"不但要通过大众生活实践本身创造意义和价值,同时还要凸显生活实践和社会制度层面对文化实践的影响和反影响,控制和反控制,及它们之间的对偶关系。"[①]这就意味着,一方面文化具有延续性,它必须符合当下的生活实践,另一方面文化也有超越性的意义,两者必须有机结合,才能够产生最具渗透性的文化效果。正是通过文化福利的形式,通过与村庄语境契合的形式,通过"公开文本"的形式,老年人协会所进行的一系列价值型活动才能够展开。由此,老年人协会和缓地完成了价值的渗透,它的文化形式是能够被人们所轻易接受从而被消费接纳的。另外,实现现实冲突的最小化,文化以软性渗透的形式进入村庄,不会对村庄现有的秩序产生冲击性的影响。在尊老思想处于弱势的情况下,要提高老年人主体地位,具有结构性的困难,老年人协会也没有能量与资源对家庭内部的事务进行直接、粗暴的干预,相反,它是在文化符号的创造上进行文化的渗透。文化重建是一个缓慢的过程,处于弱势地位的老年人以及老年人协会必须在适应现实文化环境的基础上才能够实现文化再造与超越。

(三)文化活动的价值内涵

上文对文化传播的形式和特点进行了分析,但仍然需要明确文化传播中的价值内涵,这一内涵的表达既是文化实践的实质内容,也是老年人协会的功能与目的所在。本节主要分析老年人协会的文化活动如何从有

---

① 张柠.文化实践、符号等级和文化研究[J].文艺研究,2005(3):5-10.

形的物质形式走向无形的文化价值的传递。

1. 主体价值的塑造

老年人协会价值建构的第一个层次即主体身份的建构。这一过程是老年人依赖老年人协会这一公共平台走出家庭这一私人领域的身份界定与活动空间，在老年人协会的公共平台上进行自我身份的重塑与对共同体的认同。老年人协会通过三种形式进行主体价值的塑造：一为主体身份的创造，二为主体活动空间的创造，三为主体福利的创造。

首先，老年人协会建立本身就涉及对主体身份的界定。赵旭东[①]很敏锐地指出："文化认同的产生是建立在共同意识的营造上面的，这同时也是一种身份的界定。"也就是说，老年人只有对自己主体身份进行认同并厘定边界，才可能生产群体意识与内部的文化认同。在经济理性的价值下，老年人是以经济功能的实现和经济价值的生产被家庭定位的。相反，在以尊老为基本文化价值取向的老年人协会，老年人以其所处的生命阶段被无条件地界定，在这一文化符号中，老年人处于主体地位，它所提倡的是在经济价值之上的伦理价值的实现。正是从这个角度来分析，老年人协会的设立本身就具有价值意义，是一种文化符号的创造过程，它赋予同一处境的人同一身份地位，从而让老年人对自己的身份与处境进行反思，在反思中形成共同体意识。同样，村庄也不得不用另一套价值体系重新审视老年人，审视其普遍性与公共性的身份。

其次，老年人协会最重要也是最常规的一个活动即维持老年人协会场地的开放，给老年人提供一个休闲娱乐的空间。社会空间是一系列社会行动的固态化呈现，社会空间的塑造也可以对人的行为产生深刻影响。老年人协会的场地意味着在空间场域上设立起了一个以老年人这一特定群体为核心的公共空间，这一空间一方面脱离家庭，不受家庭的干预，另一方面在群体内部具备完全的公共性，任何老年人都有权享有。以老年人协会为载体，老年人扩展了交往圈，增加了交往的频率，共同体意识与

① 赵旭东．文化认同的危机与身份界定的政治学——乡村文化复兴的二律背反[J]．社会科学，2007(1)：54-62.

归属感得到满足。

最后，老年人为自己提供了一系列的文化福利，包括生日、生病、重阳节、送葬等重要时刻。这些福利物质层面的花费都不多，关键在于其表达的精神意义。协会作为一个公共平台，尤其是为社会权威所建立、为政府所认可的平台，通过它为老年人提供福利能够增强老年人的主体确认与自我认同，提高老年人在村庄中的尊严与地位。

2. 文化价值的渗透

无论是身份界定还是创立公共空间的行为，都将个体的老年人从家庭这一私人领域解放出来，并且使老年人拥有了属于自身主体性的身份界定与活动空间，从而在老年人群体内部形成价值的共识。问题在于，这一价值共识虽然具有一定的扩散性，但主要还是集中在群体内部，呈现出亚文化的形态。文化重建必然是公共性的，它需要得到整个村庄内部的认可，也就是说，文化必须进行传播。

老年人的状况很大程度上取决于老年人在家庭内部的地位，由此，老年人协会的行动渗入到家庭内部，将私人的赡养行为显性化，从而成为公共事件。例如，看望处境不好的老年人，参与老年人的祝寿与葬礼，通过这些形式，老年人协会介入了家庭这一私人空间的内部。协会通过一系列对老年人表达尊重的行为，一方面表达了协会这一公共组织对老年人的重视，提升老年人的地位，也就是通过外部对老年人增能，提升老年人在家庭内部的地位，改善家庭内部的失衡关系。另一方面，老年人协会的介入本身就代表着家庭内部老年人背后整体性的群体以及价值的诉求，代表着单个老年人背后的支撑性体系。事实上，老年人协会自身就有很强的意识，他们说去看望老年人就是给老年人长脸，越是状况不好的老年人越是要看望，让别人知道老年人还有老年人协会照顾。

另一个进行文化渗透的重要场合就是重阳节活动。重阳节作为老年人的盛大节日，其本身就是一个公共事件与娱乐的盛会，有大量的中年人和年轻人参与并观看文艺表演，还有不少小朋友也和自己的爷爷、奶奶一起过来。大量的文艺节目(歌曲、小品、诗歌等)作为一种文化产品被生产出来，其内容一般都是当地经验的直接体现，同时又有很强的价值取向，表达了尊敬老人、惩治不孝媳妇的愿望。生活被艺术化和价值化地表达了，老年人在公共场合传递着自己的文化价值，并且通过艺术这一形式，将价值更加极端化地呈现。这些艺术作品就成为生活的镜像，每个人都在其中看到自身的处境，感受到文化价值本身的意义。

可以看到，文化福利是文化传递的一种策略行为。一方面它表现出很强的福利性质，能够被人轻易接受，正是这些形式才使得它被传播；另一方面，它自身有很强的价值倾向，这些价值作为内容弥散在形式中间。家庭以及村庄通过消费这些文化福利的形式，间接被这些文化价值影响，进而改变自身的行为。

3. 文化规范的塑造

如果说前两者的文化实践行为本身不具有规范意义，那么老年人协会试图在更加深入的领域将价值变成一种评价体系，将村民的行为纳入这一参照体系之下，从而形成一定的规范。一种有效的评价体系必须以特定群体对某种价值的认同为基础。官桥村老年人协会近年才开始进行好媳妇的评选工作，这既可以看作是前期主体地位塑造与价值渗透的成功，也就是说老年人协会以及其背后的文化价值得到了村庄内部的部分认同，同时也可以看作是老年人协会进一步扩大影响力，进行文化价值塑造的文化实践活动。

好媳妇代表着一种正向的行为准则和健康的家庭内部人际关系。老年人协会在重阳节上对这些好媳妇颁发奖状，并邀请其讲话，以仪式的方式将这些代表典型化、公共化，将其影响扩散化，其背后代表着一种尊老的价值观念。在公共文化衰弱与家庭日益原子化、私人化的情况下，对老年人的照料成为家庭内部事务，甚至连家庭的近亲都不得参与。但通过好媳妇的评选，无疑将私人化的家庭再一次置入公共评价体系当中。即使老年人协会不对所有的家庭进行评价，但树立典型的方式，意味着有了参照系，有了可以评价和比较的标准。尤其是在熟人社会内部，好媳妇的信息将在社区内部流传，成为村民口口相传的显性文本，而其背后则是隐藏的文本，是个人对自身家庭与显性文本对照产生的差距。一旦比较成为一种明显的意识，一旦将公共评价放入视野中，个体的行为就会受到引导和制约。

总结而言，老年人协会通过一系列的文化实践生产着作为有形体的文化物质形态，包括具体的空间、行为活动，制造出来的符号背后有一套核心的文化价值体系。前者是后者的基础与先决条件，后者依靠前者进行文化上的渗透。这种文化的渗透建立在多个层次之上：首先，是老年人自身的主体地位与群体意识的确立，由此完成自我界定，创造归属意识；其次，以文化福利的形式将老年人群体内部的文化共识进行一定的渗透，对家庭和村庄产生影响；最后，直接将家庭内的私人行为置入公共评价体系当中，试图重新塑造价值规范。这三点具有内部的递进逻辑，老年人协会通过对老年人身份的重新界定，将老年人群体拉出了家庭这一私人空间，组建起属于自身的公共平台。在这一过程中，通过公共组织的创造，老年人协会略过了家庭，实现了与老年人这一文化主体的直接对接。在公共平台上，老年人的聚集与文化实践创造了新的符号与文化体系，从文化的角度看，则可以说文化有了实践的主体与依托。通过这个过程，老年人以群体的形态与家庭和村庄的边缘地位以及其背后的经济理性进行对抗，进行自身的文化创建活动。

五、总结：文化重建何以可能

中国处于一个强烈变迁的时代，文化具有一定的混融性特征，现代化与市场化主导的价值理性与村民的伦理价值、传统文化产生严重的冲突，后者在前者的压迫下越来越丧失生存空间，呈现出萎缩的样态。深层次的文化败坏带来农村大量的失范现象与公共文化生活的式微，农民的精神领域也面临着成为荒芜的危险。这些都对社会稳定与农民生活安定提出了挑战。但是，文化是可以实践的，更可以在实践中实现自我超越，为文化重建提供可能性。

官桥村老年人协会的成功运行代表着文化重建的一种可能途径，并且已运行十余年，它也在事实层面上证明自身的有效性，的确对老年人的生活尤其是精神福利的提高卓有成效，同时也对村庄的价值重塑起到了积极的作用。那么我们就需要进一步追问，其建设的经验是什么？对文化重建这一普遍性命题的意义是什么？这也就是要回答文化重建何以可能的问题。通过上文对官桥村老年人协会文化实践的分析，笔者认为有以下几点是文化得以重建的核心要素。

其一，文化的重建要依靠村庄外援包括国家与社会力量的引导与扶持，提供正确性的价值引导与基本的物质条件保障，国家尤其要在这方面担负起重任。乡村社会缺乏文化自觉的能力，尤其是在农村社区日益松散化、个体化的背景下，个人逐利成为主流，其内部很难对正确的文化价值体系有所觉醒与持守。因而，“要通过种种外部的政治及社会方面的力量来改造市民社会，以促使其尽快地实现自身的理性化，获得自身内在的自主性”①。社会的自主性有赖于正确的文化价值引导以及方向性的目标设定，并且提供一定的资金支持作为价值生产的基础。需要阐明的是，外部力量只应该起推动与引导作用，其介入的程度以不影响农民主动性的发挥为界。

其二，文化重建的主体为社区内部的农民自身，外部援助的资源必须转化为内源式的文化实践，其关键在于中介体的塑造。不少学者指出，国家的文化建设呈现出“送文化”的样态，而没有实现向“种文化”的转移②。这也就意味着，必须调动农民的积极性，以农民作为文化实践的基本主体。通过树立起农民的主体地位，村庄内部的资源才能被充分调动，才能将村庄重新联系成为一个文化共同体。同时，通过农民的自主运作，农村文化上的需求与供给状况才能达到均衡，文化的传递与超越才能平和地

① 申端锋.论农村社区 NGO 的发育和成长——以洪湖渔场老年人协会为例[J].山东科技大学学报(社会科学版)，2004，6(1)：28-31，42.

② 司芳琴.新农村文化建设的若干思考[J].郑州大学学报(哲学社会科学版)，2007，40(4)：59-61.

朱正刚.新农村文化建设中政府的主导作用和农民的“话语权”——以浙江省义乌等地新农村文化建设为例[J].理论月刊，2008(7)：167-170.

实践。充分利用村庄自身的力量也是降低文化建设成本的最佳手段。

其三，文化重建是多个层次的，包含文化的活动、规范与价值。必须将深层次、隐形的文化价值与浅层次、显性的文化活动相结合，前者作为内容，后者作为形式，两者的统一才可能真正促成文化的重建。大量的经验表明，现有的文化建设工作要么停留在文化观念的输送上，只有内容没有形式，要么以硬件性的投入为主，缺乏文化观念作为其核心，两种形式都不可能在真正意义上完成文化的重新塑形。文化塑形必须以有形物质载体的形式提供文化产品，供人们进行文化消费，从而产生文化的接纳现象，其价值在形式中得到传递。文化形式具有多样性，都可以成为文化价值传播的载体。在实践中，各地可以灵活地采纳各种地方性的文化资源，以丰富的文化形式推动文化价值更广泛、深入的传播。

社区组织：老年人社会福利再造的探索

——从兰考老年人协会建设实验切入[①]

邢成举[②]

摘要 在西方福利思潮笼罩下的中国福利研究缺少本土文化和具体研究场域的关怀，而中国现实却让中国人的“西方福利梦想”成为一种不现实的选择，因为我们的现代化不可能重走西方国家发展的道路。在市场和时尚步步紧逼的情况下，中国农村中传统的福利观念在逐步淡化，同时农民所享受的净福利也在减少。如此现实刺激着我们要冲破西方、市场和消费主义话语下的社会福利定义，进行社会福利的再造，只有这样，我们才可以找回属于中国农村自己的福利内容并满足这种需要。老年人协会在村庄内正是承担了组织化再造社会福利的功能，如此我们才能看到老年人的幸福生活。

关键词 村庄场域；社区组织；老年人协会；社会福利

一、问题的缘起

国内关于老年人福利的研究主要集中在对老年人社会福利内容和形式的研究上，并没有对本土或者是乡土社会本身老年人的福利需求和话语进行思考。而在对西方现代化道路的崇拜和对市场经济的迷失中，中国人的福利梦想仍然建构在西方发展历史的基础上，如此的想象是不适合中国国情的，而本文则试图提出福利再造的话题，并在本土文化和村庄场域内去讨论我们所需要的福利内容。当前学术界关于老年人协会的研

① 本文原发表于2012年第1期《社会保障研究》。

② 邢成举，男，(1984—)，河南洛阳人，西北农林科技大学人文社会发展学院副教授，武汉大学中国乡村治理研究中心研究人员，主要从事反贫困与乡村治理研究。

究主要集中在其政治及社会功能方面,大部分的研究并没有从农民福利再造的角度来讨论老年人协会的功能和意义,这不得不说是这类研究中的一个缺憾。不过我们发现,一些学者在乡村治理的视角下去讨论老年人协会的功能和意义时,倒是提出了对农民福利再造的思考或是对现代社会福利的反思。①

二、社区组织——老年人协会的缘起与发展

(一)大李西村老年人的概况

在调查中,笔者发现大李西村老年人愿意独自过生活的、以空巢型家庭形式居住的占很大比例。在该村,男性60岁以上、女性55岁以上的老年人大概有310人,占全村村民的比例大约是19%。一般情况下,在传统农村地区的家庭里,老年人都是跟自己的孩子一起生活的,可是在大李西村,却有相当多数量的老年人都是自己生活,无论是老年夫妇还是丧偶形成的空巢老年人家庭。村庄里老年人们晚年生活比较孤单,特别是失去老伴的人更加寂寞,他们没有合适的表达和倾诉对象,生活内容单调,而且要自己养活自己。由于劳动能力和体力的限制,有的老年人物质生活条件比较差,而条件好的也往往不在物质方面添置些什么。由于缺乏老年人的活动组织和娱乐组织,大李西村老年人的闲暇生活过得非常单一和无趣,打牌、聊天、闲晃、烧香拜佛或信基督教就成了老年人"活动筋骨""出门转转"的几个为数不多的活动节目,很难谈得上所谓的老有所乐、老有所为和老有所学。老年人的温饱基本上都不存在问题,但是温饱之外的其他需求却很难得到满足,这样的现实也呼唤着老年人自己的组织能够出现。

(二)老年人协会的成立与发展

2002年,在村庄能人赵大娘的带动下成立了以满足农民文艺需求为

① 贺雪峰.文化建设再造农民福利[J].瞭望,2006(3):63.

王习明.乡村治理与老人福利互动模式研究——河南安阳吕村调查[J].中州学刊,2006(2):94-97.

目的的村中中老年文艺队。赵大娘特别富有同情心，关心残疾人、穷人、烈属、五保户等；还尤其热心村庄的公共事业，也很在乎村民的评价。她曾鼓动当公司老总的儿子及儿子的朋友捐了 50 万元，作为修建大李西村小学的主要资金来源。

2003 年，赵大娘主持建造了大李西村老年人俱乐部大院。她把子女平时给的零花钱一点点积攒下来，总共捐出 4000 多元，一些村民在她的感召下，也共捐出了 5000 元。她组织村民拉来几十车土将院子垫平，又盖了三间敬“老天爷”的庙房。这庙，敬的是中国普通老百姓心中的中国神——“老天爷”，而且在“老天爷”的上方，挂着马克思、恩格斯、列宁、毛泽东等共产党人的画像。2004 年 6 月初，在“三农”问题研究者何慧丽的建议下，赵大娘在主持发送衣物的时候举行了老年人协会成立的预备会，将老年人分组，讨论成立老年人协会的事情。此后，赵大娘以通过选举和推举相结合的方式，选出了老年人协会的主要干部。

有了以上这些准备工作，老年人协会的成立条件基本成熟了。2004 年 7 月 2 日，老年人协会成立仪式在村委大院举行。当时，由何慧丽推动成立的城关乡陈寨村腰鼓、健美操的文艺队也来到了仪式现场，他们作为农民文艺队前来祝贺老年人协会的成立。县妇联、县文化馆、乡党委也都参加了这个仪式。基层干部、外来的大学生志愿者、农民文艺队、本村的老年人以及一些媒体的记者，一起见证了大李西村老年人协会的成立。仪式上，何慧丽代表中国农业大学、兰考县县政府、中国农业大学和开封市共建办公室，拿出了 1000 元现金表示对老年人协会的祝贺。

三、村庄场域下老年人社会福利的内涵

(一) 老年人话语中“福”的含义与内容

在本文的研究中，“福”的含义并不等同于福利的含义与内容，但是“福”的含义却对我们理解村庄场域中的福利内涵具有重要的帮助作用。可以说，通过对“福”观念的讨论，我们才可以进入村庄的场域，同时才可以将福利的内容勾连起来。

通过访谈，我们将"福"的话语总结为六种类型。第一，"福"来自家庭生活的和谐，也就是我们传统文化所说的"家和万事兴"。第二，"福"是健康。"想吃东西的时候就吃，想睡觉的时候就睡，想干啥就干啥，身体好才是本啊！"这同样是传统文化中一直都有的观念，我们给老年人过生日，都要送上"寿比南山"或是"健康长寿"等祝福。第三，"福"是平平安安。老年人常说："这一辈只要是平平安安的就算是福气了，其他的都是比较高的要求了。"第四，"福"是生活有意义、有事干、有话说、有奔头。对老年人自杀的相关研究发现，自杀的老年人当中，有相当一部分老年人都是觉得生活没有意义，才选择用自杀的方式结束自己的生命的。第五，"福"就是子女都有出息了，可以脱离父辈们的艰苦生活。所谓"望子成龙"和"望女成凤"的朴素心愿一直都是萦绕在老年人心头的，让子女生活得好甚至还成为他们的人生任务。农村流行一句话叫作："前三十年子以父荣，后三十年父以子荣。"子女事业的成功不仅证实了老年人对子女培养的最终成果，而且也因为子女的成功老年人在村庄中有了地位和面子。第六，"福"是家庭和睦、人丁兴旺。家庭在老年人的生命历程中存续的时间最长，所谓老年人可以看透很多的东西，也就是因为其生活经历要长于其他年龄段的村民。老年人会将家庭视为自己人生奋斗的一个成果，一定程度上讲，家庭已经成为老年人的价值归宿和生命意义的依托，如果没有了家庭，老年人的生活必定是没有意义和色彩的。

（二）村庄场域下的老年人福利内容

村庄场域中的老年人福利内容是从老年人对"福"的具体话语中抽象出来的，我们可将这些福利内容归纳为物质供给型福利、文化娱乐型福利、学习发展型福利、意义寄托型福利、社会交往需求满足型福利和家庭和睦生活期待型福利。具体来讲，物质供养型福利主要涉及的是老年人物质生活的需要，包括粮食、基本医疗和基本经济开支费用的提供，在本文中并不做重点介绍；文化娱乐型福利的内容主要是针对老年人的兴趣爱好，包括开展文艺活动、打麻将、打扑克、下象棋、看电视等，其目的在于让老年人放松和娱乐身心；学习发展型福利主要包括扫盲、学习种养殖技术和党和政府的方针政策等内容的福利项目；意义寄托型福利主要涉及的是让老年人有一个属于自己的超脱性的诉求对象和表达对象，在上面的论述中，老年人协会主张建立的庙宇就可以起到这样的作用，另外协会建立后改善了老年人对未来生活的预期，使得老年人更加关心村庄的发展了；社会交往需求满足型福利主要是指给老年人提供社会交往的空间和机会，让其可以充分地展现自己的社会交往能力，并发动其参与社会活动的积极性；家庭和睦生活期待型福利主要是指老年人期望自己的家庭可以和谐共处、和睦快乐的福利需求。

总体上看，物质供养型福利的内容主要是由老年人自己或是老年人所在的家庭供给的，老年人协会的物质供养功能主要体现在重大节日时期。而物质性福利之外的福利供给内容则更好地体现了老年人协会在社会福利供给中的优势与特色。“老年人协会给老年人带来的物质福利很少，但精神福利却是巨大的。它可以让老年人找到精神寄托，重建生活的意义。老年人协会也在开始改变村中青壮年的生活习惯和对未来的看法，中青壮年看到老年人生活得幸福，也不再对未来失去信心，生活得比较踏实了。他们不再在农闲时整天坐在麻将桌边了，而开始参加打腰鼓、跳健身舞等有意义的活动”①。

四、老年人协会：社区组织的福利供给内容

大李西村老年人协会建立后，具体开展的事项大致有六项：维护老年人的一切合法权益；开展一系列有利于老年人身心健康的活动，给老年人提供一个相互关心、交流的机会和场所；慰问生病的老年人，弘扬尊老爱幼的传统美德，致力于提高老年人在村庄生活中的地位；协助村“两委”做好调解村民的纠纷和矛盾的工作，开展力所能及的村庄公益性事务；发展能赢利的福利性事业，让老年人体会自己手艺的市场价值（如手工艺品制作等），改善老年人的物质生活，弘扬中国传统文化；让老年人负责修订、

① 谭同学.老年人协会、村庄生活与民族精神——乡村建设视野中民族精神的培育与弘扬[J].华中科技大学学报（社会科学版），2006(2):7-10.

完善村志的部分工作。具体表现在以下几个方面。

1. 老年人协会的文化娱乐型福利

老年人协会正式成立后，村庄中的文化娱乐出现了三大变化。一是老年人成了中老年文艺队最主要的成员和最忠实的观众，只要文艺队有活动，老年人总是很积极地参与。二是文艺队活动更频繁，节目的内容也更加丰富多彩。老年人协会规定：农闲时段的每月阴历逢五和逢十，文艺队都要到老年人协会活动中心去进行文艺表演，活动一般是从晚上8点开始，到10点结束。村里的农户有可喜的事情，如生孩子、盖房子、娶媳妇、嫁女儿、上大学、参军、开业典礼等，老年人协会都会派腰鼓队或秧歌队去参与表演并送上祝福。三是文艺队员根据村庄的真实生活编排了一些弘扬村里良好风气、好人好事、宣传党和政府的方针政策的曲子或是快板书来唱，也编排了一些与老年人协会有关的事情来唱。

2. 老年人协会的学习发展型福利

也许很难想象，老年人的文艺节目表演中的许多动作是她们跟着电视和VCD中一招一式地学来的，其困难是我们可以设想的，但是老年人都学习得津津有味。除了学习节目编排外，老年人协会中的老年人学习的内容还有最新的党和政府的农业、农村政策，以及宣传科学技术、种植和养殖的技术等。对于文化水平较低的老年人，其他的老年人还帮助他们去认识一些常用的汉字，这其实就是代行了政府组织的扫盲职能了。老年人协会还组织老年人轮流排班，每天两人一起打扫村中的道路，以及积极配合村“两委”开展各项工作。这满足了部分老年人希望积极参与社会活动和发展社会交往能力的需求，是对老年人社会参与和社会交往型福利的供给。

3. 老年人协会的意义寄托型福利

大李西村老年人协会创建的一项活动很有创意，即创办乡村博物馆。乡村博物馆展示了在村庄内外收集的大量明清以来的农业生产工具、家庭生活用具和交通运输工具等。博物馆的创建不仅给村庄内的老年人提供了一个重拾回忆的空间，激发了老年人的自豪感(这些不少都是老年人当年自己制作的),增加了老年人之间交流的机会。更给年轻人和少年儿童提供了一个了解村庄悠久历史,体会前辈艰辛生活和加强村庄价值认同的生动教材,培养了他们对家乡的热爱和对老年人的尊重之情,提高了他们对村庄未来生活的预期,使其发展预期部分地指向村庄内部。

4. 老年人协会的家庭和睦生活期待型福利

家庭和睦生活期待型福利主要表现在老年人协会对村庄中矛盾的调解上,仅半年的时间里,老年人协会的领导及其成员就成功调解了矛盾纠纷十几起,其中包括经济纠纷、子女敬老问题等。矛盾纠纷的及时解决,使不少家庭团结和睦并努力改善未来的家庭生活,免遭物质和精神的损失。为了倡导尊老、敬老新风尚,老年人更是不遗余力,协会特地组织了每年一度的"好儿子""好媳妇""好村民"评选活动。

5. 老年人协会的精神慰藉型福利

精神慰藉型福利主要体现在节庆日期间,协会的负责人会在这些节日慰问老年人并与其共度节日。每到中秋节、重阳节和春节,老年人协会负责人就会利用社会友好人士捐赠的钱买些月饼、糕点及花生等礼品送给协会会员。还有一次,当王世荣等孤寡老年人重病在身、卧床不起时,老年人协会负责人带着糕点、鸡蛋来到了床前嘘寒问暖。这样的情景让老年人感动不已并感慨地说:"就是做鬼也不能忘记老年人协会和赵凤兰会长。"赵大娘还利用外来专家学者的捐款,帮 40 名老年人协会会员买了 200 只母鸡苗,每户 5 只,希望这些鸡能长大了下鸡蛋为老年人滋补身体,或者换一点平时的零花钱。

五、老年人社会福利的再造

(一) 村庄场域作为福利再造的背景

场域是皮埃尔·布尔迪厄实践社会学中的重要概念。在本文中,村庄场域主要是为了强调村庄作为一个共同体的自我运作逻辑、村民在其中的交往逻辑、单个村民的行动逻辑以及福利在村庄话语中的具体内涵。近些年来关于乡土社会的研究指出,费孝通提出的"熟人社会"已经发生了转变，当今的乡土社会已经变为了“半熟人社会”。但是尊老爱幼、讲究公德、互助有为及以集体为本位的民族精神内核，依然糅合在集生产、生活与娱乐为一体的村庄共同体当中。这就使得关于老年人福利的场域观点仍然有其统一性、延续性和稳定性。中国农民作为一个整体，以人可否与自己的内心世界、与他人之间以及与自然之间的和谐相处来确定自己的价值，天下大同、天人合一等就是这一思想的经典表达。这些价值是在整个社会衣食无忧的基础上，尊老爱幼、礼而有信、集体伦理为内核的乡土精神在农村社会弘扬与培育的基础，也是我们讨论老年人福利的村庄场域基础。

村庄场域要求我们必须对农民的生存逻辑有明确的认识，即生存逻辑在于既要有温饱的物质生活，也要有丰富的精神生活。在目前温饱有余的条件下，生存尊严的实现和兴趣爱好、交往需要的发展是农民村庄生活的意义所在。可以预见，在相当长的一段时间内，农村仍是绝大部分农民生命的意义载体。而要护住这一载体，提高农民收入并改善其物质生活的战略是基础性的，但这远不够。以组织化的手段重建农村社会文化网络，提高农民闲暇消费质量，提高农民的村庄生活福利应是与提供农民收入同样重要的课题。在20世纪与21世纪之交的乡村社会，尤其是在农村税费改革以后，农村社会发生了远较20世纪末更为深刻且复杂的变化，集中表现在基础结构之变、农民价值观之变和村庄治理之变上。城镇化过程中的人口流动对农村经济社会的影响前所未有，市场经济和消费主义文化长驱直入，农村人际关联模式进一步走向理性化，村庄社会结构和农民家庭结构已经或正在经历质的变迁；农民的集体观念不断式微，村庄预期迅速缩短，集体行动的困境不断强化；乡村基层组织治理能力严重萎缩，农民价值观念松动，幸福感降低，生产生活压力剧增，乡村混混和黑色势力活动日益猖獗，农村公共品供给不足的压力增强。由此一来，城镇化引发的人口老龄化压力不得不面对村庄治理困境，从而寻求在农村经济社会发展方面的释放，以更好地促进乡村社会的可持续发展。以上这些变化正是我们在村庄场域的角度需要加以具体关注的。

(二) 社会福利再造的内涵

我们看到的老年人协会的实验之所以取得了不错的效果，是因为其对当前社会上普遍流行的以消费为基础的社会福利进行了抵抗。这种抵抗在某种程度上也是对社会福利的再造。我们在农村调查的时候发现，尽管不少农民对改革开放之后的生活评价不错，但是他们也同样怀念大集体时期的生活。改革开放之前的计划经济体制，一方面是农民手中没有钱，另一方面是集体提供了大量的福利内容，但如今不是了。在未来，随着现代传媒力量对乡村的渗透，城乡阻隔将会进一步消失，农民的福利将会越来越依靠货币交换来实现，大量的物质欲望被制造出来，农民在被诱导中进行了非理性的消费。而建立在经济收入基础上的物质福利的欲望是无法被简单满足的。况且，经济收入本身的增长并不足以维持不断攀升的消费支出，这是中国城乡结构、产业结构、国际产业分工格局等宏观因素决定的，短期内无法改变，所以进行福利的再造就是很现实的选择了。"中国未来的 50 年，农民从经济上大幅度改善自己处境的可能性很小，而由市场经济主导的，越来越将这些经济处境不能改善的农民置于边缘地位的文化却进一步随着市场经济的发展而壮大，农民的净福利就会越来越少，农民对社会的感受就会越来越糟"①。

福利，本质上是一种人们对生活状况的满意程度，这种满意程度有两个衡量标准：其一是生存的标准，其二是发展的标准。如何进行福利再造呢？简单地说，我们要从经济、文化和社会三个层面着手进行社会福利的重建。"增进农民的福利显然不只是农民自己的事情，农民也往往缺乏自我行动的能力，这时，来自外界的经济的、社会的、文化的以及其他各方面的力量都可以介入农民生活中来，组织农民为增进自己的福利而奋斗。"②在经济层面要通过上级政府的转移支付来培育农民的合作能力和合作精神，以工代赈和以奖代补就是可行的办法；文艺上是要注意发掘本土的传统文化和文艺形式，创造出适合农民需要的文化内容，要创造出让

①② 贺雪峰. 乡村研究的国情意识[M]. 武汉：湖北人民出版社，2004：48，58-59.

农民对生活充满希望和幸福感的作品，要鼓励传统文艺和民间信仰在一定范围内复归；在社会层面，主要是让农民之间的人际关系更加牢固，社会上的各种力量可以参与到农村福利的再造中来，使得农民可以重新形成组织，并为其自身的生活服务。

（三）社会福利再造的组织基础

正如作为本文论题切入口的农村老年人协会一样，社会福利的再造是离不开村社组织的。老年人协会是承担福利再造任务的直接组织载体，同时在其背后还有众多的其他组织在间接地为社会福利的再造起到推进作用。上文我们已经提到了，福利再造的任务不能只是农民的任务，而是需要社会多种力量的参与才能够实现的。没有了组织，就失去了进行福利再造的平台，更失去了福利再造的直接参与者，所以组织类似于老年人协会的本土和村庄场域内的组织是非常必要的，如妇女协会、文艺协会等，都是非常有益的组织实践。

村治主体的缺位与再造

——以湖北省秭归县村落理事会为例①

杜　姣

摘要　当前中国农村社会面临着治理主体缺位的村治困境，其主要表现形式是村级组织自治功能弱化和内生性村治主体无法生成，使村庄自治事务处于管理真空状态。基于加强基层治理的现实需求，湖北省秭归县的“幸福村落”创建活动开辟了以村落理事会建设为主要内容的行政供给式的村治主体再造路径，具体从村治主体的治理单元、治理资源和治理规则三个方面展开再造。村落理事会在实际运行过程中，通过构建在村精英的吸纳机制、村庄内部资源的调动机制以及民主协商积极性的激发机制，实现了村庄的良性治理，适应了农村社会非规则化、非格式化的特征，是应对村庄琐碎事务的扁平化治理机制。湖北省秭归县的村落理事会建设经验为中国农村基层社会治理模式改革提供了方向。

关键词　村治主体；村落理事会；基层治理；主体再造

一、问题的提出

党的十八届三中全会提出了创新社会治理体制、实现国家治理体系和治理能力现代化的改革目标。乡村基层治理体系和治理能力建设就蕴含在这一改革目标中。20 世纪 80 年代，《中华人民共和国村民委员会组织法》的颁布确立了村民自治的制度形式，奠定了“乡政村治”②的基层治

①　本文研究受到教育部哲学社会科学研究重大课题攻关项目“完善基层社会治理机制研究(14JZD030)”资助。

②　张厚安.乡政村治——中国特色的农村政治模式[J].政策，1996(8):26-28.

理模式。自此，学界掀起一股村民自治研究热潮，分化出民主价值取向①、社会基础取向②和治理取向③三种研究进路。其中，治理取向的村民自治相关研究发现，村民自治制度作为农村的基本治理制度，在实践中受到不同程度的扭曲，并没有彻底改善农村的治理面貌④。基于对这一现实问题的关注，中国农村基层治理的发展走向成为学界关注的热点。而作为基层治理体系的重要组成部分，村级组织成为其中重点讨论的对象。通过对已有相关研究进行综合梳理，笔者发现，研究村级组织发展走向的文献主要提出了三种观点：一是认为乡村社会诸种问题的产生源自于制度规则的自身缺陷⑤，因而需要对村级组织进行行政化改革，建立以公务系统为主的现代科层体系，向农村输入公共规则⑥；二是认为应该保持村级组织的半正式行政管理的特征⑦，因为半正式基层行政管理的方式反映了中国传统文化中实用主义的治理理念⑧，村级组织应兼顾作为“国家

① 王振耀.中国的村民自治与民主化发展道路[J].战略与管理，2000(2)：99-105.

王仲田.中国农村的村民自治和基层民主发展[J].荆楚理工学院学报，1999(1)：15-23.

周罗庚，王仲田.中国农村的基层民主发展与农民的民主权利保障——村民自治的历史、现实与未来[J].上海社会科学院学术季刊，1999(1)：42-51.

党国印.“村民自治”是民主政治的起点吗？[J].战略与管理，1999(1)：88-96.

徐勇.中国民主之路：从形式到实体——对村民自治价值的再发掘[J].开放时代，2000(11)：57-61.

② 贺雪峰.论民主化村级治理的村庄基础[J].社会学研究，2002(2)：88-93.

贺雪峰.乡村治理的社会基础：转型期乡村社会性质研究[M].北京：中国社会科学出版社，2003.

③ 仝志辉.“后选举时代”的乡村政治和乡村政治研究[J].学习与实践，2006(5)：70-76.

杜鹏.村民自治的转型动力与治理机制——以成都“村民议事会”为例[J].中州学刊，2016(2)：68-73.

④ 赵晓峰.“行政消解自治”：理解税改前后乡村治理性危机的一个视角[J].长白学刊，2011(1)：73-78.

李祖佩.“资源消解自治”——项目下乡背景下的村治困境及其逻辑[J].学习与实践，2012(11)：82-87.

⑤ 张静.基层政权——乡村制度诸问题[M].杭州：浙江人民出版社，2000.

⑥ 张静.现代公共规则与乡村社会[M].上海：上海书店出版社，2006.

⑦ 高怀飚.村干部不宜“公职化”[J].领导科学，2003(9)：32-32.

⑧ 赵晓峰.“双轨政治”重构与农村基层行政改革——激活基层行政研究的社会学传统[J].北京社会科学，2016(1)：98-104.

代理人”和“村庄当家人”的双重角色，妥善处理“政务”和“村务”的关系[①]，确保村级组织的乡土性；三是倡导国家减少对村民自治的干预，重新厘定国家和乡村社会的权力边界，还村民自治以本来面目[②]，这实则是剥离村级组织“国家代理人”身份的思路。

从发展趋势来看，乡村治理实践基本遵照第一种思路，即对村级组织进行行政化改造，但是，这依然没有解决乡村治理中存在的众多问题。农村税费改革后，中国乡村治理面临着新的经济社会环境，具体而言，包括两个方面。首先，国家与农民的关系发生了变化，由原来的资源汲取关系向资源输入关系转化，两者的利益具有高度一致性，这为中国乡村治理转型提供了契机。其次，农村社会的内生性治理需求发生了变化。一是村庄社会边界被打破后外出务工人员增多了，农村人口在大量外流的同时也高度参与到市场竞争中。与此同时，复杂多样的弱势群体开始大量出现，例如留守老人、留守儿童等，他们都是急需关注的对象。二是随着市场经济的发展，“经济理性”的价值观念向乡村社会渗透，这在一定程度上造成村庄内部纠纷调解机制瓦解、公共品供给的集体行动无法达成、代际关系恶化、子女不孝状况较多发生等问题。乡村社会处于原有问题进一步复杂化、剧烈化，新问题不断涌现的境况中，乡村社会秩序的自主维系能力严重不足。此外，纠纷调解机制的瓦解造成大量矛盾溢出乡村。在“稳定压倒一切”的体制压力下，各级政府相关部门被迫介入乡村内部矛盾纠纷的调解中，这可能不仅使矛盾纠纷得不到解决，反而还会造成矛盾纠纷的激烈程度升级。而乡村的稳定和发展，直接关系到农民的福祉以及乡村作为“稳定器”和“蓄水池”[③]功能的发挥。

乡村治理面临的严峻形势对基层治理体系改革形成了倒逼态势，建立对村民需求具有强大回应能力的基层组织体系成为紧迫任务。这也是党的十八届三中全会提出创新社会治理体制的深意所在。湖北省秭归县

① 徐勇．政务与村务的合理划分和有效处理[J]．中国民政，1997(5)：15-16.

② 彭大鹏．村民自治的行政化与国家政权建设[J]．北京行政学院学报，2009(2)：7-10.

③ 贺雪峰．城市化的中国道路[M]．北京：东方出版社，2014.

的“幸福村落”创建活动便是应对上述形势的实践成果。本文基于对湖北省秭归县以村落理事会建设为主要内容的“幸福村落”创建活动的分析和思考，试图揭示其对中国基层治理模式改革的借鉴意义和价值。

二、治理主体缺位：村治困境的现实表达

（一）乡村治理主体的历史变迁

中国传统社会的治理格局表现为“双轨政治”[①]：一条是自上而下的中央集权的专制体制轨道，另一条是基层组织自治轨道。前者以皇帝为中心，依靠官僚体系来治理；后者由乡绅等乡村精英进行治理。两者共同形塑出中国传统社会治理“皇权不下县，县下行自治”的总体性特点。这说明，中国传统社会的治理依靠官僚体系和社会内生自治体系这两套体系完成，乡绅成为乡村社会的治理主体，承担着维持乡村社会秩序的功能。晚清至民国时期，中国经历了一个政权不断向乡村社会渗透以汲取现代国家政权建设所需资源的过程，作为中国传统乡村社会治理主体的乡绅受到严厉打击，乡村社会秩序遭到破坏[②]。这一破坏是通过“绅士的官僚化”[③]“保护型经纪”的退场和“盈利型经纪”的崛起来实现的，带来了国家政权建设“内卷化”的困境[④]，乡村社会秩序陷入紊乱。

新中国成立后，中国共产党通过建立人民公社，实现了乡村社会治理主体的重塑以及乡村社会的全面改造和重组，并通过诸如工分制等一系列精细制度的巧妙设置以及意识形态的宣传动员，在保证从农村汲取现代国家政权建设所需资源的同时，极大程度地维持了农村的基本生产生活秩序，农村的教育、医疗、水利等公共基础设施得到大幅改善，乡村社会治理高度有序。20 世纪 80 年代以来，随着人民公社解体，中国建立了村

---

① 费孝通. 乡土中国　生育制度[M]. 北京：北京大学出版社，1998.

② 张静. 基层政权——乡村制度诸问题[M]. 杭州：浙江人民出版社，2000.

③ 张仲礼. 中国绅士研究[M]. 上海：上海社会科学院出版社，1991.

④ 杜赞奇. 文化、权力与国家：1900—1942 年的华北农村[M]. 王福明，译. 南京：江苏人民出版社，2010.

民自治制度，确立了以村“两委”为基础的村级组织的基层治理主体地位。然而，农业税费时期，国家依然需要从农村汲取资源以推动现代化建设，国家与农民之间的资源汲取关系并未发生实质性改变，地方政府面临着完成税费征收任务的严峻压力。乡镇政府为了克服与分散农户交易而产生的成本过高问题，便安排村组干部来完成税费征收任务，导致形成了“乡村利益共同体”①，引发了20世纪90年代末以“农民真苦，农村真穷，农业真危险”为表现的“三农危机”②。

由此可见，从晚清到21世纪农村税费改革之前，国家对乡村社会的治理主要围绕从乡村汲取资源以推进现代化建设这一目标展开，国家的整体发展利益与农民的直接利益之间存在潜在冲突。乡村治理主体作为国家连接乡村社会的媒介，逐步成为独立的利益主体并从乡村社会中分离出来，进而导致国家整体发展利益和农民利益均受损的后果。对乡村社会而言，这一后果表现为治理主体缺位引发内生性治理秩序供给不足的困境。通过历史梳理，可以发现，乡村社会主要有两类治理主体：一是乡村内生的治理主体，例如乡绅；二是国家主导和组建的治理主体，例如人民公社和村级组织。而在中国宗族保持得相对完整的广东省、广西壮族自治区、福建省、江西省等地农村，除了村级组织这一治理主体外，宗族组织依然发挥着重要的自主供给乡村内部秩序的功能。只是在税费改革后，随着国家治理转型以及经济社会环境的变化，中国绝大部分乡村地区面临着不同于以往时期的新一轮治理主体缺位的村治困境，酝酿着新的乡村治理危机。

（二）当前村治困境的现实表达：村治主体缺位

1. 村级组织自治功能弱化

20世纪80年代，村民自治制度的实施，确立了以村“两委”为基础的村级组织的村庄治理主体角色，村级组织的职能得到了进一步的明确规

---

① 贺雪峰.试论二十世纪中国乡村的治理逻辑[J].中国乡村研究，2007(5).

② 温铁军.八次危机[M].北京：东方出版社，2013.

定，即它具有履行村民自治的职责，“办理本村的公共事务和公益事业，调解民间纠纷，协助维护社会治安，向人民政府反映村民的意见、要求和提出建议”[①]。税费改革前，由于村级组织主要承担繁重的税费征收任务，其自治功能被极大地削弱；而税费改革也并未改变村级组织自治功能弱化的情形，村级组织依然无法成为承担村民自治功能的有效载体。具体来分析，大致有以下几个方面的原因。

其一，税费改革后，国家治理转型对乡村社会治理提出了新要求。首先，随着“工业反哺农业”政策的推行，乡镇政府涉及农村政治、经济、社会、文化等各方面的常规性行政任务大幅度增加。而且，开展税费改革以来，国家几乎每年都出台面向农村的各项新政策，例如美丽乡村建设、土地确权、精准扶贫等，这进一步加重了乡镇政府的工作负担。在乡镇政府无法直接对接分散的小规模农户的客观约束下，村级组织成为行政任务的最优承接载体。从村民自治制度的有关规定来看，《中华人民共和国村民委员会组织法》明确规定，村民委员会有“协助乡、民族乡、镇的人民政府开展工作”[②]的职责。并且，从这一规定中可以看出，村民委员会需要同时处理村庄内部事务和上级政府所下达的行政事务。此外，村级组织执行上级政府下达的行政任务具有成本低、效率高的优点。乡镇政府为了分解行政任务，便具有将村级组织行政化的强烈动力，进而使村级组织完全成为其向农村社会延伸的行政机构，其行政压力向村级组织转移。村级组织完全遵循对上负责的原则，其自治特征弱化。

特别是在税费改革后，为了精简基层干部队伍、减轻地方财政负担，广大农村地区都开展了合村并组工作，部分地区的农村甚至取消了村民小组长。这使行政村的规模大幅扩大，而村干部数量锐减，三四千人的村庄仅有 3～5 名村干部的情况并不少见。相应地，下达至村庄的行政事务工作量以及落实到每个村干部身上的工作量呈成倍增加的态势。另外，地方政府对基层工作要求的日趋严格化和规范化，比如对台账、报表、会

① 见《中华人民共和国村民委员会组织法》第 2 条的规定。

② 见《中华人民共和国村民委员会组织法》第 5 条的规定。

议记录等文字档案资料等要求的提高，进一步占用了村干部的大量精力。近5年来，笔者在各地农村调查中普遍发现，很多村干部都异常忙碌，晚上经常加班。村干部常年应付乡镇政府下达的行政任务而无暇顾及村民自治事务成为乡村治理的常态，以至于调查中有村干部说："上面的刚性任务完不成，下面的自治要求就只能缓一缓。"

其二，合村并组导致行政村范围扩大，增加了村级组织发挥自治功能的难度。行政村是依据《中华人民共和国村民委员会组织法》设立的村民委员会进行村民自治的管理范围，是中国基层群众性自治单位。一般来说，合村之后的行政村由多个自然村组成，超出了"熟人社会"范围，是典型的"半熟人社会"①。在"半熟人社会"情形下，村干部与村民之间信息高度不对称，村干部无法深入了解每家每户的情况，也无法及时了解和回应村民的需求。以矛盾纠纷的调解为例，农村的矛盾纠纷具有复杂、多样和琐碎的特点，且很多村民之间的矛盾具有多年累积性。只有了解矛盾纠纷产生的根源，村干部才能起到实质性的调解作用。但是，在合村之后的行政村范围内，村干部与大部分村民之间基本上达不到这种高度熟悉的状态。于是，以村干部为代表的村级组织的自治效能和回应村民需求的能力下降。

其三，信息化和"无纸化"办公在基层行政实践中的普及和推广，对村干部提出了年轻化、知识化的要求，而年轻村干部往往缺乏与农民打交道和帮助农民解决具体问题的能力。为了吸引年轻的村庄精英进入村两委、调动村干部的积极性，很多地区已经着力提高村干部待遇。例如，湖北省2015年6月出台的《关于进一步加强村主职干部队伍建设的若干意见》就提出，"由各县(市、区)按照当地副乡镇长工资水平确定村主职干部工作报酬的底线标准"②。此外，部分地区还开启了面向农村干部的公务员晋升通道。例如，陕西省和湖北省都出台了面向村书记和村主任招考

① 贺雪峰.新乡土中国[M].北京:北京大学出版社,2013.

② 刘娜.湖北加强村主职干部队伍建设:村主职干部工资比照副乡镇长[EB/OL].荆楚网,[2015-06-13].http://news.sina.com.cn/c/2015-06-13/053431946738.shtml.

公务员的规定；湖北省秭归县还将公务员的招考范围扩大至一般的副职村干部，极大地增强了村“两委”成员职位对年轻的村庄精英的吸引力。因此，村两委成员越来越呈现出知识化和年轻化趋势。与原来生于农村、长于农村、长期生活在农村的“泥腿子”干部不同，他们很早便离开农村，在外求学或工作。由于缺乏与乡村社会以及村民的长期且频繁的接触和互动，他们往往很难对村庄范围内的地方性知识和村民的心理、行为习惯有精准、熟练的把握，这就使他们通常无法对村民之间的矛盾纠纷给予有效的调解或无法有效回应村民的其他需求。

2. 内生性村治主体无法生成

乡村社会的基层治理实践中，除了村级组织这一由国家法律所规定的村治主体外，还有一种内生的村治主体。在中国传统社会，士绅、宗族长老扮演着村治主体的角色，属于内生性村治主体。在当前宗族传统保持得相对完整的广东省、广西壮族自治区、福建省、江西省等地，宗族精英仍然在乡村社会中发挥着重要的治理功能。但是，从全国大部分地区的农村来看，随着乡村社会的变迁、市场经济的发展以及“经济理性”价值观念向乡村社会的渗透，传统的以地缘、血缘为基础的宗族结构和权威结构趋于瓦解。此外，家庭承包经营制的实行从物质基础上弱化了村民之间的利益关联及由其所生发出的社会关联，村庄社会高度原子化、松散化，超越个体的、为公众普遍认可的村庄权威和村治主体无法生成。

一个典型表现是，在很多情况下，村庄中有公心、有热心、有奉献精神的村民在参与村庄公共事务管理的过程中不仅不为一些村民所认可，反而还被贴上“逞能”“多管闲事”的标签。而村庄中其他村民则多持“事不关己，高高挂起”的态度，无法为这部分有公心、有热心、有奉献精神的村民参与村庄公共事务管理提供舆论支持。由于无法得到村庄舆论的支持，村庄中有公心、有热心、有奉献精神的村民参与村庄公共事务管理的积极性便被极大地削弱了。就如调查中一些村庄能人所言，“想为村里做点事，但是又怕别人说三道四，所以只能保持沉默”，“各种各的地，各吃各的饭”，“多一事不如少一事”，“不得罪人”。消极对待村庄中出现的种种矛盾和问题成为村民遵守的基本行为准则。在村级组织自治功能弱化的背景下，内生性村治主体又无法生成，这进一步加剧了乡村自主管理和自主服务能力不足的问题，村庄自治性事务处于管理真空状态。

三、村治主体的行政供给与再造

湖北省秭归县开展"幸福村落"创建活动是乡村治理现实形势倒逼的结果。作为集老、少、边、穷、库坝区于一体的山区农业大县，湖北省秭归县面临着村庄公益事业无人办、村内矛盾纠纷无人调解等以村级治理主体缺位为表征的乡村治理困境。2012 年 8 月，通过开展"幸福村落"创建活动，湖北省秭归县开启了以再造村治主体为主要内容的乡村社会治理模式创新实践，开辟了一条行政供给式的村治主体再造路径——由政府牵头和指导，搭建制度框架，输入规则和资源。

具体而言，当地政府试图通过"村落理事会"这一村庄自治组织的再造来实现村治主体的再造。其做法是将行政村划分为若干个村落，每个村落都成立村落理事会，每个村落理事会都设置"两长八员"职位，即党小组长、理事长和担任八项职责的村落事务员①，那些特长多、能力强的人可兼多员。一般来说，一个村落的"两长八员"多为 3～5 人，并且当地政府明确规定，"两长八员"不能由村干部任命，而必须由村落内的党员和群众投票产生，以充分确保"两长八员"权力来源的民主性。此外，村落理事会成员的选举时间与村委会的换届时间一致。较之于行政村的村委会换届选举，较小地域范围内的村落理事会成员的选举与村民的日常生活有更加紧密的关联，因此，村民对村落理事会"两长八员"的选举表现出更高的参与积极性。村民的日常生活半径往往就在村落范围内，这意味着，一方面，他们对其中的人、事更为熟悉，从而能够轻易地将村落中有声望、对公益事业热心、办事公正、敢于承担责任的村民选出来；另一方面，他们也更能切身感受到村落理事会选举与他们自身利益的直接关联性。笔者在

① "八员"具体为经济员、宣传员、帮扶员、调解员、监督员、管护员、环卫员、张罗员。

该县C村的调查中就发现，该村的所有村落在各自的理事会成员选举中，基本上都能保证每户至少有一个代表到场。而围绕“村落理事会”这一村治主体的再造，湖北省秭归县主要从再造治理单元、治理资源、治理规则三个方面展开。

（一）自然村落的划分——再造村治主体的治理单元

合村并组后的行政村是一个“半熟人社会”，村干部与村民之间存在信息不对称问题，这增加了村级组织的治理难度，其自治功能无法实现。湖北省秭归县在2000—2001年进行了大规模的合村并组运动，将之前的432个行政村、3234个村民小组合并为186个行政村、1361个村民小组。合并后，全县各行政村的辖区面积大幅度扩大，平均能达到13平方千米。行政村范围内的人口也成倍增加，平均人口为1700多人，人口最多的行政村达到4280人。与行政村辖区面积扩大和人口成倍增加相对应的却是村干部数量的缩减，全县各行政村仅配备3～5名村干部。这带来的一个重要后果就是村级组织的治理半径过大，数量有限的村干部根本无力回应群众高度分散、多样的差异化需求。为了化解行政村区域范围过大所带来的乡村治理困境，当地政府在充分尊重民意的基础上，结合当地的实际状况，按照“地域相近、产业趋同、利益共享、有利发展、群众自愿、便于组织、尊重习惯、规模适度”的原则，划分村落，重新确定治理单元，尽量保证将共享相同地缘文化、农耕文化、习俗文化和亲情文化的村民划分到一个村落。从秭归县的实际情况来看，村落的农户规模多控制在50～80户，区域范围多为1～2平方千米。全县农村共划分为2055个村落，村落构成了“村落理事会”的基本治理单元。

经过重新划分的村落是一个熟人社会单元，村落内的村民之间存在相对紧密的利益关联和社会关联，他们彼此之间存在较高的心理认同。治理单元的缩小，是村治主体能够有效开展治理活动的前提。

（二）项目及资金的持续输入——再造村治主体的治理资源

村庄日常事务的处理，特别是沟、路、渠等公共基础设施的建设以及已建成公共基础设施的管护，都离不开经济资源等治理资源的支持。经济资源等治理资源是乡村社会治理活动能够顺利开展的基础。取消农业税费后，很多村庄的集体收入缺乏来源，沦为“空壳村”。村级组织的日常运行完全依靠上级政府的转移支付，但也常常是入不敷出，而村庄公共基础设施建设所需资金则主要来自申请到的政府相关项目。但项目制的资源输入方式存在两方面不足。首先，项目资源是一种竞争性资源，能否争取到项目与村干部的个人能力有紧密关系。这可能造成项目资源因村干部个人能力的差异而在村庄之间分配不均衡①，进而引发村庄间资源差距不断扩大，形成“马太效应”。其次，为了保证项目资金落实到位，政府严格实施项目招投标制、项目法人制、项目监理制和项目合同制，形塑出公共品供给过程中的“自上而下决策体制”②，而乡镇政府和村级组织只负责项目落地过程中的协调工作，不具有自主支配项目资源的权力。这往往会带来项目管理成本过高、项目供需错位以及项目落地过程中“钉子户”的治理等“项目进村”的难题③。从这个角度来说，村庄依然缺乏可供村级组织和村民自主决定该如何分配的资源，村治主体仍处于治理资源匮乏的境地。

湖北省秭归县政府的各行政部门通过政策倾斜、项目扶持、“一事一议”奖补等方式，加大对村落的资源投入。并且县政府还进一步统筹发展改革局、移民局、国土局、交通局、财政局、水利局等部门的涉农项目资金，将重点投放到以村落为单元的基础设施建设和产业发展项目上，同时对村落项目实施程序进行优化。例如，村落内单项合同估价在 10 万元以下的小型项目可由村落直接实施。这一做法不仅简化了招投标程序，而且提高了项目资金的使用效率。此外，县财政每年还给每个村落预算为 1 万元的“幸福村落”建设资金，作为村落的工作经费，用来支付村落成员开会议事所需的水电费等。而这笔资金的使用明细需要向村落内的村民公

---

① 耿羽.“输入式供给”:当前农村公共物品的运作模式[J].经济与管理研究,2011(12):39-47.

② 叶兴庆.论农村公共产品供给体制的改革[J].经济研究,1997(6):57-62.

③ 王海娟.项目制与农村公共品供给“最后一公里”难题[J].华中农业大学学报(社会科学版),2015(4):62-67.

开，接受村民的监督。另外，县财政每年给每个行政村预算为 1 万元的“以奖代补”资金，用于奖励治理良好的村落，以激发村落开展治理活动的积极性。这笔资金的用途由村落理事会成员与所在村落的村民共同商议。项目及资金持续稳定的输入，增加了村落理事会可利用的治理资源，激发了村落治理的活力。

（三）自治规章的行政供给——再造村治主体的治理规则

围绕村落理事会建设工作，湖北省秭归县专门出台了一系列规章制度，其中比较重要的是《农村基层协商民主实施办法》，该办法主要涉及四个方面的内容。一是明确了民主协商的层次。该办法规定，涉及面较小、单一的事项可由当事人自行协商，也可由当事人一方邀请村落“两长八员”出面协商；而复杂、牵涉面较广以及与村内多数或所有农户相关的事项，由村委会或村落理事会出面，将利益相关方召集起来共同协商；诸如架电、引水、修路、动植物疫病虫害与灾害防治等涉及邻村利益的，村委会要主动与其他相关村委会协商，必要时，乡镇党委政府出面组织协商。二是确定了村落自治事务的范围。该办法指出，村落自治事务包括村落理事会成员的选举、村落公益事业建设议定以及项目建设过程中土地调整、筹资筹劳、钱物保管使用等方案的制订和实施，还包括村落内沟、渠、路等公共基础设施的建设管护，环境卫生管理，村民间矛盾纠纷化解等。这为村落理事会指明了工作方向。三是强调了村落理事会“两长八员”的责任主体地位，即只要是涉及本村落的所有事务都由他们负责，并由他们组织相关方开展沟通协商事宜。四是充分确保了村民的知情权和参与权，民主参与原则贯穿于村落事务处理的全过程。湖北省秭归县出台的相关规章制度为村落理事会提供了治理规则，使其在进行民主协商和民主决议时有章可循，这有利于村落理事会自治工作的规范运行。

四、村治主体的运行机制

自“村落理事会”这一村治主体确立以来，湖北省秭归县的乡村治理取得了丰硕成果，村庄内部秩序的自主供给能力不断增强。在村落理事会的组织和带领下，全县农村的公共基础设施明显改善，村庄内部的矛盾纠纷调解机制得到修复，乡村文化出现繁荣景象。从2012年8月到2015年底，全县新修田间果园公路[①]656条，总长1008.39千米，维修田间果园公路2048条，总长7098千米，新修水渠53062千米，维修水渠743234千米，新修水池9291口，共1229518立方米，维修水池1966口，共169683立方米，架设水管1757982米。仅2015年，村落"两长八员"主动化解各类矛盾纠纷1.3万余件，县、乡接待的信访和受理的纠纷数量比2014年下降了31%。湖北省秭归县农村以广场舞为代表的文化娱乐活动得到蓬勃发展，极大丰富了村民的闲暇生活。截至2015年底，全县村落共成立文体活动演艺队279个，参与人数达5930人。村落理事会作为行政供给的村民自治组织，不是被动地适应和契合乡村社会，而是积极与其展开互动，最终成为深度嵌入乡村文化中的自治主体。

村落理事会自治功能的有效发挥，主要是通过构建以下几个方面的运行机制来实现的。

（一）在村精英的吸纳机制

在乡村社会治理中应重视村民的主体地位和对村庄精英的利用，这已成为学界共识。但是，由于农村中有知识、有思想的年轻精英正处于需要大量经济资源来维持家庭再生产的人生阶段，而农村利益空间有限、就业机会稀缺，很难为这些年轻精英的家庭再生产提供足够的资源支撑，因此，他们只能流向利益和资源更加密集的城市。所以，从这个角度而言，这部分年轻精英难以成为服务于村庄建设和发展的稳定力量。然而，值得提出的是，在农村年轻精英大量外流的情况下，乡村社会还存在一部分无法外出或无须外出的老年精英，他们包括老村干部、老村民小组长、老党员、退休老教师、退伍老军人以及退休返乡的公职人员等。而恰恰是这部分老年精英，成为湖北省秭归县村落"两长八员"的主要来源。

这部分担任村落理事会"两长八员"的老年精英有能力、有热心、有经

---

① 湖北省秭归县是柑橘生产大县。

验、有意愿、有时间，并且熟知乡村社会的地方规则，同时具有奉献精神。此外，他们还有一个共同特征，即都是家庭负担不重的老人。“负担不重”是指他们为儿子结婚、建房的人生任务已经完成，已经从烦琐的家庭事务中解脱出来，具备了独属于自己的时间和生活空间。而参与村落事务，不仅是他们度过闲暇的重要方式，而且也是他们实现人生价值的重要途径。这部分老年精英其实广泛存在于乡村社会中，只是因为缺乏相应的公共身份和组织平台，从而不具有参与村庄事务的正当性。而湖北省秭归县的村落理事会则为他们提供了组织依托，赋予他们“两长八员”这一公共身份，使他们参与村庄事务具备了正当性。当地村落的“两长八员”对此深有感触。笔者在秭归县C村访谈到的一名环卫员这样说道：

“环卫员就是个名分，(有了这个名分)才能跟老百姓说上话。怎么说，我们也是老百姓自己选出来的。环境卫生评比时，我们给他们指出缺点，他们也才能接受。如果(他们)不听，我可以理直气壮地说：‘你们选了我，证明你们认可我，就是要我说，要我管的。’有名分很重要，老百姓的认识就不一样，我们说话就有底气，他们也才会听。如果没有名分，你强做事，他就认为是你个人逞能、多管闲事、强出头。”(熊某，女，51岁，C村环卫员)

与此同时，这一层身份的存在也为村民向村落理事会的“两长八员”求助提供了正当性。正如当地一位村干部所说：“有了民选的理事长这个身份，村民可以名正言顺地去找他们处理各种琐事。在(这些)村民看来，他们是我自己选出来维持公道的人，有困难找他们是理所当然的，这是他们的义务。”村落理事会的成立实现了对在村精英特别是对在村老年精英的吸纳，这在很大程度上充实了乡村社会治理的力量。

(二)社会内生资源的调动机制

经过市场经济的洗礼，乡村社会发生了巨大变化，但“村落共同体的地方性以及共同体的整体性特征依然留存”[①]。这意味着，乡村社会内部

① 陆益龙.后乡土性：理解乡村社会变迁的一个理论框架[J].人文杂志，2016(11)：106-114.

还存在一定的可在乡村社会秩序的维系中发挥作用的治理资源。这部分治理资源主要由以村落理事会“两长八员”为代表的在村精英来调动，用以服务于其所在村落社会事务的治理。这部分在村精英通常是乡村社会公共精神、公共道德、公共规则的化身，并且熟知乡村社会的地方规则，有明确的公平、公正、是非观念，同时“可以较为理性地认识共同利益，约束少数不顾共同利益者的违规行为”①。

在村落日常事务的处理过程中，在村精英通过利用村民民主选举所赋予的村落“两长八员”的公共身份，采取正向引导村庄舆论、发动群众力量、激发村民的面子观与荣辱观等方式实现对乡村社会内部治理资源的再调动，进而规范和约束村民的行为，以实现重建村庄公共规则的目标。当地村庄环境的自我管理和整治过程就充分体现了村落“两长八员”对乡村社会面子观的调动机制，并且取得了很好的成效。例如，该县C村在环境卫生整治中，村落理事会就采取了“环境卫生评比”这一竞争机制来激发熟人社会中村民的面子观，以起到规范村民行为的作用。具体而言，村落理事会每个季度都在村落范围内进行“卫生五星户”评选，并要求每户农户不仅要确保自己家房屋内的整洁，还要保证门前屋后的整洁，而卫生评比排名靠后的农户门前会挂上一个“差”字。分管村落环境卫生的环卫员这样说道，“农户要负责门前屋后的垃圾，我们(是根据环境卫生情况)来给农户评分，评分靠后的直接在他们门上挂一个‘差’字。(如果自家门上被挂上一个‘差’字)他们都会觉得很丑、没有面子。老百姓是在乎面子的”，“人与人之间有个比较，你家干净，我家不干净，(怎么好意思?)人毕竟是有脸的，贴个‘差’字在门上，毕竟不好看”。这一竞争机制启动后，每天出门前打扫一下房屋内以及门前屋后的卫生逐渐成为该村各家各户的习惯，并逐步内化为村民的一种意识。由此可见，乡村内部的治理资源在村落理事会“两长八员”的工作中不断被激活，并且发挥着重要的治理作用。

① 贺雪峰.村民自治的功能及其合理性[J].社会主义研究，1999(6):60-64.

(三)民主协商积极性的激发机制

于农民而言,只有切实感受到民主协商带来的利益,他们才有持续进行民主协商的动力。从湖北省秭归县村落理事会的运行来看,在村落重大事务决策时,例如村落公共基础设施建设,民主协商的重要性体现得尤为突出。这是因为,公路、渠道、水池等公共基础设施的建设与村落内每个村民都有直接的利益关联。民主协商的过程是就项目建设成本如何分担、收益如何分配达成决议的过程,是村民之间利益博弈、权利与义务平衡的过程。民主协商机制的启动,不仅有助于形成公共品供给的统一决策和方案,而且也能有效动员群众参与"钉子户"治理,防止"搭便车"现象产生。

秭归县Y镇是生猪养殖大镇,农户主要靠养生猪为生。该镇有一个仅有11户农户的村落,由于地理位置偏僻,一直没有通公路,农户都是靠人力将生猪背到集市去卖。村落理事会成立之前,虽然大家都觉得出行非常不便,但没有人愿意出面组织修路。后来,大家一起选出了"两长八员",成立了村落理事会,自此,村民有了自己的主事者。这个村落的所有农户在村落理事会理事长的动员和组织下,一起开会商议,决定将通向外面的道路修通,以使车辆能够通行。就是否修路达成一致意见后,他们便着重讨论相关资金的筹集以及道路占地的补偿问题,最终形成了一个成本分摊方案。只是最后仍有1户农户既不愿出资,也不愿出力,企图"搭便车"。这条公路最终在其余10户农户的共同努力下修通了。针对那一户农户的不合作行为,其余10户农户一致决定不允许他利用车辆运输生猪,也不允许他将生猪卖给通过这条公路进来的猪贩子,而只能和道路修通之前一样,采用肩挑人扛的方式。有一天,该农户企图将自家生猪卖给直接开车到村落里收购生猪的贩子,遭到了这10户农户的集体阻拦。他们说:"当时让你出钱你不出钱,(让你)出力你不出力。你没有(付)出任何东西,凭什么路修通了你来受益呢?今天不仅你的猪不能上车,而且今后你的摩托车都不能走这条路,只能两条腿走。"这户农户没有办法,只得将他应该分摊的费用(总共3000元)交给了村落理事会的理事长。

从这一案例可以看出，村落理事会是民主协商机制得以启动的组织基础。只有依托村落理事会这一组织，民主协商的公共决策功能以及动员群众治理“钉子户”的功能才能实现。在没有村落理事会的情况下，分散的农户往往缺乏自主组织起来就村庄公共事务进行民主协商的能力。而较小的村落区域范围有利于降低村民的民主协商成本，使直接民主和群众自治较为容易得到实现，也有利于村民将村落公共事务与其切身利益对接起来。在通过民主协商享受到“过去议不成的事现在议得成了，过去办不成的事现在可以办成了”的实际好处的过程中，村民的自我效能感会不断增强，并且将转化为一种持久的参与动力。于是，村民民主协商的积极性便在处理和解决村落公共事务的过程中不断被激发，进而促进乡村社会管理民主化的实现。

（四）应对琐碎事务的扁平化治理机制

一般来说，乡村社会中的绝大部分事务都是“鸡毛蒜皮”的小事，例如各种家庭纠纷、邻里纠纷等，它们可能都是因一些日常小事引起的。但是，事情虽小，如若处理不当，也可能转化为“大事”。这些“小事”的产生通常具有突发性、偶发性、临时性等特点。因此，由科层化、专门化的机构或组织处理这些事务，不仅成本高，而且效率低。

不同于科层化的政府官僚体系，村落理事会属于社会自治组织，村落理事会成员的工作方式带有突出的非正式特征，高度适应了乡村社会事务的上述特点。由村民民主选举产生的村落“两长八员”就生活在村民中，与村民打交道频繁，他们对每家每户的基本情况以及各家各户间关系的渊源、村落内部情况都十分了解。因此，他们能够对村民的需求以及村落事务给予针对性的回应和处理。以该县 J 村的一个矛盾纠纷调解案例为例。

J 村的一个村落有两户农户因为地界纠纷闹了十几年，他们找过村干部，也找过镇里的司法所和派出所，但都因为找不到记录有当年土地分配情况的档案资料，故地界纠纷久久没得到解决。据了解，其实这两户农户周边有部分村民知道这两家的土地实际占有情况，但他们都因为担心得罪人，不愿站出来说句公道话。这一地界纠纷的最终解决是在村落理事会成立之后。这两户农户的共同邻居被选为村落理事会的理事长，这位理事长家承包的土地与这两户农户所承包的土地相邻，因此，他清楚地知道究竟是哪家多占了土地。值得提出的是，这位理事长还是位有心人，当年分田到户时，他便将他周边邻居的地界画在笔记本上并且做了标记。被选为村落理事会理事长后，他便立即站出来解决这两户农户的地界纠纷，且当着他们的面说："这么多年来，你们两家（因为地界问题）打架斗殴，找过派出所、司法所，（从）邻居变成了仇人。（这么多年来）我也没有站出来给你们解决这个问题，（你们知道）在农村得罪一个人只要一句话。理解我的（人）说我在说公道话，不理解我的（人）还以为我偏向哪一方。（但）现在不一样了，我是村落理事长了，有这个职责（帮你们调解纠纷）。（如果）再不给你们调解（纠纷）、说句公道话的话，那我就是失职。我当时当选的时候你们两个人也投了我的票。我既然是你们投票选出来的，你们有事（而）我不站出来的话，（那）你们把票投给我（还）有什么意义呢？"当时他就将这两户农户的当家人叫到田边，基于田地边界记录开展了调解工作。最后，在这位理事长的见证下，多占地的农户将地界复原，并向利益受损的农户赔礼道歉，与之握手言和。这一持续了十几年的矛盾便在不到半个小时的时间内得以解决了。

从这个案例中还可以看出，村落理事会的"两长八员"身份赋予了熟悉乡村社会和村民关系状况的在村精英参与村落社会事务治理以正当性。而且，村落的"两长八员"就是村民中的一部分，具有"村庄当家人"的角色特征，这使他们能够较为容易地获得村民的信任。

此外，乡村社会里的"小事"多具有非规则性和非程式化的特点，并且多发生在法律空白地带和法律模糊地带。因此，对这类事务的处理，通常只能利用非正式的治理手段，依靠"天理人情"，而无法采用"法治"[①]。村落理事会工作方式的非正式特征契合了村庄事务非规则性和非程式化的

① 潘维. 当前"国家治理"的核心任务[J]. 人民论坛，2014(9)：44-48.

特点。所以说，村落理事会是一种有效应对村庄“小事”的扁平化治理机制。

五、总结与进一步讨论

从当前中国乡村社会的实际情况来看，村委会主要遵循对上负责的工作逻辑，所承担的工作也多是自上而下安排下来的行政任务。虽然村委会在法律意义上是群众自治组织，但其自治功能却处于弱化态势。而湖北省秭归县的村落理事会则是纯粹的自治性村治主体，政府只是从治理单元、治理资源和治理规则这三个方面为其自治功能的发挥创造相应的条件和环境。村落理事会的运行动力依然主要来自村落内部村民的需求，且其运行接受村民自下而上的监督。它们与政府的行政任务没有直接关联，也处于自上而下的政府考核体系之外。因此，充分的自治性是村落理事会与村委会最根本的差异所在。

目前，中国正处于城镇化快速发展阶段，农村人口大量流入城市。但是，中国的城镇化是一个长期过程，不可能在短期内完成。这意味着，伴随城镇化发展而产生的各种矛盾和问题会不同程度且长期地在各地农村出现，这决定了乡村社会依然存在相应的自治需求。然而，在村级组织自治能力弱化和内生性村治主体无法生成导致村治主体缺位的背景下，乡村自治事务处于管理的真空地带。湖北省秭归县“幸福村落”创建活动的启发意义便在于：通过将村民自治功能从村级组织分离，采取行政供给的方式确立了“村落理事会”这一新的村治主体来进行自我管理和服务。村级组织主要承担乡镇政府安排下来的行政任务，同时起到向上级政府反映村落需求以及平衡和调处村落之间关系的作用。村落理事会在实际运行过程中，通过构建在村精英的吸纳机制、村落内部资源的调动机制以及民主协商积极性的激发机制，实现了村落社会的良性治理，适应了农村社会事务非规则化、非程式化的特征，是应对村庄琐碎事务的扁平化治理机制。

此外，湖北省秭归县“幸福村落”创建活动具有一定的推广价值。在城镇化发展过程中，虽然农村人口大量流入城市使乡村的社会资本逐渐流失，但是，村落生活共同体的长期存在依然意味着乡村社会还有可供利用的剩余社会资本。这一剩余社会资本包括两方面：一是乡村社会还存在大量留在村庄且常年生活在村庄的老村干部、老村民小组长、老党员、退伍老军人、退休老教师等老年精英，他们是乡村社会中潜在的治理力量；二是诸如面子、舆论等熟人社会资源虽然趋于瓦解，但并非完全不存在。而这些潜在的治理力量和治理资源需要得到激发和调动，只有如此，其治理效能才能发挥出来。湖北省秭归县便是通过“村落理事会”的建设以及村落理事会中“两长八员”职位的设置将在村精英吸纳进来，并且充分发挥了他们的主观能动性，使其灵活多变、创造性地利用熟人社会资源对村落社会进行治理。同时，村落“两长八员”的工作动力主要来自面子、荣誉、群众认可等精神激励而非物质奖励，因此，村落理事会具有突出的公益性和服务性。这意味着，村落理事会的常规运行只需花费少量的经济成本。

值得提出的是，在行政任务增多、村庄规模较大以及村干部人数较少的背景下，为了有效、快速完成上级分派的各项任务，湖北省秭归县的部分村级组织出现了将村落理事会吸纳进来使其承担行政任务的倾向。例如，将政策宣传、村落成员基本信息搜集(如务工经商人员信息、计划生育信息及其他人口信息等)、新农保和新农合费用的收缴等工作都分配给村落理事会“两长八员”来承担，并采取行政考核等手段进行管理和约束。此种做法不仅增加了村落理事会“两长八员”的工作压力，而且还会打击他们的工作积极性。此外，村落的自治空间也会被各项行政任务挤压，民主自治的活力和功能将受到抑制，乡村自治事务最后可能又将处于管理真空状态。村落理事会作为完全的社会自治组织，其工作应该以村落内部村民的需求为基础，并且其所处理的应主要是村落内部事务，其功能也主要在于承接原来由村级组织所承担的自治性工作部分。因此，对“幸福村落”创建过程中出现的村级组织吸纳村落理事会使其承担行政任务的倾向应有所警惕。

"幸福村落"创建活动的核心价值在于它充分激发了村民参与民主协商的动力，有利于实现村落事务的自主管理、自主服务和自主监督，解决了村委会承担过多行政任务后村民自治的运行问题。而为了确保村落自治功能的发挥，政府有关部门需要正确处理与村落理事会及其"两长八员"的关系，明确自身的位置和角色。即政府应尽量避免过多、过细、过密地介入村落理事会的日常运行中，而只需在大的方向、原则上给予总体性的指导和引导，并做好相关的服务配套工作，以保证村落有充分的自治空间，调动和发挥群众的积极性。

基层小微治理的运行基础与实践机制

——以湖北省秭归县“幸福村落建设”为例①

李永萍②

摘要　基层治理具有小微治理的特性，单纯采用运动式治理和常规治理的方式难以达到基层“善治”的状态。以国家的资源输入为契机，以村庄的利益密度以及社会资本为基础，湖北省秭归县的“幸福村落建设”激活了小微治理机制，具体表现为非正式的群众动员机制、内部化的利益平衡机制和微观化的权力运行机制。小微治理促进了群众参与，降低了治理成本，实现了基层治理有效性与合法性的共赢。在探索小微治理常态化路径的同时防止其正式化，是小微治理持续运行的关键。

关键词　基层治理；小微治理；运行基础；实践机制；群众动员

一、问题的提出

在推进国家治理体系与国家治理能力现代化的背景之下，如何提升农村基层治理水平，探索适合各地特色的基层治理模式，成为学界关注的核心话题之一。基层治理包含多个层次，其理想类型是官僚化治理、运动式治理与群众动员形成的复合结构，这种结构在新中国成立初期体现得较为明显，并推进了国家政权建设。但是，改革开放以来，官僚化治理突破了原有的复合体系，并日益主导基层治理结构。③

---

① 本文研究受到教育部哲学社会科学研究重大课题攻关项目“完善社会救助制度研究(13JZD020)”、中央高校基本科研业务费专项资金资助项目(2015117010201)资助。

② 李永萍，女，武汉大学社会学系博士生。

③ 吕德文.群众路线与基层治理——赣南版上镇的计划生育工作(1991—2001)[J].开放时代，2012(6):117-129.

在当前的基层治理实践中，科层化的常规治理与“运动式治理”[①]占据了主导地位，群众动员和群众参与则相对被忽视。运动式治理和常规治理都发生于官僚体制内部，二者并不是非此即彼的关系，而是相互依存、相互作用、共同推动基层政府运行。[②] 运动式治理通过整合官僚体制内部所有人力、物力资源，以期解决当前面临的重大社会问题；而常规治理则是基层政府实现其治理功能的常态化和常规化的行政机制。然而，无论是运动式治理抑或是常规治理，都同属于官僚体制内部的治理方式，其参与主体一般都是官僚体制内部的成员，其目标也是完成政府自上而下的工作任务。如此一来，群众动员和群众参与在基层治理中逐渐淡化。20 世纪 80 年代以来逐渐推行的“村民自治”的初衷也是为了动员群众参与基层治理事务。然而，在西方民主话语的影响之下，突出选举的实践取向和突出民主的价值取向主导着村民自治的研究和实践。[③] 村民自治在实践过程中逐渐沦为形式化的选举，而民主决策、民主管理和民主监督等治理功能在很大程度上弱化和虚化[④]。因此，村民自治的治理效果并不理想，而治理的弱化反过来降低了农民的政治效能感，进一步加剧了选举的形式化。[⑤]

然而，与国家治理不同的是，基层治理属于小微治理，即针对“小事”的治理，其涉及的多是与群众切身利益紧密相关的事务。基层运动式治理的方式能够在短期内集聚官僚体系内部所有的人力和物力资源，但由于没有充分动员群众，基层运动型治理中的一些“中心工作”可能与基层社会民众的实际需求背离[⑥]。常规化治理方式既面临着较高的治理成

① 周雪光.运动型治理机制：中国国家治理的制度逻辑再思考[J].开放时代，2012(9)：105-125.

② 欧阳静.论基层运动型治理——兼与周雪光等商榷[J].开放时代，2014(6)：180-190.

③ 仝志辉.“后选举时代”的乡村政治和乡村政治研究[J].学习与实践，2006(5)：70-76.

④ 刘伟.村民自治的运行难题与重构路径——基于一项全国性访谈的初步探讨[J].江汉论坛，2015(2)：64-69.

⑤ 杜鹏.村民自治的转型动力与治理机制——以成都“村民议事会”为例[J].中州学刊，2016(2)：68-73.

⑥ 欧阳静.论基层运动型治理——兼与周雪光等商榷[J].开放时代，2014(6)：180-190.

本，又不能及时回应基层群众的差异化需求。因此，单纯依靠运动式治理或常规化治理方式均不能有效实现基层治理，还应该充分动员群众，发挥群众的主体性作用。①

近年来，全国不少地区出现了一些关于基层民主治理的创新探索，如四川省成都市的“村民议事会”、浙江省宁海县的“五议决策法”、河南省邓州市的“四议两公开”、湖北省秭归县的“幸福村落建设”等，这些探索丰富了基层民主治理的内涵。本文将主要结合湖北省秭归县的“幸福村落建设”实践，探讨以动员群众为核心的小微治理的运行基础与实践机制，并由此进一步反思基层小微治理的出路。

本文的经验来自笔者在湖北省秭归县 W 村的田野调研。② 面临着公共服务供给与农民需求之间相脱节、公共事务管理与农民参与之间相脱离的突出矛盾，秭归县从 2012 年开始推行“幸福村落建设”，其核心是成立“村落理事会”，由“两长八员”带领村民参与村落公共事务，目前主要是组织群众修果园路等村落内部道路，并对村内道路进行划段维护等。W 村人口为 2013 人，共 778 户，有 17 个村民小组。该村自 2012 年开始成为秭归县“幸福村落建设”的首批试点村之一，目前该村的运行模式已经比较成熟，并且初见成效，提供了一个透视当地“幸福村落建设”实践的窗口。

二、基层小微治理的内涵与基础

基层治理处于国家行政体系的末端，面临着与国家治理截然不同的治理生态，因而对其治理方式和治理模式提出了新的要求。基层事务主要与群众利益密切相关，具有细小、琐碎、差异化和弥散化等特征，基层事务的属性决定了基层小微治理的特性。这些事务既难以清晰、及时且低

① 陈艺．村级治理机制创新的实验探索——四川省成都市“村民议事会”调查[J]．农村经济，2012(10)：18-21．

② 2015 年 12 月，笔者在该村进行了为期 15 天的田野调研。参与此次调研的还有余彪、高万芹、韩庆龄、吴海龙等学友，本文的问题意识来自集体讨论的启发，特此表示感谢。当然，文责自负。

成本地纳入官僚治理，也难以进行运动式治理，本文因此称之为“基层小微治理”。单纯依靠运动式治理或常规治理等“技术路径”的方式难以实现小微治理的目标，必须同时纳入“群众路线”的原则与方法，充分动员群众参与基层事务治理。小微治理并非是对运动式治理或官僚化治理的替代，相反，小微治理恰恰是二者的治理能量深入基层的载体和基础。湖北省秭归县的“幸福村落建设”是基层小微治理有效性的典范之一，其具体做法：将行政村划分为若干村落，并以村落为基本治理单元，以村落理事会为组织载体，以“两长八员”为骨干队伍，动员群众参与到基层治理之中。因此，基层小微治理的核心是动员群众，但同时也离不开国家项目资源的支持。其运行基础包括三个方面：一是国家的资源输入，二是村庄的利益密度，三是村庄内部的社会资本。

（一）资源输入

国家对乡村的资源输入是启动基层小微治理的基本前提。基层小微治理与农民的具体利益息息相关，其中，村庄公共品建设是当前大多数农民最为迫切的需求。税费改革以来，随着村级组织汲取资源的能力弱化，村庄内生的公共品供给能力与利益平衡能力弱化，村庄自主的政治空间丧失。[①] 离开国家资源的支持，单纯依靠农户自己筹资进行村庄公共品建设并不现实。税费改革以来，国家惠农政策力度的强化和资源输送规模的扩大为村庄公共品供给和村庄活力再造提供了契机。基层治理的重要问题是如何将自上而下的资源用到实处，发挥其最优效益。当前，地方政府通过“项目打包”的方式整合资源、树立典型的工作方式颇为常见。[②] 这种“典型治理”实际上进一步消解了群众参与和村民自治，进而消解了小微治理的发育土壤和运行空间。秭归县的成功经验，关键在于将自上而下的资源输入作为启动和激活基层小微治理的钥匙，即一方面要注意

---

① 贺雪峰. 乡村的去政治化及其后果——关于取消农业税后国家与农民关系的一个初步讨论[J]. 哈尔滨工业大学学报(社会科学版)，2012(1)：30-41.

② 李元珍. 典型治理：国家与社会的分离——基于领导联系点的分析[J]. 南京农业大学学报(社会科学版)，2015 (3)：101-109.

与农民的实际需求相对接，以免由于供需之间的不匹配造成资源浪费；另一方面要动员农民参与其中，转变农民的观念，变“国家的事”为“自己的事”。因此，资源输入是基层小微治理能够运转起来的物质基础。

（二）利益密度

利益密度是指在村庄内部村民之间的利益相关性程度。利益是自治的基础和核心，不同的利益相关度决定了不同的利益共同体，不同的利益共同体决定了不同的自治水平。[①] 如果村民之间的利益高度相关，在面对基层小微治理的诸多事务时，村民就会有参与的积极性，村民之间也会相互监督，形成内在的自我约束与监督机制。反之，如果村民之间缺乏利益相关性，或利益相关性较低，村民之间相对松散，个体的行为具有较大的随意性和自主性，他人的“小事”因为不具有外部性而难以形成围绕“小事”产生的协商与互动机制，小微治理也就无从发生。秭归县的“幸福村落建设”是将一个行政村划分为若干村落，划分依据是“地域相近、产业趋同、利益共享、有利发展、群众自愿、便于组织、尊重习惯、规模适度”，一个村落的人口规模一般为30～50户。

从该县实际情况来看，村落划分基本上与原来的村民小组完全重合。以村落作为基本的治理单元是基层小微治理能够有效运行的重要基础，一方面，村落内部是一个完全的熟人社会，村庄社会舆论还能发挥一定的效力，且村民之间基于血缘或地缘的关系在公共事务上具有较高的连带性和共享性，因而协商成本较低；另一方面，当地以种植脐橙为主，同一村落内部的村民之间产业结构趋同，在经济利益上具有高度相关性。而且，脐橙产业发展的要求也使村民产生了改善村庄基础设施的强烈动力。因此，村落内部凝聚的利益密度形成了村民之间的利益关联和利益结构，这是政府以资源输入为载体的动员方式行之有效的结构基础。

（三）社会资本

小微治理就其治理对象而言，表现为复杂治理，因为基层的事务千头

① 邓大才．利益相关：村民自治有效实现形式的产权基础[J]．华中师范大学学报（人文社会科学版），2014，53(4)：9-16.

万绪、纷繁复杂。但是就其治理方式而言，它也是一种简约治理，因为在较低的制度成本之下可以实现有效治理。“简约治理”呈现了特定文化网络之中的权力运行方式，体现了村庄较强的自主性。当前，由于村庄内生性资源缺失，村庄自主性弱化，立足于文化网络和地方性共识的简约治理逐渐失效，但是，国家治理视域下的简约治理仍然具有存在空间。如前所述，引导政府的资源输入方式和方向，激活村庄中的社会资本，调动村落内部民间力量，①填补基层政权退缩导致的治理主体缺位。② 村庄内部的民间社会力量具有与村干部不同的特性，他们在本质上还是属于农民，因而在动员群众的过程中具有更大的合法性和更好的动员效果。从秭归县的经验来看，村庄内部有威望、有能力、有空闲的“负担不重的村民”成为小微治理最重要的依托主体。在这个意义上，基层群众是差异化和非均质的个体，因而要善于对群众进行分类，形成群众动员过程中的序列结构，充分调动村庄积极分子的参与，从而为展开基层小微治理提供社会基础。

三、基层小微治理的实践机制

基层小微治理属于政府治理体系中的末端治理，其治理内容具有细小琐碎的特征，对于整个国家治理体系而言，基层小微治理的内容都是“小事”，而对于基层民众而言，这些“小事”却是与其切身利益密切相关的“大事”。运动式治理和常规治理能够有效解决国家宏观治理中的“大事”，却难以解决基层治理中的“小事”。基层小微治理的核心机制是动员群众参与。只有在充分动员群众、了解群众需求的基础上，才能使得国家资源输入与群众需求有效衔接、村庄公共事务管理与农民主动参与相结合，实现基层小微治理的目标与任务。本节主要以秭归县的“幸福村落建设”为例，探讨小微治理的实践样态和实践机制。

---

① 张康之．论新型社会治理模式中的社会自治[J]．南京社会科学，2003(9)：39-44．

② 桂华．村庄公共品供给中的“理事会”[J]．中国老区建设，2010(9)：15-16．

（一）小微治理的实践样态

"幸福村落建设"是一个系统性的乡村建设工程。秭归县处于鄂西山区地带，由于自然条件和区位条件的限制，当地农村发展受到较大制约，村庄建设滞后，村民的生产生活条件有待改善。"小事"的细小琐碎表现为类型的丰富性和差异性。"幸福村落建设"虽然由地方政府发起，并且投入大量资金，但"幸福村落建设"的内容却与村民的日常生活密切相关，面向的是群众生活中的"小事"。这些事情虽然细小琐碎，却能引发村民的普遍关注，因而以这些"小事"作为对象的小微治理回应了最大多数农民的需求。

第一，纠纷调解。纠纷调解是农村的"小、大、难"问题。"小"，是因为纠纷的起因无非是鸡毛蒜皮的"小事"积累的后果；"大"则是因为，这些"小事"如果不能及时化解，可能在村落生活中积累成为"大事"；"难"则是因为纠纷具有时空延伸性，纠纷的化解需要村庄内部的智慧与共识。"幸福村落建设"中的理事会对于纠纷的及时化解有利于维护村庄内部的秩序正义。

第二，基础设施建设。税费改革以来，农村公益事业出现"无钱做、无人管"的状况，诸如修路、挖沟等农田水利[①]和村庄环境卫生事业陷入了治理困境。村庄道路、水利的破败以及环境的恶化给农民的生产生活带来了极大的不便。"幸福村落建设"的重要内容即村落内部的基础设施建设与管护，打通村庄内部的经络系统，化解政府项目的"最后一公里"难题。

第三，困难帮扶。村庄内部紧密的互动关系赋予其一定的共同体色彩，同时，村庄内部也存在着差异和分层，因而，一种重要的"小事"即是对困难户需求的回应，如五保户安葬、义务出工帮贫困户修补房屋或采摘脐橙等。政府显然无力广泛而及时地回应这些困难户的需求。"幸福村落

① 本文提到的"基础设施建设"主要是在村民小组范围内的微型工程，其特点是工程量较小，牵涉农户范围有限，空间格局较为分散，与农户的生活生产紧密相关。这些项目资源的落地涉及利益的细微平衡和关系的微妙协调，因而属于"小微治理"的范畴。

建设”着眼于村落共同体建设，挖掘村庄内部的潜力，强化了村庄的“道义伦理”，增强了村庄的自组织能力。

（二）小微治理的运行机制

如上所述，小微治理作为一种治理实践，往往涉及村庄社会多个方面的内容，不过，小微治理的运行机制则具有一般性特征。这是由村庄在整个基层治理体系中的位置以及村庄的内在属性所决定的。在具体的操作中，不同村庄的“幸福村落建设”侧重于不同内容。从笔者调研所在村庄来看，农民脐橙产业发展的需求产生了农民对于基础设施的需求，但是，基础设施的需求与其他需求并不矛盾，不同类型的需求实际上构成了一种相辅相成的关系，因此，小事的治理形成的是一种可积累、可持续、可转化的良性治理效应。

1. 非正式的群众动员机制

小微治理嵌入在地方性的社会系统和文化网络之中，并依托村落非均衡的熟人社会结构形成非正式的动员机制。当前，村级组织的官僚化虽然解决了国家行政权力下沉的问题，但是也造成了政府治理成本上升和治理矛盾上移。秭归县推行“幸福村落建设”主要有两个背景：一是税费改革之后，农村公益事业和公共品供给处于瘫痪状态；二是合村并组打破了原来的行政村和小组的界限，村民之间的熟悉度降低，且由于当地地处山区，即使是同一行政村，其海拔跨度往往达到几百米，因而村民之间在生产生活中的差异化程度更为明显，更难以在村庄公共事务上达成一致。以 W 村所在的水乡为例，该乡在 2000 年左右进行“合村并组”，将全乡 50 个行政村合并为 25 个。同时，每个行政村内部也重新划分小组界限，将原来 2～3 个小组合并为 1 个小组。而到了 2006 年，该乡按政府规定在农村实行“社区管理”制度，将一个行政村划分为几大社区，并在各个社区设立一名社区理事长，同时取消了原来的村民小组长。W 村原有 17 个村民小组，2000 年合村并组之后变为 8 个村民小组，而 2006 年实行“社区管理”制度时全村又被划分为三大社区。因而，一方面基层治理单元越来越大，而另一方面基层治理效果越来越差。

小微治理主要依托熟人社会内部的纽带和资源，并形成了诸如“村落理事会”这样的群众性组织，由此，不仅形成了村落精英动员，并最终通过精英实现了群众动员。这种非正式的动员结构较好地尊重了村庄和村民的意愿，使得“小事”能够真正进入治理的视野，同时，它也形成了村庄内生秩序的再生产机制。

重新划分治理单元是“幸福村落建设”的基本前提，而以“两长八员”为核心的“村落理事会”才是其关键，也是保证其发挥作用的核心。“两长”是指理事长和党小组长，而“八员”则包括调解员、监督员、宣传员、管护员、帮扶员、环卫员、张罗员、经济员。“八员”并非由8个人分别担任，由于“八员”的职责在实践中有很多重合之处，因此一般简化为3人。理事会成员是由本村落的村民自己选举产生的，那些在村落内部有威望、有魄力且有能力的人成为大部分村民选择的对象。例如，W村的理事会成员大部分是由各村落在红白事中的“知客”[①]担任，这些村民本来就在村庄公益事业中比较热心，而理事会给予他们一个发挥自身力量的平台，在为村庄公益事业服务的同时也能收获一定的面子和荣誉，因此大部分理事会成员都有很高的积极性。村落理事会由此形成了对村落内生性精英的动员，这些精英在村落中凝聚的关系网络和承载的声望可以进一步转化为动员群众的能力。

村落理事会主要负责动员和组织群众，W村第四村落的理事长将理事会的作用总结为：“理事会就是把百姓组织起来，百姓可以做的（事），就自己做；百姓不能做的（事），（理事会）就向上面反映。”因而，理事会在政府机构与基层群众之间发挥中介作用。虽然从形式上看，村落理事长与原来的村民小组长职位类似，但实质上二者之间存在明显区别：第一，小组长有固定的报酬，而理事长和“八员”都没有报酬；第二，小组长是对上负责，对村委会负责，是自上而下的自治体系，而理事长是对下负责，对群众负责，是自下而上的自治体系；第三，职责不同，小组长主要是完成自上

① “知客”是当地村民对于红白事中组织者的尊称。当地各个村落都有几个知客，谁家办红白事时，就会选择其中一个帮自己组织和安排。

而下的行政任务，理事长主要是把农民组织起来，在力所能及的基础上解决自身问题。

事实上，“幸福村落建设”的关键正是在于重新定位和明确了村落理事会的自治性质，理事会的主要职责是动员群众参与村民自治，而非完成国家下派的行政性任务。村落理事会与村委会之间相互独立，理事会有自主权，村委会对之“参与不干预、指导不领导、监督不监管”。从“幸福村落建设”的实践情况来看，理事会是发挥作用的主体，而村“两委”在其中只是起到协调和辅助的作用。例如，在村落修路过程中，村干部只是负责向上级跑项目，而具体这个项目在村落中如何实施，线路如何规划，占地如何补偿，如何平衡各种利益等，都由理事会召集村落群众开会商量。此时，村“两委”也可以参与会议，但他们只是旁听，或者是在理事会不能解决一些问题时出面帮忙调解，但所有的决议都是由村民自己讨论决定的。因此，村落理事会作为一个非正式的组织机构，在基层小微治理中发挥着带头与动员的作用。

2. 内部化的利益平衡机制

当前，项目制成为资源下乡的普遍方式。但是，实践中经常遇到项目难以落地的情形，或者项目制的纵向治理结构造成了“资源消解自治”① 的困境，农民在项目治理中边缘化。项目进村固然为村庄带来巨大的利益增量，但往往也涉及村庄内部利益的协调和成本的分担，这就可能导致项目进村过程中农民之间利益获得和成本分担的不平衡，由此引发的矛盾可能导致政府的资源分配困境。但是，村落内部利益平衡方式具有的事项具体性、时间纵深性和因果延伸性等特征，并非官僚体制所能把握的，它涉及的是非常细微的利益平衡。如果政府(包括作为其代理人的“村干部”在内)介入，则村庄内部的利益协调过程很有可能转化为农民与政府之间的竞争性利益争夺过程。小微治理通过对群众的动员，可以形成农民内部化的利益平衡机制，从而以较低的成本理顺村落内部的利益

① 李祖佩.“资源消解自治”——项目下乡背景下的村治困境及其逻辑[J].学习与实践，2012(11):82-87.

关系，防止村庄内部的利益冲突对项目落地造成干扰。

因此，在国家资源输入村庄的过程中，如何在差异化的个体农民之间达成利益平衡，是国家项目资源能否落地的关键环节。当由国家政府部门或正式的村干部与农户打交道时，相互之间的协商成本太高，且极容易产生和遭遇“钉子户”，导致项目资源无法落地，甚至出现“项目漂移”的现象。如 W 村在 2000 年获得一个修路的项目，资金为 10 万元，预算修 2 千米村级公路，但最终由于在占地补偿上与群众没有协调好，项目迟迟不能落地，乡镇最终将项目收回并投放到别的村庄。与此不同，村落理事会作为村落内部自治的、非正式的组织机构，在与农户打交道的过程中具有较大的弹性空间，了解群众具体需求，能够在农户之间进行利益平衡，应对群众差异化的利益需求。例如，W 村在修果园路的占地补偿中，根据群众的具体需求，补偿方式有补钱、补树和调田等多种方式。但具体采用哪种补偿方式并不是由理事会成员说了算，而是由理事会召集群众开会讨论决定的。

案例 1。W 村的五村落，2013 年修了一条村级公路，这条路的困难在于要横跨一、三、五这 3 个村落，其中五村落只受益，不涉及占地；而三村落只是被占地，不受益；而一村落占地户为 12 户，受益户为 10 户左右。修路共需要占地 3 亩多，按照“宜巴高速”的赔偿标准（每亩 20950 元）进行补偿。由于每个村落的受益户和占地户不均，因而如何在 3 个村落的村民之间进行利益平衡是最为关键的问题。3 个村落的理事会先是分别召集本村落村民开会，之后再由 3 个村落联合开会，最终在赔偿方案上达成一致：①五村落由于受益最大，因而赔偿数额的一半由五村落出，其中五村落内部有 6 户生产及生活双重受益的农户每户出 7100 元，其余的由五村落内所有受益户按受益面积均摊；②赔偿数额的另外一半由三村落和一村落的受益户按受益面积均摊。

此外，修这条路时，刚开始有两户的工作不太好做，主要原因在于这两户都不是直接受益户，后来由理事会召集村民开会讨论，决定根据其特殊情况而给予特殊的补偿方式。其中一户是三村落的，修路需要占他家一个老房子(已无人居住)。按照正常的赔付标准，户主不答应，后来理事长和几个村民代表到户主家里谈判，最终以1.37万元的价格谈妥。另一户姓李，是一村落的农户，有2分多地在路边，修路要占用其中一部分，但不会全部占完，理事会商议后决定，最终以1.5万元的价格将之全部买断。一村落理事长说："她(李某)的地在路边，大概有一个屋基那样大，就按我们这边一个宅基地1.5万元的价格买断。她毕竟不是受益户，如果是的话，可以按照每亩20950元来补偿，她不受益，就可以将补偿提高点。"

可以看到，农民内部差异化和情境化的利益平衡方式，能够满足不同农户差异化的正当需求，从而最大限度地减少"钉子户"的存在。如果是由政府或村干部出面与农户进行协商，其结果往往适得其反。自"幸福村落建设"以来，W村各个村落在修路之前都要由理事会召集群众召开4个会议，这4个会议依次为代表会、占地户会、受益户会和群众大会。第一，代表会议，即在村落内部找几个代表(理事会成员之外的村民)，一般是在村落内部有威望的，或修路受益大的，或修路占地多的农户。代表会主要目的在于解决"要不要修路和如何补偿的问题"。第二，占地户会议，即将修路需要被占地的农户召集起来开会，理事会及相关代表给他们做工作，并给出初步的占地补偿方案，占地户如果同意，就签署"占地同意书"。第三，受益户会议，即将所有受益户召集开会，宣布每户具体应该平摊多少钱或土地。最后，召开群众大会，由村落内部全体群众最终讨论通过具体的实施方案。之所以要召开多次会议，其目的正是在于充分动员群众，调动群众参与村庄公共事务的积极性。

因此，农户内部差异化的利益平衡方式能够最大限度地应对不同农民的特殊性需求，而动员村落群众参与到这一利益平衡过程中，使得基层小微治理具有了合法性基础。

3. 微观化的权力运作机制

基层治理一直面临如何治理"钉子户"的困境,[①]政府作为"公"的代表在与作为"私"的农民打交道时,农民天然地有搭便车的"投机"心理,并借助农民的弱势话语和维权话语与政府进行利益博弈,反而置政府于不利地位。因此,通过"公对私"的逻辑并不能有效治理钉子户,反而可能卷入村庄利益的漩涡。"幸福村落建设"成功的关键就在于,通过群众动员的方式,将农民与政府之间的权力关系转化为更为微观和富有连带性的权力运作,即以村庄内部"私对私"的权力关系代替了政府与农民之间"公对私"的关系,从而改变了"钉子户"的发生场域和游戏规则。微观化的权力运作机制,体现的是农民围绕与自身利益相关的事务形成利益连带,并重塑村庄的共识与目标,从而依靠群众的力量形成边缘化"钉子户"的治理机制。微观化的权力运作机制是一种更为细密的权力运行方式,群众既是被治理者,也是治理者,从而呈现出"群众斗争群众"的权力状态,在一定程度上改变了农民行为的短期化倾向。

W 村在推行"幸福村落建设"之前,村庄内部的公共品建设花费了巨大成本,2009 年,该村获得一个修路的项目,由政府出资,但需要农户内部自己调地,公路全长 1.7 千米,村干部前后协调将近两年时间,最终在 2011 年竣工,但对农民的占地补偿费高达 47 万元。该村书记说,"村民都认为是国家的钱,都想多要一点"。此外,在很多情况下,由于"钉子户"的存在,村庄公共设施建设最后不得不被搁置。

但是,自"幸福村落建设"以来,以政府资源输入为契机,将"钉子户"的行为后果与农民整体的利益相挂钩,引导矛盾下移,充分利用"群众斗争群众"的方式治理"钉子户",达到了很好的治理效果。"幸福村落建设"主要通过两种方式治理"钉子户":一方面,通过理事会成员给"钉子户"做工作,由于理事会成员并非正式的村干部,他们在本质上也属于农民,因此"钉子户"惯用的对付政府或国家的方式(如耍无赖)在面对理事会成员

① 吕德文.治理钉子户——农村基层治理中的权力与技术[D].武汉:华中科技大学,2009:98.

时无效。正如 W 村一位理事长所言：

“村落理事会(与村民之间)，都是一个村落的，天天见，你不支持我，我下次也不支持你，可以给你小鞋穿。你敢阻我路，你敢打我，我就敢打你，村干部就不行。反正我也是老百姓，以毒攻毒，你不讲道理我也不讲道理。你不交钱我就可以不让你过，村干部就不可能不让人过路。都是一个村落的，相互制约，早不看见晚看见。你不要脸，我也不要脸，以毒攻毒……百姓治百姓好治，你不讲道理，我也不讲道理，群众的力量大。干部你再狠，就那几个人，不能天天盯着。”(访谈 W 村第七村落理事长)

另一方面，充分动员村落群众参与治理“钉子户”，由于村落群众都是村庄公共品建设的受益主体，因此他们有参与的积极性。W 村各村落在村庄公共品供给中实行“谁投资、谁受益”的原则，没有出钱的村民在其他村民的监督之下没有搭便车的机会。

案例 2。W 村第七村落 2013 年修了一条果园路，全长 800 米左右，占地涉及十多户，受益户为三十多户。WX 是被占地户之一，之前同意了修路方案，但在修路过程中反悔，不愿他家的地被占。理事会召集村落群众讨论决定“改道”，且大家一致同意之后不让 WX 从这条路上经过。转眼到了卖脐橙的季节，村民不让 WX 从此路上运输果子，WX 找到理事长想要交钱“入股”，但理事长说，“路是大家一起修的，不是我一个人说了算”，理事长对笔者说：“他愿意参加，我心里当然高兴，但是不能表现出来，要让他看到我们是有纪律的，不是你想参加就参加，不想参加就不参加。”最终，在理事长的提议下，WX 办了 3 桌酒席，请理事会以及村落每户的户主吃了一顿饭，并且把自己应该缴纳的那份钱交了(6000 多元)，村民最终才同意他从那条路上运输脐橙。

对于小微治理而言，权力不一定要通过正式化和制度化的方式表达，而是可以采用更为隐秘、含蓄和间接的方式，调动并遵循农民的利益需求，放手发动群众，由群众自身消化内部的“钉子户”。

四、基层小微治理的实践效果

秭归县的“幸福村落建设”是基层小微治理有效性的典范，其核心在于真正将群众动员起来，将村民自治落到了实处。水乡的党委书记对于“幸福村落建设”的评价是：“‘幸福村落建设’并不是什么灵丹妙药，不能解决‘三农’的所有问题，但它提供了一个全新的解决问题的思路。”实际上，“幸福村落建设”的创新之处或特殊之处就在于，通过设立村落理事会这一非正式的、自治的组织结构，对村民自治进行重新明确和定位，强调了村民自治的治理有效性，并且给村民自治提供了一些具体的、具有可操作性的手段，从而激发村民参与村庄公共事务的积极性。

第一，提高农民的组织化程度。农民是原子化的个体，如何将农民组织起来一直是基层治理中的难题之一。而“幸福村落建设”通过成立“村落理事会”这一非正式的组织机构，以村庄内部有威望、有能力的积极分子作为中介，在动员基层群众参与村庄公共事务时具有更大的有效性。农民的组织化程度是一个不断积累的、渐进的过程，通过每一次的动员和参与，农民之间的熟悉感和信任感进一步增强，从而形成一个良性循环，逐渐培育出农民主动参与村庄公共事务的积极性。

第二，化解村庄公共品供给困境。在税费改革之前，村庄公益事业主要由村集体统筹安排，村集体一方面可以适度地向农民收取相关费用进行村庄公益事业建设，另一方面也可以直接通过义务工的方式将村庄公益事业建设的任务分摊给每一位农户。而税费改革既取消了农业税费，同时也取消了义务工，农村公共事业普遍出现“无钱做、无人管”的困境。农民都认为为村庄提供公共品是国家的责任，而与个人无关。而“幸福村落建设”正是转变了农民这一观念，让农民认识到自己也有为村庄公益事业服务的义务。例如，W 村目前修路的资金基本都是由国家项目扶持，但项目资金并不包括占地补偿费，因而这部分资金主要由受益户根据受益面积均摊。此外，果园路修好之后，其日常维护也是通过“划段维护”的方式由农民自己负责。农民出了钱，在其中就会有很强的参与意识，责任感也更加强烈。

第三，密切了干群关系和党群关系，强化了政府的合法性。基层治理的内容一般都与群众利益密切相关，但由于政府直接与个体农户对接的治理成本太大，因而政府往往采取的是均质化的应对策略，这就难免会忽视或损害了部分群众的正当利益。因此，当政府不能及时解决基层群众的具体问题时，群众就会心存怨气，在基层治理中的表现即为事事与村干部作对，干群关系、党群关系陷入紧张状态，并且群众会对政府和社会产生一种仇视心理。而基层小微治理的关键在于动员群众，通过群众参与，政府一方面能够及时了解群众的需求，另一方面也能有效运用基层社会内部的社会力量解决治理中的难题。在此过程中，群众的具体问题得到了及时解决，村庄内部的干群关系、党群关系的紧张状态得到了缓解，并且群众对政府的信任度也增加了。

五、基层小微治理的定位与出路

基层小微治理面临琐碎复杂的治理任务，这些“小事”直接与基层群众相联系，单纯采用运动式治理和常规治理的方式难以达到良好的治理效果，反而可能造成群众自身与群众事务的疏离，这典型的表现为基层公共服务的“最后一公里”难题。[①] 因而要充分动员群众参与，走群众路线，激活村民自治。基于此，基层小微治理就不仅仅是政府治理，而是要容纳多方主体协同参与，[②]并且集中体现为贯彻群众路线的治理形态。政府不可能解决农民的所有问题，在当前政府以资源输入为主要方式的治理过程中，要加强基层组织建设，激发群众参与基层治理的积极性，尤其要善于挖掘和利用村庄内部“积极分子”的力量，依靠群众的智慧和力量解决群众的问题。

---

① 王海娟.化解“最后一公里”难题的路径与机制——成都市农村公共品供给制度创新的实践与意义[J].江西师范大学学报(哲学社会科学版),2016(2):73-79.

② 鲁可荣,金菁.从“失落”的村民自治迈向有效的协同共治——基于金华市乡村治理创新实践分析[J].广西民族大学学报(哲学社会科学版),2015(3):57-66.

还应该注意到，秭归县的“幸福村落建设”固然激活了基层小微治理，并形成了相对成熟的治理机制，但从根本上讲，小微治理的形态和治理逻辑并不完全是封闭在村庄内部的自主治理，而是运行在政府治理的整体架构中。小微治理机制实质是基层党委的“群众路线”与“村民自治”相结合的实践形态。政府对“小事”的回应需要借助的不仅仅是充实的财力，更是实实在在的“从群众中来、到群众中去”的“群众路线”。党在长期革命和建设中所探索出的“群众路线”实际上就是一种关心群众“小事”的工作方法和工作机制，其治理目标恰恰是民众的“小事”。[①] 因此，小微治理的出路在于，将小微治理作为“群众路线”的具体实现形式，进而激活村民自治的治理活力和治理能力，即通过积极回应村庄和村民的日常性需求，不断拓展村民自治的治理内容，推进村民自治的转型，从而实现小微治理的日常化。

小微治理的日常化一定不能通过制度化激励实现，否则将扼杀小微治理的活力源泉。事实上，当前村落理事会成员没有任何物质报酬。政府通过“群众路线”的方式激活了小微治理，从而将理事会成员一时的热情转化为长久的积极性，并且从主要局限于特定的道路等基础设施修建、维护等事项扩展到其他治理内容，实现了小微治理在村落内部的溢出效应和良性循环。调研所在的水乡政府从2014年开始，从乡镇财政里每年给每个行政村拨付1万元的“幸福村落建设”专项资金，用于理事会的日常运转以及优秀会员的奖励、表彰。这是一个很好的探索，但乡镇的财力毕竟有限，因而各级政府部门应该制定出一个更加长效的奖惩机制。但是，切忌变成给理事会成员发放工资的形式，一旦如此，就意味着原本非正式的、群众性的村落理事会变成了政府的下级机构，理事会成员也变成村干部，小微治理便很有可能失去存在的根基。

① 欧阳静．回应“小事”治理基层[N]．中国社会科学报，2015-07-01(9)．

灌区参与式管理改革的双向互动:甘肃个案

陈　靖

摘要　农民用水户协会作为灌区体制参与式管理改革的创新经验,已经在全国普遍推广开来。这一自国外引进的经验如何在中国本土生根发芽,是需要探索的问题。本文以甘东灌区的参与式改革实践为例,来探讨灌区管理中农民用水户协会的效度与限度,并进一步分析灌区管理的主体应该如何运作,国家、部门在灌区管理中应当承担何种责任。由于农业灌溉没有利润空间,市场主体不愿进入,农民参与不足,用水户协会并不能解决自身产生的问题,这时更需要部门的介入并结合国家力量来达到可持续发展。

关键词　农民用水户协会;参与式管理;灌区管理;国家部门

中小型农田水利工程管理失效似乎是全国性的问题,虽然中国乡村保存着数量众多的水利工程,却因管理制度落后而出现"治理性干旱"①,近年来频发的干旱也折射出中国农田水利管理制度的缺位。水利农田如何治理,不仅是一个紧迫的政策性问题,更是一个需要深入探究的学术问题。

一、研究缘起

当前我国灌区管理制度正在发生剧烈变革,传统的集权化、政府主导的灌溉管理模式逐步瓦解,社会呼吁以更加民主化、社区化的管理模式来替代传统模式。"参与式管理"理念作为世界银行推介的经验,在国内的发展研究领域一度成为主流话语,作为这种理念实践的农民用水户协会

① 施维,申端锋.农田水利建设需防范"治理性"干旱[N].农民日报,2011-5-24.

也在近年来如雨后春笋般建立起来，按照理论设计的模式吸收更多的用水户参与管理。我国从 1996 年开始在一些地区进行了“参与式灌溉管理”试点工作，并逐步在全国范围内推广成立用水户协会，截至 2010 年，全国共成立 2 万多个用水户协会，然而成功运行的用水户协会却很少。

农民用水户协会是否水土不服，参与式管理理念是否值得反思？就在这种先进经验方兴未艾之时，已有部分学者对此进行了深刻研究。参与式灌溉管理在我国尚处于起步阶段，国内不少研究仍停留在对国外经验的介绍方面①，也有一些研究者开始试图对用水户参与灌溉管理在我国的具体做法进行概括和总结②。一些来自经验调查的研究则对农民用水户协会的绩效存在怀疑，仝志辉③、罗兴佐④在微观层次上具体探讨灌溉管理制度存在的问题及改革的效度。国内不少研究者也注意到参与式灌溉管理改革、成立用水户协会并不能一劳永逸地解决灌溉管理存在的问题，灌溉系统的可持续性仍然面临各种挑战。首先，用水户参与管理和监督的作用有限⑤；其次，用水户协会管理人员的文化素质、业务素质普遍偏低⑥；最后，用水户协会在监督、制裁和激励的机制方面还不完善，亟待改进。

① 冯广志，谷丽雅．印度和其他国家用水户参与灌溉管理的经验及其启示[J]．中国农村水利水电，2000(4)：23-26.

钟玉秀．国外用水户参与灌溉管理的经验和启示[J]．水利发展研究，2002，2(5)：46-48.

钟玉秀．国外用水户协会有关法律问题浅析[J]．中国农村水利水电，2001(9)：12-14.

许志方，张泽良．各国用水户参与灌溉管理管理经验述评[J]．中国农村水利水电，2002(6)：10-15.

② 穆贤清，黄祖辉，陈崇德，等．我国农户参与灌溉管理的产权制度保障[J]．经济理论与经济管理，2004(12)：61-66.

张永来．灌区农民用水协会组建的实践与思考[J]．现代商业，2010(17)：277-277.

③ 仝志辉．农民用水户协会与农村发展[J]．经济社会体制比较，2005(4)：74-80.

④ 罗兴佐．泵站是如何陷入困境的——以湖北省荆门新贺泵站调查为例[J]．调研世界，2004(9)：40-42.

⑤ 张陆彪，刘静，胡定寰．农民用水户协会的绩效与问题分析[J]．农业经济问题，2003，24(2)：29-33.

陈靖，阚世钻．灌溉治理的“产权—激励”机制及其效用——基于甘东灌区治理困境的分析[J]．中国非营利评论，2008(1)：171-184.

⑥ 张永来．灌区农民用水协会组建的实践与思考[J]．现代商业，2010(17)：277.

农田水利管理改革是事关国计民生的重大问题，任何改革的主张都需要经过实践的检验和充分的讨论才能看到成效。正如"参与式管理"与"用水户协会"的改革，切不能盲目追随国外"先进"经验的时髦话语，必须要在对具体改革试点的充分调查中提炼问题、总结经验，这才是我们应当持有的学术态度。为了考察灌区参与式改革的效度和限度，笔者所在的团队在位于西北的甘东灌区进行了为期7年的追踪调查，本文试图分析农民用水户协会在甘东灌区的实践效果及其机制，以对该问题能有更深入的认识。

二、甘东农民用水户协会：一个经验样板

甘东灌区[①]位于甘肃省中北部某县境内的沿黄河川坪地带，依靠黄河提灌来灌溉境内的农地。甘东灌区最早兴起于明代的自流渠道，1953年建设了柴油机提灌设施，发展了本地的灌溉事业。到2001年，甘东已经成为受益面积10300亩的中型灌区，人均占有水浇地1亩左右，是甘肃省沿黄灌区的高效农业区之一。而在经历了大集体时代和改革时期后，到20世纪90年代中期，"三农"问题凸显，因农业的整体性危机导致灌区管理再难维持。1997年，甘东灌区被确定为甘肃省用水户参与式管理试点单位，成为全国第一处实施整建制参与式灌溉管理改革的万亩灌区。1998年，由省水管局牵头，市、县水利部门及当地政府配合，开始了"用水户参与式灌溉管理"的体制改革。1999年8月，白银市东坪电灌溉用水者协会正式成立，协会制定了章程和各项制度，在民政局注册登记，协会下设执行委员会(简称执委会)。按照参与式改革的程序，会员代表大会选举产生了执委会。在管理机构改革之后，协会立即进行了管理体制改革，主要进行了配水到户和计量收费的实验，获得了初步的成功。成立了农民用水户协会的甘东灌区进行了内部管理体制的改革。首先是工作人员的聘任摆脱了冗员冗费的问题，在定编、定岗、定责的基础上实行公开

① 按照社会科学研究惯例，本文对地名及人名均做了技术处理。

招聘;建立了领导岗位补贴、技术工人职称补贴及突出贡献奖等激励机制。其次是建立适合市场经济规律的供水关系,即“协会+农户”的供水模式,直接由电灌站供水到户、收费到户。再次,进行了水价和水费计收管理改革,按成本收费,并做到了计量的科学准确。最后,发展了大棚蔬菜灌溉工程,扩展了水费来源。

灌区农民用水户协会是在省市部门指导下进行的制度尝试,因此迅速成为全省模仿的样板,甘东灌区因此也成为知名的“模范灌区”,获得了诸多奖项,也接待了国内外大量考察团。

三、农民用水户协会改革的绩效

农民用水户协会改革在什么程度上获得了成功,这需要从甘东灌区的运行现状来进行总结。甘东灌区的农民用水户协会改革是在面临管理困境时所作出的制度尝试,因而改革的绩效大多在于解决之前管理制度的弊端。原本在“电灌站+社长”的管理模式下,灌溉的管理过程发生在供水的电灌站和管水的社长之间,农民在灌溉中完全受制于两个主体的自利行为,电灌站通过供水收费来获得部门利益,社长通过提取剩余费用来获得个人收入,因此将管理的成本转嫁到了用水户身上。正因为如此,制度变革意图将农民纳入管理体制中来。而由农民参与的协会在多大程度上解决了社长管理时期所面临的困境,这是我们考察用水户协会绩效的一个出发点。

首先,通过技术化的手段解决了用水中的“搭便车”行为,使得用水户之间相互监督,以这种方式参与到用水秩序的管理中来。在社长管理时期,不交水费也能灌水,偷的是“公家的水”,没有人会为了公家的利益去制止、指责,规则缺乏监督机制和惩罚机制,因而是脆弱的。配水到户后,尽管规则仍然是“先交水费,再灌水”,但是规则实施的环境变了。而配水到户后,灌溉用水是单个用水户的,“偷水”直接侵害了用水户的使用权,是违法的。同时,用水户对自身利益的关注使他们自主地进行这种监督,这种监督的有效性超过了一切制度设计。因此,同样的规则在配水到户的制度安排下有了强大的生命力。事实也证明了这一点，水费的上缴率几乎达到100%。

其次，在“配水到户”的制度安排下，用水户是以户为单位和电灌站进行交易，改变了社长管理时期以社为单位的交易模式，在既定的灌溉时间内的灌溉用水的使用权完全属于该用水户。时间是产权的边界。在社长管理时期，灌溉用水的使用权是全社的，这是一种共有的使用权，而灌溉用水理所当然地成了公共资源，因而有了“公地悲剧”。而“配水到户”后，全社的灌溉时间被分成了每一个用水户用水时间的加总，每一个用水户用水的时间是独立的。灌溉时间的细分使产权也进一步分解。这就将共有的使用权分解成了私人的使用权的加总。不过私人使用权有明确的界线，这就是灌溉时间。这样，在社长管理时期的灌溉用水是“公共资源”性质，而此时却具有“私人物品”的性质。产权界定清晰，公共资源的“过度使用”“拥挤效应”也不复存在。现在的灌溉用水是用水户付过费的，是属于用水户一个人的，“过度使用”不仅要付更多水费，而且于农作物也毫无益处，因此灌溉用水的量接近需求量，大大节约了用水。

可以看到，参与式改革、用水户协会以及将“配水到户”制度扩展到整个灌区，对于社长管理时期的配水机制是一个成功的变革，破解了灌溉管理制度中存在的困境，成功地解决了社长管理时期灌溉用水作为公共资源所固有的“过度”和“无序”使用、水费拖欠、水价过高问题。这两点创新正是协会改革的重要内核，并在短期内收到了良好的效果。问题在于，这种改革在何种程度上体现了用水户的参与，灌溉体制发生了何种实质性的变革?

四、灌区管理中的农户、国家力量与协会组织

不可否认，甘东灌区通过制度变革解决了一直存在的管理难题，也在短期内收到了实效。我们更要去探索的是改革过程中各主体是如何发挥作用的，以及新的管理体制的核心特征是什么。前文的分析展示了甘东灌区改革所取得的成功，在克服“电灌站＋社长”的管理模式所固有的问

题时，农民用水户改革是有力的，并且通过机构改革来打破了这种管理的关联，重建了“用水户协会＋农户”的模式。

(一) 用水户改革中的国家、协会组织与农户

1. 国家力量的介入

国家对基层水利事业的管理是依托于相关部门来执行的，各级水务部门是国家力量的直接代表。在“电灌站＋社长”的管理模式下，电灌站作为基层与农业生产密切相关的站所，在行政上隶属于乡镇，同时又是县级水务部门的派出机构，这种“条块共管”的机制也形成了电灌站的尴尬地位。在行政地位上隶属于乡镇，在业务功能上又属于县级部门，这种并不算模糊的分工关系，却往往在遇到问题时被“条”和“块”踢皮球，国家扶持资金的下放也得在条块之间进行协调。虽然如此，农业灌溉却在国家的指导下执行得相对较好，在乡镇的要求下不能随意提高水价或者停水影响生产；在水务局的指导下能进行日常的工作和业务训练。“条块共管”为电灌站提供了压力，保证了农业用水的提供，但因管理制度造成的问题，则被条块所回避，最终由电灌站一力承担。

而在灌区的改革过程中，由省级部门出面，打破了基层的“条块共管”却又“条块分割”的结构，由上级部门直接介入体制改革。由省水利部门牵头，整合了水利部农村水利司、省政策研究部门、市县政府和市县水务部门，共同为改革营造政策环境。节水增效项目为灌区带来了100万元的资金，从中拿出20万元对灌区常规工程进行大规模节水改造，加大了灌区渠道的衬砌率、更新了设备和灌区工程设施。灌区工程整体质量有了很大提高，同时，职工工资也有了大幅提高，收入提高的激励促使电灌站职工积极推动改革，而改革也确实极大地增加了职工的福利。

可以说，来自水务部门对国家力量的承接，才使得电灌站突破“条块分割”的体制，进行这种颠覆性的制度试验；国家扶植资金的大量投入，使得灌区得以改造软硬件设施，为管理体制变革提供基础。各级水务部门在改革中的作用必不可少，通过动员多部门、下拨资金的方式来打造了这样一个改革的“明星”。

2. 协会组织的积极作为

改革的成功得益于协会组织的积极作为，时任协会副会长与会计的两人凭借多年的工作经验和对工作的负责态度，提出了直接配水给农户并直接收费的想法。随后，他们开始了配水到户的试验，用他们的话说，对于此次改革"只能成功，不能失败"，他们首先从三干一泵实行配水到户、收费到户的试验。没有材料，就去白银市废品收购站买得直径 200 毫米的旧塑料管，1 根 1 米长，在各水口代替量水堰，哪个水口灌水就安装在哪里，以每小时浇 1 亩地进行配水。"因为社长管水时，每亩要水费 20～25 元，我们则按 17 元收费"，因此试验取得了成功。1998 年增加了二干二泵进行了配水到户的试验。经过两年的配水到户试验，部分用水户已经尝到了甜头。1999 年，协会依靠国家的项目资金和自筹资金，安装自制钢闸门 100 座，量水堰 80 座，从技术上保证了协会能够实现配水到户。凭借参与式灌溉管理改革的东风，从 1999 年夏灌开始，在整个甘东灌区实行了配水到户的管理办法，取消了多年来形成的由社长统一配水的管理模式。灌区管理上真正实现了水价、水量、水费三公开。

3. 农民如何参与

对于用水户来说，参与式治理最新奇的方法就是让他们去参与一次投票，选举出协会执委会成员，这是大多数农民的普遍感受。而正如前文分析的那样，用水户协会的确出现了普遍的"参与不足"，这或许是国内用水户协会的普遍状况。

甘东灌区的农户参与更多地体现在选举和用水监督两个方面。投票选举推选出协会的执委会成员，要他们遵守协会的章程行使权利，并为用水户及时供水。而更重要的是，通过配水到户和直接收费的方式，使得用水户能够细分灌溉用水的产权，用水户在自己购买的时间内灌溉，并防止有人"搭便车"。农民之间的监督使得用水秩序得以形成，因而保障了灌溉制度的顺畅。"搭便车者"是农田水利管理中最为顽固的问题，许多地方的水利事业因此而走向了瘫痪。在甘东灌区，一般毛渠上的用水户数量比较少，通常三到五户，地邻相互之间都认识，有"近邻"或者"亲戚"关系，因此能依靠一种十分难能可贵的自发的制度安排来维护渠道。

(二)协会管理体制下的国家与农民

农民用水户协会意在通过用水户的自主参与，来形成自主管理的局面。因为这种参与式的理念含有“民主”管理的意味而被赋予了过多的光环。在改革的过程中，我们已经看到农民并没有过多地参与到管理中来，选举产生的执委会也并没有体现太多的“自主管理”特征。改革的成功最主要来自国家力量的扶持。

1. 协会与农户的市场关系

在协会管理体制之下，“协会＋农民”的形式实际上是一种市场交易的行为，协会可以提供具有明确产权边界、足量的灌溉用水，农民出钱买水进行灌溉，之间并无交易障碍。因此能够买到水充分灌溉，农户又何必参与到管理中来呢？用水户协会改革后管理机制顺畅，但并没有体现参与式理念。农户只需要协会适时足量地供水，农户在规定的时间里自己灌溉，并不需要协会的指导；而协会在交易中首先要保证供水，其次依靠几位执委来进行日常管理，自负盈亏，协会与农民之间完全成为市场交易关系。

2. 作为民间组织的协会

协会的性质是自负盈亏的民间组织，并在市民政部门登记注册。作为民间组织的用水户协会与国家的关系也发生了重大转变，由国家部门派出的站所，转变为独立经营的民间组织。协会的财务自助、自负盈亏，因此不需要与县级水务部门打交道，县级部门也因为“甩包袱”而不愿意接手协会的问题。在协会转变为“民间组织”之后，实际上已经切断了与国家的联系，水务部门将灌溉服务的重任交给了用水户协会，却并不负有对协会的义务，任其自负盈亏、自主管理。

由此，协会因为其特殊的性质，成为有利于部门和科层之外的“无根之草”，登记在册的民政部门只负责名录管理，乡镇不再参与协会的管理，水务部门也因协会的民间组织性质而不愿过多干涉，用水户协会承担着国家农业灌溉的任务，却没有相应的地位，这种尴尬处境成为甘东灌区用水户协会的主要问题。

五、农民用水户协会的效度与限度

农民用水户协会改革试图体现农户的参与式管理，以用水户的广泛参与来形成自主治理的新模式，并试图解决旧的管理模式所存在的问题。从甘东灌区的改革历程来看，改革的确解决了原本存在于用水环节上的管理弊端，但旧管理模式的问题并不在于农户的参与不足，因此虽然用水环节上问题的解决带来了协会管理的新局面，却并未达到参与式管理的目标。

（一）改革的效度："搭便车"困境的解决

配水到户的试验从物理形态上分割了资源单位的产权，使得资源单位排他性的使用具有了明确的边界。用水户根据自己的实际需要购买一定时间的水权，买水之后按照电灌站公示的灌水时间表，记住自己灌水的时间，到这一时间，这一量水堰之下的水都属于该用水户，因此能够排他地使用，占有该单位水的全部收益。边界明晰的水权排除了"搭便车"的可能性，新的制度设计能够保证私有产权的收益，同时遏制了"搭便车"行为，增强了相互监督的积极性。产权的明晰既解决了"拥挤效应"，也避免了"过度使用"。用水户需要用多少水就购买多长时间，用水户需要及时缴纳水费才能保证灌水，一旦轮到自己灌水，需要自己保证水不泄漏或者被偷，强化了节水意识和产权保护意识。这种制度安排也保证了用水户及时、足额地缴纳水费，保证了电灌站的收益，形成了良性互动。

作为明文规定的自主治理组织的用水户协会在缺少占用者参与的情况下，与以往的电灌站并无差异。每年的用水户代表大会中，代表的组成中协会的工作人员就占了很大比重，普通农户很少。代表并不是由农户选举产生，而是由村委会推荐，经乡政府同意才能当选，因此很难想象他们会代表广大用水户。用水户既不知道会议什么时候举行，也不知道主要内容是什么，而代表大会也没有在事后进行宣传。相当一部分人，包括一些协会领导都认为"用水户购买水票，我们进行灌溉"就是参与。

（二）协会管理的限度

作为参与式改革实践的用水户协会呈现出参与不足的问题，这或许是国内进行同类型改革所面临的共同问题。有学者探究了参与式理念与中国经验之间存在的矛盾，也有人认为参与式理念本身就存在张力。从甘东灌区的案例看，协会管理虽然有效，但远远没有达到预期的目标。

首先，用水户代表作用有限。从用水户代表的组成来看，协会工作人员占了很大比重，还有就是以前的社长现转化为电灌站的季节工，普通农户参与较少。如果把季节工也暂且算作工作人员，代表作为电灌站工作人员的职能远远强于其作为代表的职能。从用水户代表的产生来看，代表并不是由农户选举产生，而是由村委会推荐、乡政府同意而产生的。代表的产生，与他所代表的人基本没有发生联系，很难想象他们能代表用水户的利益。从代表的职能上看，代表职能的发挥只有在每年一次的用水户代表大会上提意见，意见仅局限于斗渠的维修。

其次，用水户与代表脱节。用水户有什么问题和意见也不向代表反映，若需要寻求解决途径，也直接到电灌站找领导，甚至并不知道本社的代表，而代表也不会去了解用水户有什么实际困难和要求，他们向代表大会提的意见仅仅是凭自己的观察和感受。

（三）因协会性质而带来的管理困局

自甘东灌区用水户协会成立之后，原先的国家管理改为用水户管理，协会具有独立的财产权利和核算地位，并自负盈亏。2004 年在民政部门注册登记成立用水者协会，由协会执委会全面负责灌区建设和管理日常工作，工程其他岗位的工作人员也全部实行聘任制。

但由于灌区承担着公益性服务的特性，很难存在充分的盈利空间，仅仅依靠协会的自负盈亏与自我维持显然难以实现。在协会改制时考虑到这一现实问题，县市水利部门在承认协会独立法人地位的基础上，仍然承担对灌区的工作进行业务指导与监督管理的责任。这一机构设置符合水利部门和灌区的共同利益与现实情况，协会一方面能够进行自我管理和基本的自我维持，另一方面能在水利部门的领导与支持下进行进一步的发展，如此协会在连年亏损的情况下能够基本维持至今，为地方经济发展作贡献。

协会所具有的自我管理性质也制约了灌区工作的发展。灌区工作属于公益性事业，必须从保护和支持“三农”利益的角度出发，而不能成为营利性的部门。非营利、公益性的性质与协会的独立核算要求是相抵触的，这一矛盾要求相关部门要对协会进行支持。但是由于协会在性质上被界定为独立核算的社会团体，在申请上级部门的支持时会遇到障碍。相关的项目与专项资金的条件准入为水利部门直属单位，因为协会属于自负盈亏的单位而被排除在外。虽然协会负责的灌区工作与其他水管单位的职能相同，但是由于协会的性质界定而被排除在国家支持系统之外①。

六、撤出还是驻守：国家在灌区管理中的作用

成立了用水户协会之后，因为性质的限制，灌区在面临自身无法解决的问题时立即陷入困境。当无法达到收支平衡时，协会本身无能为力；自主管理失效后，协会自身也无法解决。问题在于，甘东灌区负责着10300亩的农田灌溉和大棚蔬菜灌溉，关乎灌区农民的生计，协会管理实效所引发的连锁效应危及地方社会的稳定。历经了近十年的实践，用水户协会体制本身毕竟并不能“一试就灵”，作为自主管理的民间组织，协会在运行多年以后积累了新的问题，这时候国家却退出了，作为国家力量代表的水务部门无法为灌区提供相应的支持。

基层中小型农田水利工程本身是不盈利的，缺乏利润空间的灌溉事业自然缺乏市场化的条件，没有市场主体愿意参与这样低效益的事业。而作为基层“准公益”事业，灌区管理也不能脱离国家作用而独立存在。对于甘东灌区来说，迫在眉睫的事务是因长期运行带来的设备更新问题，以及物价、工资上涨带来的日常管理成本上升问题。日常管理中的成本

① 因为协会性质使得国家项目无法合理地惠及他们，目前协会执委会正在做出一项决议，决定向县水务局申请恢复“甘东电灌站”的名称和编制，两块牌子一套人马，依靠这样的“政治策略”来应对协会的尴尬地位。

上升，导致协会既有的收支结构出现失衡，而从靠提升水价来增收显然是不行的，因为水价高低关乎地方农业生产的稳定，而设备老化所需要的更新，资金量过大，协会显然无法投资。在新的问题下，协会体制已经难以解决相应的困境，即使通过扩大农民参与也无法解决实质性的问题。但因为协会的民间组织性质，其在争取国家资金投入时不合理也不合法，协会的建设本身意味着国家的撤出，而国家一旦撤出农村准公益事业领域，灌溉就难以维持。目前国内农田水利工程普遍以国家的“项目制”而存在，但甘东灌区因为参与式改革的实施而变更了性质，作为自负盈亏的民间组织自然无法获得国家项目的惠及。由此看来，国家的撤出意味着基层准公益事业将无枝可依，灌溉这样关于国计民生的重要事业，仍然需要国家的持续支持，仍然需要部门的持续介入，即便是已经成为民间组织的“用水户协会”。

七、小结：兼论用水户协会在灌区管理的方向

农村民间组织成长的领域很多是原来国家、部门主导的领域，要使得农村民间组织能够成长，国家力量就要在相应领域中撤出。但现实生活中，撤出更多是来自于国家部门的主动行为，撤出首先表现在国家积极介入农村民间组织的筹建，然后将有关事务的管理责任完全交给民间组织。但是，很多实证调研发现，新生的农村民间组织往往未能很好地完成筹建时预期要达成的目标，或具备其章程所设定的功能。究其原因，很多分析认为是农民的合作能力或自主管理能力低下。从甘东灌区的管理制度改革来看，具有准公共物品和准公益事业双重性质的基层灌溉事业，本身是难以摆脱对于国家部门的依赖的。用水户协会制度本身只能在管理机制上进行改革，重点作为一种管理理念出现，而无法完全地作为经验来推广。

用水户协会所具有的限度并非源于国家部门撤出得不彻底，相反是因为撤出太彻底导致民间组织失去依靠，而民间组织自身又无法解决面临的新问题。用水户协会作为一种“先进经验”在全国范围内推广，但成

功的案例并不多见。本文通过甘东灌区的改革案例已经认识到其效度和限度，在未来的灌区管理中，作为理念的“参与式管理”可以为灌区工作提供新视野，而更实际的做法是在以协会制度来更新管理机构、扩大用水户监督的基础上，依赖国家力量支持和部门的长期介入来达到可持续发展。